三命通會卷之七

育吾山人著

子平說辯

今之談命者。動以子平為名。子平何所取義。以天開於子。子乃水之專位。為地支之首。五行之元。生於天一。合於北方。遇平則止。遇坎則流。此用子之意也。又如人世用秤稱物。以平為準。稍有重輕。則不平焉。人生八字。為先天之氣。譬則稱也。其年為鈎。時為權。月為提綱。日為錘兩。八字以日為主。中有財官印食旺相之地。如鈎綰物與權相應。其命則富而貴。如財官印食旺相。日干值於休囚。如以鈎綰重物。與權自不相應。其秤則不平。其命賤而貧。如財官印食休囚。日干值於旺相。亦若鈎綰輕物。與權自不相應。其秤自不平。其命亦蹇滯。設使三物無氣。日主休囚。非貧賤則夭亡。此用平之意也。經云。先天太過。後天減之。先天不及。後天補之。先天後天。無太過不及。然後為能平焉。運限者後天也。且如先天八字。日干旺相太過者。宜行休囚之運。發泄其氣。如日干休囚不及者。宜行旺相之運。生扶其氣。二者則能發福發財。遲轉亨通。譬醫家補瀉之法耳。若日干旺。其仍行旺運。日干太衰。又行衰運。則皆太過不及。生禍生災。蹇滯不通矣。吁。運者轉也。十年一轉。窮通可知。皆由大運之興衰。以驗歲君之禍福。是故觀貴賤榮枯者。觀於子平可見矣。觀子平者。觀先後天之論可見矣。按此說。子平二字。誠為有理。但子平係徐居易之字。今之談命者。遠宗其法。故稱子平。考濯纓筆記。子平姓徐。名居易。子平其字也。東海人。別號沙滌先生。又稱蓮汞叟。隱於太華西棠峰洞。子平之法。以人所生年月日時。推其祿命。無有不中。其源蓋出於戰國珞琭子。世有元理消息賦一篇。謂其所作。然觀其文殆後人偽撰。非珞琭之本真也。珞琭同時有鬼谷子。漢有董仲舒。司馬季主。東方朔。嚴君平。三國時有管輅。晉有郭璞。北齊有魏定。唐有袁天綱。僧一行。李泌。李虛中之徒。皆祖其術。泌嘗出遊。得管輅書。天陽訣。又得一行所授銅鈸要旨。占人吉凶極驗。泌以是傳之李虛中。推術以用之。珞琭以年。虛中以日。其法至是一變。五代時有麻衣道者。希夷先生。及子平輩。子平得虛中之術。而損益之。專主五行。不主納音。至是則其法又一變也。子平沒後。宋孝宗淳熙有淮甸術士號沖虛子者。精於此術。當世重之。時有僧道洪者。嘗受其傳。後入錢塘。傳布其學。世俗不知其所由來也。言子平耳。後道洪傳之徐大升。今世所傳。如三命淵源。定真論等。皆其所著。以是本書繼易盡矣。觀五行精紀。蘭臺妙選。三車一覽。應天歌等書。與淵源淵海不同。蓋觀文察變。治歷明時。皆隨其時而改革。故雖百年之間。數術之說。亦不能不異。矧自大升之時。上距子平已三百餘年。其法不知經幾變矣。或謂大升得子平之真傳。觀繼善等篇。不外明通賦。但更易其詞。而元理消息一賦。則大升之獨得也。今人推命之術。又元人復推子平。大升二家之法。而演繹為之者。顧今之談命者。動稱子平。而莫知其原。余故解子二三字而詳辯之。

論性情相貌

夫貴賤關乎八字。性情應乎五行。善惡仁義禮智信。心之所主。喜怒哀樂愛惡欲。情之所生。東方震位。木號青龍。名曰曲直。五常主仁。其色青。其味酸。其性直。其情和。旺相。主有博愛惻隱之心。慈詳愷悌之意。濟物利人。恤孤念寡。直朴清高。行藏慷慨。丰姿秀麗。骨格修長。手足纖膩。口尖髮美。面色青白。語句軒昂。此則木盛多仁之義。休囚主瘦長髮少。拗性偏心。嫉妒不仁。則此木衰情寡之義也。死絕則眉眼不正。慳吝鄙嗇。肌肉乾燥。項長喉結。行坐不穩。身多奇側。遇火色帶赤。見土則色帶黃。逢金則色帶白。見水則色帶黑。其餘四行倒見。

火屬南方。名曰炎上。五常主禮。其色赤。其味苦。其性急。其情恭。旺相。主有辭讓端謹之風。恭敬謙和之義。威儀凜烈。淳朴尊崇。面貌上尖下闊。形體頭小腳長。印堂窄而眉濃。鼻準露而耳小。精神閃爍。語言急速。性燥無毒。聰明有為。太過則聲焦面赤。搖膝好動。不及則黃瘦尖楞。詭詐妒毒。言語妄誕。有始無終。

土屬中央。名曰稼穡。五常主信。其色黃。其味甘。其性直。其情厚。旺相。主言行相顧。忠孝至誠。好敬神佛。不爽期信。背圓腰闊。鼻大口方。目秀眉清。面肥色黃。度量寬厚。處事有方。太過則執一古朴。愚拙不明。不及則顏色憂滯。面偏鼻低。聲音重濁。事理不通。狠毒乖戾。不得眾情。顛倒失信。慳吝妄為。

金屬西方。名曰從革。五常主義。其色白。其味辛。其性剛。其情烈。旺相。則英勇豪傑。仗義疏財。知廉恥。識羞惡。骨肉相應。體健神清。面方白淨。眉高眼深。鼻直耳紅。聲音清亮。剛毅果決。太過則好勇無謀。貪欲不仁。不及則慳吝貪酷。事多拙志。有三思少決斷。刻薄內毒。喜淫好殺。身材瘦小。

水屬北方。名曰潤下。五常主智。其色黑。其味鹹。其性聰明。其情良善。旺相。則機關深遠。足智多謀。學識過人。詭詐無極。面黑光彩。言語清和。太過則是非好動。飄蕩貪淫。不及則人物矮小。行事反覆。情性不常。膽小無略。此雖五行之喻。實與人事相干。以上五行情性。兼以命中所遇吉凶神煞斷之。大抵生旺者。主長大。死絕者。主矮小。若有煞臨。不在此限。

[illegible]

又從煞上斷。若有尅則從所尅之五行斷。又繫取日時上納音。看有尅無尅并神煞所臨。有氣無氣。斷其形狀性情無有不驗。

又曰：推人性行。只在日時上看本五行。不論納音。命若入格而逢生旺。主天性明白。遇物不逆。動變應機。言語聲高。幸達大度。臨事能斷。公平不疑。犯難不畏。半生不以財物為吝。好施與不施已。奢泰歡樂。多情尚義。防有不善終之患。若命入貴格。而逢死絕者。主為性寡合。機深意密。多疑多忌。動拘禮節。謹顧行止。修飾儀貌。常自儉約。不妄設施。防有陰謀之患。若小人之命。已入賤局。而逢生旺者。主性氣無常。不自檢束。為事不顧危亡。好鬬爭。持強壓弱。親近惡黨。不事家業。必竟不得善終。死絕則為性淫邪。動必巧偽。畜縮執拘。舉動修飾。尊美言詞。好自矜衒。臨事無斷。少是多非。一生無立。牢公要訣云：智高量遠。蓋因水處深源。篤信守仁。祇為土成山岳。仁慈敦厚。木成甲乙之方。性速辨明。火應丙丁之位。譽高義重。因金歸合庚辛。處於中者。正性不移。或盛或衰。性情變易。水乘衰敗。性昏無賴。土力太微。蔽執寡用。木歸蹇地。太柔而治事無規。火數未興。小辨而太傷無決。金當淺薄。雖義而有始無終。是五行得地失地。太過不及。皆能為凶也。子平賦云：美姿貌者。木生於春夏之時。無智識者。水困於丑未之日。性質聰明。蓋為水家之秀。臨事果決。皆因金氣之剛。五行氣足。體必豐肥。四柱無情。性多頑鄙。指迷賦云：文章明敏。分定須火盛。威武剛烈。分乃是金多。木盛則懷惻隱之心。水多則抱機巧之智。至土之性。最重為貴。廣信集云：凡命五行生旺者。好事華飾。胸中無物。亦主好色。火命尤緊。死絕相尅墓者。多好禪道。歸根復本也。張白先生云：自絕五位五般情。金主義。自絕則寡義。木主仁。自絕則不仁。水主智。自絕則失智。火主禮。自絕則無禮。土主信。自絕則寡信。凡五行如先生旺後死絕。則為多鄙。壺中子云：言詞狡猾。誕時合值六虛。六虛住處。口謾語神。凡人得之。心好撰飾虛詞。重併遇者。必狡猾。平生妨尅尊親。漂流他國。作事多虛聲。

論疾病先知五臟六腑所屬干支

歌曰

甲膽乙肝丙小腸。丁心戊胃己脾鄉。庚是太陽辛屬肺。壬係膀胱癸腎藏。三焦亦何壬中寄。包絡同歸入癸鄉。又曰：甲頭乙項丙肩求。丁心戊脇己屬腹。庚是臍輪辛屬股。壬脛癸足一身由。又曰：子屬膀胱水道耳。丑為胞肚及脾鄉。寅膽髮脉并兩手。卯本十指行肝方。辰土為皮肩胸類。巳面咽齒下房肚。午火精神司眼目。未土胃脘膈脊梁。申金大腸經絡膀。酉中精血小腸藏。戌土命門腿踝足。亥水為頭及腎囊。若依此法推人病。岐伯雷公也播揚。又曰：午頭巳未兩肩均。左右二膊是辰申。卯酉雙脇寅戌腿。丑亥屬脚子為陰。又曰：乾首乾腹坎耳儔。震足巽股艮手留。兌口離目分八卦。凡看疾病此推求。

夫疾病皆因五行不和。即人身五臟不和也。蓋五行通於五臟。六腑通於九竅。凡十干受病屬六腑。十二支受病屬五臟。丙丁巳午火局南離。主病在上。壬癸亥子水局北坎。主病在下。甲乙寅卯屬震。主病在左。庚辛申酉屬兌。主病在右。戊己辰戌丑未屬坤艮。主病在脾胃及中脘。諸風暈掉。眼光日昏。血不調暢。早年落髮。筋青爪枯。屬肝家。甲乙寅卯木受虧。主病故也。諸痛膿血瘡疥。舌苦瘖瘂者。屬心家。丙丁巳午火受虧。主病故也。浮腫脚氣。黃腫日臭。翻胃脾寒膈熱者。屬脾家。戊己辰戌丑未土受虧。主病故也。鼻塞酒迷。語蹇氣結。咳嗽喊者。屬肺家。庚辛申酉受虧。主病故也。白濁白帶。霍亂瀉痢。疝氣小腸。屬腎家。壬癸亥子受虧。主病故也。

甲乙見庚辛申酉多者。內主肝膽驚悸。勞瘵手足頑麻。筋骨疼痛。外主頭目眩暈。口眼歪斜。左癱右瘓。跌撲損傷。遇丙丁火多。無水相濟。則痰喘咯血。中風不語。皮膚乾燥。內熱口乾。女人主血氣欠調。有孕者墮胎。小兒主急慢驚風。夜啼咳嗽。面色青黯是也。

丙丁見壬癸亥子多者。內主心氣疼痛。顛癇舌強。口痛咽啞。急慢驚風。語言蹇澁。外主潮熱發狂。眼暗失明。小腸疝氣。瘡痍膿血。小便淋濁。婦女主乾血氣。經脉不調。小兒主痘疹疥癬。面色紅赤是也。

戊己見甲乙寅卯多者。內主脾胃不和。翻胃隔食。氣噎蠱脹。泄瀉黃腫。懌揀飲食。嘔吐惡心。外主右手沉重。濕毒流注。胸腹痞塞。婦人主飲食不甘。吞酸虛弱。阿欠困倦。小兒主五疳五軟。內熱好啞。面色痿黃是也。

庚辛見丙丁巳午多者。內主腸風痔漏。糞後下血。痰火咳嗽。氣喘吐血。魍魎失魂。虛煩勞症。外主皮膚枯燥。肺風鼻赤。疽腫發背。膿血無力。婦女主痰嗽血虛。小兒主膿血痢疾。面色黃白是也。

壬癸見戊己辰戌丑未多者。內主遺精盜汗。夜夢鬼交。白濁虛損。寒戰咬牙。耳聾睛盲。傷寒感冒。外主風蟲牙痛。偏墜腎氣。腰痛膝痛。淋瀝吐瀉。惡冷惡寒。女人白帶鬼胎。經水不調。小兒主耳中生瘡。小腸疾痛。夜間作炒。面色黃黑是也。

賦云：筋骨疼痛。蓋因木被金傷。眼目昏暗。必是火遭水尅。土虛逢木旺之鄉。脾傷定論。金弱遇火炎之地。血疾無疑。又

云木逢金尅定主腰脇之災火被水傷必主眼目之疾心肺喘滿亦干金火相刑脾胃傷損蓋因土水戰尅支水干頭有火遭必腹病心躁支火干頭有水遇則肉瞳睛盲炎上煩焦蒸土曜頭秃眼昏潤下純濕無土制腎虛耳聵或乘旺臨雖異風中失音太白堅利合兑坤兵前落魄又云心受病口不能言肝受病目不能視脾受病口不能食肺受病鼻不能嗅腎受病耳不能聽各從所主以證虛實金鬼不宜針刺火鬼切忌艾傷土不用丸木須忌散金為福西地求醫木來生東方用藥水絕須當針刺藥宜金石回生土弱欲得火炎尋醫徵姓無厄火鬼煎劑能治水鬼丸散偏宜噫人病百端理無二焉望聞問切乃醫家之妙用生尅制化為術士之玄機若能參究根源標本不離斯法論曰康泰生於和合疾病起於刑傷究五行衰旺之理推百病表裡之詳肉應五臟外屬四肢且如木氣休囚兩鬢消疎而不髮火臨死絕雙瞳昏暗而無光火中隱土少水制則心神恍惚木下藏金無木收土腿足損傷甲乙兑生逢壬癸酧鄉而死丙丁坎育過庚辛溝港而亡水盛木浮多生泄痢上重金環常病氣高諸風掉眩乙木旺而辛金衰疼癢瘡瘍丁火盛而癸水弱痞塞腫滿只因己土太過憤鬱病癃蓋為辛金不及耳目聰明癸水旺寒邪拘縮腎經虛甲乙能傷戊己無救而缺唇丙丁善尅庚辛少制而瘖瘂火中有土頂生瘰癧之災水中有土腹患腫蠱之病用神受制而被刑亡於杵杖上下逢鬼而無救死作懸梁四柱重衝多凶而他鄉喪體五行衰敗不足而瘟疫身亡水敗腰駝莫用軒岐之法金刑癱背安施扁鵲之方庚辛氣秀西方見木而亡於兵刃甲乙敗絕坤南無水而骨飛肉颺辛巳丙申遇刑臂虛而人生六指己卯戊寅逢敵胃弱而常病瘡疽乙未甲午逢金人多鬢頭癸卯己丑相刑病生腰膝甲申乙酉幼年多病用筒敗火患脾因宿塊庚辛見火相刑女人須憂白帶丙丁俱向離方婦人切忌血崩羊刃則砍肢而炙服懸針則刺面以文身日時衰敗大患難瘳干支刑害小疾不療氣相得而安相氣相逆而災殄病症不離於六脉死生難越乎五行細究興衰萬不失一古歌云戊己生時氣不全月時兩處見傷官必當頭面有虧損膿血之瘡若少年又日主加臨戊己生支辰火局氣重藥衝刑尅破當殘疾髮禿那堪眼不明又丙丁日干五行衰七煞加臨三合來幷合日求衣食缺耳聾殘疾面塵埃又壬癸重重疊疊排時辰設若見天財縱然頭面無瘢癩定主其人眼目疾又丙丁火旺疾難防四柱休囚辰巳方水火相生來此地啞中風疾暗中亡

又曰人之生也受氣於父成形於母五臟和平者無疾尅戰太過不及者主疾內經云東方實西方虛瀉南方補北方東方實者木太過也西方虛者金不及也瀉南方者火太過也補北方者水不及也是以五行太過不及皆主疾也若水升而火降火降而金清金清而木平木平而土不及尅五臟各得中和之氣疾病何自生焉人之四柱內外上下五行和者無疾或相戰尅太過不及皆為疾也陰陽書金剛火強自刑其方木落歸本水流趨東所以論三刑刑則殘害言太過而身疾也若只取不及為疾必有一偏之失凡五行有死絕而成疾者水死絕多腎氣腰足攻注滑泄便溺不利之疾　火死絕主陽氣結塞驚悸健忘精神不安之疾　木死絕虛風日濇眩暈筋急爪甲枯槁喜怒顛倒擇飲擇食之疾　金死絕主氣虛喘急咳嗽皮毛焦燥乾嗇骨節疼痛涕泪大腸泄痢便血之疾　土死絕主面黃減食隔噎吐逆肢體怠惰喜臥嗜睡多思足慮耳聾神濁健忘少喜動作之疾

有相尅而成疾者金火相尅生旺則瘍瘡癰痿死絕則癆瘵嘔血　土木相尅生旺主疲悶昏眩風麻小腸疾痛癰死絕主吐食癥塊疽癖積滯之疾或主中風　金木相尅生旺主肢足骨節不完眼目之疾死絕主氣虛精耗勞瘵癱瘓之疾　水土相尅主脾濕泄瀉中滿痰嗽不利之疾

有相生而生疾者火水相生生旺則主盛隔壅目赤頭風死絕則傷寒作狂悶亂疾　火土相生生旺則胃實死絕則唇焦紅氣熱結大便不利　金水相生生旺則氣滯死絕則精滑　水木相生生旺則嘔吐胃虛死絕則精敗傷寒痨瘧　金土相生生旺則多虛無肌肉死絕腸鳴蟲作

凡水土木相逢於無氣之處主蠱氣腸脹吐逆之疾　凡金水火相逢於無氣之地主痢疾金主大腸水火守之陰陽不和也

凡水逢土多主翻胃疾土多而無木氣疏之主聾瞶疾蓋腎水不流則為翻胃氣不通則為瞶也

又曰凡論殘疾病症先論日干次詳月令然後通年時看之傷官主殘疾煞重亦然乾卦在亥亥為天門六辛生人得此日此時多主盲聾亥屬腎腎通耳丙火遭水尅也子位坎宮傷官煞重相刑主下部疾寅宮艮土主脾胃面色痿黃之疾若戊己生人甲乙為刑旺之煞二月乙木子卯相刑刑起子中卯木為煞者亦主下部疾辰屬震此月帶傷官少年主多驚疾蓋震者動也輕則主驚脾胃疾重則主足疾震長男子二月水生木者亦如此巳為巽傷官煞重主婦人

血氣不調勞疾。午為離為目傷宮煞重主失明頭風之症。申屬坤為衆陰傷宮煞重主腰脚筋骨之疾傷官傷盡者。不在此論。酉為兑屬口齒不全之疾。戌為火庫。主下血痔漏之疾。丑未傷官。亦主脾胃傷官煞旺者年年病瘟。王用上下戰尅。五行無救助。主身體不完頭面殘傷。賦云申中無氣遇寅戰頭目偏斜。乙丙有刑遇辛傷每朝發禍炎火盛水而滅眼目多昏。虚土旺水而崩肚腸蟲腫。丙申藏土人多火眼。巳到震方定主缺唇。土受木制乃多脾胃之災木被金傷筋骨疼痛之患。水土相刑無救助定有失步之虞。金火相刑為鬼煞多應上喘之疾。壬癸戊巳相扶難聽音樂。丙丁壬癸相隨乍辨青黄。時來尅日肢體難完水局遇刑。頭面易損若上下鬼尅。都臨死墓土臨甲乙死於嘔吐之中。火局庚辛。絶在心氣之病水東脅虚臨身金北骨撈加體。木南風氣為災更有空亡。五墓元辰七煞。如遇死絶難保性命。

又曰凡一切諸煞。亦有主疾者。刼煞主小腸。又主耳聾咽喉疾官符主腰脚疾咸池主酒色勞瘵膿血便溺疾大耗主暗昧或贅疣疾飛廉名天聾支干無氣主無疾

凡禄主因食致疾。須滯煞尅身。方是

凡命見真衝氣散或真刑氣散。多是廢疾之人。甲辰甲戌乙丑乙未土木交加。主癱瘓之疾。丙申丁酉金火交加。主血筋所傷。戊子巳亥水土交加。主脾胃之疾。庚寅辛卯金木交加主筋骨勞嗽之疾癸巳壬午。丙子丁亥水火交加主頭面目疾。

燭神經曰 日被時尅莫相對。終是艱辛病禍纏。金木戰兮憂病骨水凌火氣眼生烟。金水死兮為風癩。土多水少敗丹田。土遭木尅脾胃弱火勝金殘血裏眠水生金重逢水厄遇水定教浴深淵水少火多應受渴火多土少語狂顛。水若深兮火若明水滿火明壽難延金絶切忌四肢損土多帶火受憂煎木若盛時應蹇塞更須仔細辨根源

廣信集云凡命禄對衝一辰如生命宮或疾厄宮。主人手足有缺身體不完六厄亦係名曰五戰辛卯日時。名曰白虎閉目。火年必損眼其餘辛與卯字者亦忌之。壺中子云 金衰火盛嘔血不兩脱肛水竭土蠱病癖忽然耳瞶。沈芝云破碎羊刃招痕疾疾宮六害還非吉日時累犯旺鬼凌無氣空亡纏病卒。又曰 月陰淫泆忌相逢。陰命須憂帶下通月水不調緣好事男兒痔漏及腸風。月陰月煞也即寅午戌在卯之例

凡欲推疾病災厄。先看禄命身三等。大小運如何。若三命無氣禄馬敗絶。但得禄財命財旺相。亦不至死若久病推其子命。如子命遇孤辰寡宿喪門弔客及白衣煞臨命。其父必有不可救之疾。夫妻亦准此推。

論貧賤凶惡

凡貧賤之命。多無貴氣。或五行死絶支干閑慢不相干涉或禄空亡大耗尅身天中臨日或五行死絶。又落空亡。或一位上聚諸禄馬生旺。却天中臨之。或有他位來刑害。至於氣散或福聚處不能獨立被衆位分擘其福。或驛馬尅身或刼多逢尅制或辰戌丑未相尅。五行無氣而不激揚位位逢合。或不合不衝。上下相異其氣或干支錯亂陰陽偏枯八字無格扶持。九命有刑駁雜或先逢生旺繼逢死絶或化氣失時本命無氣或假音殃尅主本倒亂父子乖違以上此等之命。俱主貧賤

又云 貧賤之命。常用建禄食神為救神命中有此二救。雖貧賤不至困餓雖賤不致奴婢。一遇運發却小小稱意運過仍貧賤也。鬼谷遺文有刑聚極敗甲申得丁巳卯巳巳之類四柱不收甲子得丙寅丁巳辛亥壬申之類五形未備甲子得庚子巳卯癸卯之類一方前後如木命人得巳丑之類柱得隔角如辛丑得辛卯甲子得甲戌之類。皆主貧賤

凡凶惡之命。乃命與五行無氣而又相尅或支干乖戾刑衝互相凌戰帶煞或真衝刑氣散或官符大耗刑尅本命。五行死絶全然無救。或官符尅身。兩木相刑衝或見辰戌魁罡相衝全無貴人驛馬相助或五行死絶相尅處見天火水溺白虎自縊等惡煞或五行皆旺却位位相尅氣散或交互見空亡孤寡或歲破白虎羊刃等煞或見天中大耗刼煞亡神同宮重疊相尅或柱多隔角帶煞或日時刼亡並煞尅年或懸針倒戈金神七煞羊刃等煞重重尅本命或刑聚敗極四柱不救或四柱相刑更臨虚廢之地以上此等之命。俱主凶惡

又曰凶惡之命。常以貴人三奇華蓋夾貴為救神有此雖見凶神不至加害大忌五行閑慢而無建禄食神三才刑尅帶煞而無貴氣相禦則其貧賤凶惡也無疑矣

論壽夭

夫脩短之數大抵生旺則壽長死絶則夭折。譬如根深者蒂固源濬者流長亦理之自然也凡命日月上逢生旺時上雖有死氣不妨。如月上死絶日時上雖生旺氣不甚雄。蓋生承死絶故也日月生旺時上死絶壽不過四五十歲月日死絶時上生旺死在三十歲前更有凶煞五行淩犯必為殤子常以月管一歲至三十歲日管三十一歲至四十五歲

時管四十五歲至一百歲，或生旺，或死絕，逐一限詳之。夫人氣聚則生，氣散則死。若氣遇二運太歲會集，在死絕衰息之鄉，更太歲刑剋，與災限相應者，定死。各發在身無氣月日時上。

凡命中有生旺多，又不犯煞，應是少疾病，善終，死於一念之間。若死絕多，帶刑煞重，主憔悴苦楚之災，或久淹歲月，難瘵之疾。凡旺運中死，或祿上死者，主稱意中卒。老人行年生旺，死於苦楚，益生旺則厄羸淹。入少者則死於善疾。命中是亡神大耗重疊，死須破屍。

凡天干生旺不損剋者壽，天干敗死有救助者尤壽，天干敗死相賊者夭，天干生旺中有破剋者尤夭。

命鈐云：凡欲知人壽命長短，但以本年納音觀其刑剋。若生月剋命，即多夭折；命剋生月，主壽算延長。假令癸亥水命人，四月生即無壽，以戊癸之年四月見丁巳，納音屬土，土能剋水，是生月剋命。又癸亥人四月生為祿命絕處，故無壽。如癸丑木命，三月生即有壽，以三月建丙辰，納音土，木剋土，是命剋生月。設如凶煞下生，亦為身制煞。又癸丑人三月生為祿命庫墓中生，多主有壽，但三十歲以前常有患難，緣前有絕鄉運，後有死病，歷盡衰鄉，運到旺處，故主晚福。

玉門關集云：凡壽以生月定之，生月居支干納音旺處，及五音相生，不逆日時，並胎皆得數，不相刑剋者，主上壽。

玉霄寶鑑云：人命有夭壽，朝元乃納音居死絕之地，而有真五行與納音比合，居於生旺之位是也。假如乙酉人，納音水，巳敗，若得辛亥丙申，則丙申真水復生於申，此類主享眉壽。如乙亥人得癸亥戊寅之類亦是。

子平以印綬重逢者壽，八字停均者壽，六格犯增嫌者不壽，余驗人命信然。

珞琭子云：若乃身旺鬼絕，雖破命而長年；鬼旺身衰，逢建命而夭壽。就中裸形夾煞，魄散酆都；所犯有傷，魂歸岱府。

壺中子云：死絕依前生旺，命曰返魂。（乃死而復生，絕而復旺於本命之位。）丘墓坐於本命，其名絕體。（墓處為丘，丘處與本命同一方。）

又云：壽處傷殘本命，必逢三合。（如本命金而逢巳酉丑之類。）

壺中子云：顏回夭折，只因四大空亡。（甲子甲午旬命無水，甲申甲寅旬命無金。若只見兩重流年大運遇一重圓之亦是。）

流芝云：建命須知壽延長，如丑人見子，子人見丑之類。如遇滋助無剋，多長壽。

李虛中云：凡命帶長生多者定有壽，須本家納音旺者，謂之長生。見剋制則夭。凡祿馬貴人往來在生旺之地，兼（原本無字）死絕之氣者，雖早發亦早死，然須在乘旺之地方為福，餘且徒然。若時得力，則發晚而壽長。

古歌曰：壽算幽玄識者稀，識時須是泄天機。六格內有憎嫌者，歲運逢之總不宜。又曰：壽星明朗壽元長，繼母逢之不可當。寵妾不來相救助，命如衰草值秋霜。又曰：丙臨申位逢陽水，定是夭年未可知。透出子頭壬癸水，其人必定死無疑。如乙酉壬辰丙申癸巳果凶夭。

理愚歌云：要知天算得遐長，五行生旺最高強。旺鬼剋身為短命，祿財無氣亦為殃。

神白經云：火忌生酉多（甲申乙酉癸亥），金嫌亥子丑（乙亥戊子己丑），水土寅卯巳（水忌戊寅己卯丁巳，土忌庚寅辛卯己巳），木怕巳午申（辛巳甲午壬申）。更若逢陰鬼，壽算永不停。艱辛久住世，發即禍來尋。若人逢此地，不請怨天文，謂之人過鬼門氣度關也。

又曰：鬼限生來有所憂，欲知人死何斯求？金哥出去休騎馬，火弟歸來莫跨牛，木遇鼠蛇須遠走，水逢雞子也堪愁，土人更切防豬鬼，難保年光到白頭。（即小鬼煞中鬼關煞。）

又曰：受氣重重鬼莫臨，四柱交加豈可親。時兼本命還相遇，富貴之中壽不存。

有衝天煞。歌曰：生日對時人短命，生年對月亦堪傷。此是人間短命法，人生值此少年亡。（如寅年申月午日子時，又與時對更破時剋者是也。）生日對時人促壽，時日相衝壽不長，四大空亡難保守，定知惡死路頭亡。（余見時日對衝者多剋妻傷子，不短命惡死，亦有促壽者，四柱并詳之，難以對衝斷。或云衝而不破無害。）

生日對年須可歎，生時對日亦堪傷。那堪生處時同歲，二八風流壽不長。（如甲寅年丁酉月戊申日甲寅時，不出週歲死，信然。對月者亦然。）

有短命煞。歌曰：豬鼠無良犬戰牛，雞聲催促夜行愁，龍羊蛇兔不相入，巳午無人到白頭。（此與妨害中隔宿同例，三命鈐作夭年煞，主壽不長，多遭喪禍。若身能剋煞則可免。）

有急腳煞。歌曰：甲乙申酉見閻王，丙丁亥子切須防，庚辛巳午如風燭，戊己寅卯亦重傷，壬癸辰戌加丑未，永別浮生入鬼鄉。（廣信集作天鬼截路空，若甲人見申，乙人見酉，生時帶着，支干皆有者，定天。如甲人見庚申之類，太歲與大運逢之，多主孝服，更與小運并主夭。）金人沐浴火木胎，土死水墓四季裁。

有截命煞。歌曰：人命歸前次一支，干生須與丑為期，三逢必定遭凶死，兩見須憂血漬衣。（若子生人見丑，各於本命前一辰是。）

有推命煞。歌云：命後一辰不宜見，兩重見者涉疑猜，三重在外中年夭，五百年前禍必來。（若子生人見巳亥，各於本命後一辰是。）

命有限逢為再犯，閻王急腳送書來。

有五行滿數。歌曰：五行生處定陰陽，日月平分兩位當。（此月一至十五日為陽，十六日至三十日為陰。）六日初生名甲乙，（初六日木生，至初十日滿。）丙丁依次火為強。（十六日火生，至二十日滿。）壬癸水流相註定，（二十六日水生，三十日滿。）從茲生死不乖張。（假如巳亥年九月三十日巳酉丁卯時，其日值水滿，年是巳亥，月是巳酉，其水破兩土所）

魁此人夭壽

有陰陽二極 歌曰 陰陽二極君知否男女皆從本命數男逢九位女三餞位位相逢兼順去大小兩運氣全無到此須知身死處兩運有氣則無妨合致一年災運吉 男以本命順數至九辰為陽極 女以本命數至六辰為陰極 源髓歌云水木遇巳金逢寅生火生金傷本身五行命裡皆防此遇者知非鶴髮人

以上諸說須盡詳之先以五行生旺死絕次以格局有無損壞然後考諸神煞而以流年太歲參之蔑不中矣

或曰人之壽夭稟父母父精母血盛衰不同故人之壽亦異其有生之初受氣之兩盛者當得上中之壽受氣之偏盛者當得中下之壽受氣之兩衰者能保養僅得下壽不然多夭折雖然又不可以常理拘泥論也或風寒暑濕之感於外饑飽勞役之傷乎內豈能一一盡乎所稟之元氣而終其天年也耶知命君子要在修身以俟之而已

論女命

或問婦人何利利在夫星夫利其婦必利夫困其婦必困婦人從夫先觀夫星以定出身之貴賤再看子星以察晚年之榮辱官煞財得地夫利也食神得地子利也夫利則出身富貴一生享福子利則晚年厚養褒寵誥封然亦有旺夫者以食生財財生官故耳反是則否女命以尅我者為夫我生者為子皆要得時乘生旺之氣若旺氣只聚於時亦可用官為夫不要見煞用煞為夫不要見官一位為好有兩位官星無煞以襯之四柱純煞無官以混之俱為良婦更得本身自旺尤佳但旺不可太過食為子息引歸時遇旺再得二德扶身乃夫貴子榮之命不宜身旺重疊暗藏夫神及傷官七煞魁罡相刑羊刃太重合多有情皆主不美歲運亦然看有八法八格須詳細之

純

純者一也知純一官星或純一煞星有財有印不值刑衝不相混雜是也如一命 癸巳戊午辛酉丙申本身專祿旺不從化辛用丙官為夫星五月火旺夫健丙用癸為官生貴見戊為食同歸祿於巳辛金生壬水為子引入申時長生之地夫子癸戊辛丙水火既濟地支巳午酉申拱夾財庫所以嫁夫為官而食天祿夫榮子貴之命又 癸亥甲寅丙戌甲午丙用癸為夫臨官在亥甲為印生寅建祿自身坐庫巳土為子歸祿於午居時子息之位甲木為巳土之官四柱純一不雜故主子貴蔭餘倣此推

和

和者恬靜也知身柔弱獨有一位夫星柱無攻破衝擊之神稟其中和之氣則為和也如一命 壬辰辛亥己卯己巳己用甲為夫亥乃長生之地得天時地利甲以辛為官金生於巳己以金為子亦生於巳謂之夫得官星子得長生故主益夫旺子雖自坐卯支為煞有巳中庚制為去煞留官之論女命之貴也 又 丁丑壬寅丁酉己酉丁用壬為夫甲為印乃夫之食祿丁酉日貴生己酉之子壬水得己土為官主夫貴己土得甲為官主子貴酉中財旺榮夫蔭子之造餘倣此推

清

清者潔淨之稱女命或一官一煞不相混雜謂之清要夫星得時柱有財生官有印助身無一點混濁之氣方為清貴如一命 己未壬申乙未甲申乙以庚為夫庚祿到申以丁為子丁旺於未以壬為印壬生於申又生下支神為乙木之財財旺則能生官四柱無刑衝破敗 經云 財官印綬三般物女命逢之必旺夫故為夫人之命 又 甲寅癸酉丙寅戊子丙用癸為夫生酉自生癸得戊為官癸祿居子夫得祿者貴丙火得戊土為子生財逢煞印主子貴餘倣此推

貴

貴者尊榮之號命中有官星得財氣以相資三奇得其宗四柱不值鬼病乃女命堯舜也 經云 無煞女人之命一貴可作夫人 又云 女命無煞逢二德可兩國之封二德者非獨天月二德即財為一德官為一德加之印食愈為貴也如一命 甲午丙寅丁未壬寅丁以壬為官壬食甲為印壬用丙為財壬以亥為祿得三寅暗合雖夫星失時喜行西北夫旺之運故主大貴 又 乙亥丙戌辛卯癸巳辛用乙為財旺於亥丙為夫星坐庫歸祿巳土癸水為夫之官辛金生癸為子坐巳土與夫祿同位又是貴神又為財官雙美乃得夫子俱貴兩遇褒封餘倣此推

濁

濁者混也乃五行失位水土互傷其身太旺正夫不顯偏夫叢雜柱多分別無財官印食為下賤村濁或娼妓婢妾淫巧之人如一命 己亥乙亥癸丑己未癸水生十月大泛癸以戊為夫不顯時引己未是偏夫嫌丑未皆有土混雜柱中無財乙木為食神干旺己土受尅鬼敗臨身五行失位主先清後濁不能享福 又 癸未甲寅辛酉乙未辛酉八專自旺

[illegible]

用丙火為夫長生為寅夫旺本好但辛貪乙未庫中財惹起未中丁火為暗夫兩庫暗夫重遇明夫明暗變集雖有正夫未免暗中偷夫得財乃濁亂之象餘倣此推

濫

濫者婪也謂柱中明有夫多暗中財旺于支又多帶煞必因酒色私暗得財此等之命或為奴婢或尅夫再嫁如一命庚寅丙戌庚申丁亥庚申專八自旺丙火為夫寅戌會局時干支丁愛重火情庚申金暗尅寅亥木為財亥中壬水為食生財其人雖美貌有福不免濫而得財又戊子甲寅己未丁卯正月甲木旺卯未會局偏正夫多子上又有旺財己合甲官陰陽匹配故雖聰明秀麗不免失之於濫況倒插桃花上坐歸妹不是官星豈為良婦又己酉丁丑癸丑壬戌柱中明有己夫二丑一戊三夫暗藏丁為財歸庫於戌與丑相刑二陽得令火亦進氣是夫多財旺丁壬太過又甲辰癸酉丙子辛卯丙子日犯陰陽煞主男子挑誘丙以癸為夫辰子會水夫多日時丙辛合子卯刑支刑干合犯荒淫滾浪酒色昏迷酉中財旺癸夫專坐二命俱妓賣奸得財餘倣此推

娼

娼者妓也乃身旺夫絕官衰食盛或柱中不見官煞或有而傷官傷盡或官煞混雜而食神盛旺此必娼妓之命否則為師尼婢妾尅夫淫奔如一命丁亥庚戌戊辰庚申戊以甲為夫九月失時無氣又被庚尅絕時引入申以庚為食建祿在申戊辰魁罡生甲太旺亥中壬財亦旺謂之申旺逢主貪食會財夫絕而為秀麗娼也又乙亥丙戌甲子丙寅甲以庚辛為夫九月金衰氣退時引食神長生木地會局甲木歸祿身旺庚金引至寅地絕而無氣二丙食神太旺傷其金夫謂之自旺食盛衣食雖好不免風塵娼妓又癸丑庚申戊辰庚申戊用乙夫絕在申戌日得庚申為食神月時重見謂之食旺夫絕故主為娼凡陽干女命食神多者為娼陰干女命食神多者為妓餘倣此推

淫

淫者沃也乃本身得地夫星明暗交集謂日干自旺柱中皆官煞是也在干者為明在支者為暗四柱太過如一丁見壬壬及辰子多之例謂之交集於人無所不納也如戊辰壬辰壬戌癸亥丙辰癸亥本自得地明有戊土為正夫暗有辰戌為偏夫又庚戌戊子乙酉甲申乙以庚為明夫而身坐酉支時又引身為暗夫運行西方金旺之地二命俱夫星明暗交集淫不可言又癸亥壬子丁丑壬寅丁火純於衆水之中明暗夫多淫亂無恥經曰丁遇壬而太過必犯淫訛之亂是也又癸卯甲子己卯乙亥己用甲為夫甲敗在子卯為暗夫坐於支下又亥卯多明暗交集正夫不能主張禁制暗夫得勢而入正夫反迴避也餘倣此推

旺夫傷子

夫女人有旺夫傷子者何此法皆時上推之時為歸宿之地夫子二星引歸於時夫星生旺子星衰敗是也如一命丙戌丙申丁巳辛亥丁坐巳自旺以壬水為夫時上乃是夫星臨官之地月支申金乃夫星長生之地以辛金為財七月金旺二丙相比皆坐夫之財印故主夫聰秀富貴丁以戊為子息之垣引至時上見亥亥中甲木能尅戊土乃子星被尅而難得也故主旺夫傷子餘倣此推

旺子傷夫

有旺子傷夫者何此法專以月時推之謂尅我者為官為夫有氣得時則夫發福若支干失位不得月氣柱中又逢衝尅時上又無旺氣而已生之子引至時上逢長生臨官帝旺之地又無刑尅是旺子傷夫也如一命己卯甲戌乙卯戊寅乙用庚為夫九月庚金無氣乙用丙為子丙火長生於寅與戌會局皆屬火月令既無金氣時引絕地又被火尅是傷其夫星旺其子息故曰旺子傷夫餘倣此推

傷夫尅子

傷夫尅子者乃夫星干支失位生月失時柱中又逢衝尅時支亦不生扶兼且印綬重逢盗夫之氣尅子之甚夫子不能旺反絕於時是也如一命丙子庚子乙亥丙子乙木以庚金為夫星十一月金寒水冷又金死子地支亥子水盗金氣盡柱無土生助傷官太多故傷其夫乙木以丙火為子引至子時乃水旺火滅之地雖年時干二火被羣水相尅夫子皆亡故曰傷夫尅子餘倣此推

安靜守分

安靜守分者乃夫星有氣日干自旺相停無尅不值刑衝財食得所者是也如一命癸巳庚申乙卯丁亥乙坐卯專祿自旺又得時支亥字合局是本身旺也以庚金為夫七月庚祿到申又得年支巳火為金長生之地是夫星旺也亥中

壬水夫之食神天廚故壬夫食天祿此乃自己夫星兩不相傷各乘旺氣無混雜相侵夫婦偕和安靜守分格也

橫夭少年

夫橫夭少年者造化之窮絕格局之變異也有懸梁溺水血產少亡被人殺死若此者何乃身弱而遇煞重煞多剋身又帶刑衝破敗之類或命中元有官星受傷行運復遇官鄉或無官見傷運復臨官之類或帶刃無制運行合刃之地及亡神劫煞等類此皆橫夭類也不獨女命有之男命亦同如一命丁卯癸丑庚辰丙子庚用子為官被癸水子辰傷官疊遇剋之太重水多金沉一交丁巳運傷官見官又會丙煞剋身故有溺水之害又乙酉戊子丙寅己亥日干丙火長生於寅冬生亥子官煞太重謂之旺火投於盛水故生產而亡又壬子癸卯甲戌丁卯月令羊刃時丁卯傷官羊刃子刑戌合柱中又無夫星財星癸酉年乙丑月己卯日犯姦殺死凡女命官煞太重羊刃無情非淫濫則凶亡餘倣此推

福壽兩備

夫福壽兩備者造化之中和格局之純粹也有享用一生永錫難老若此者何乃身生旺鄉通於月氣支干相輔更帶財官印綬各得其位不行脫財壞印傷官之局尤喜食神天廚若身旺而逢行財食之鄉此皆福壽兩備之命也如一命丙午庚子辛酉癸巳辛生酉支專祿自旺時癸歸祿於子為食神壽星子星得地辛用丙火為官丙祿歸於巳為夫星得地又十一月生人乃金白水清之象兼支干上下相輔俱無傷損身不從化故主為人美貌端正夫子相停福壽兩備也餘倣此推

正偏自處

夫正偏自處者何也乃夫婦相合復遇比肩分爭如一位夫星有兩位妻星相合謂之爭合若本身自旺彼身值衰四柱不衝則我正而彼為偏若彼旺我衰四柱衝我則彼正而我為偏矣益我身旺有氣則夫從我為正我身衰而別位旺則夫從別位我反為偏謂之彼旺爭去我夫我只得為偏或自旺太過柱無夫星者亦為偏或官煞混雜或傷官太重亦為偏更淫濫如一命壬子丙午辛酉辛卯辛用丙為夫星身生酉支專祿自旺雖時引辛卯之金彼卻無力故我為正而彼為偏此為二女爭夫正偏自處又癸未壬戌癸巳壬子癸用土為夫癸巳水弱壬子水旺弱不能勝旺被壬水爭去戊土正夫乃彼勝我衰我只得為偏但壬水重而太泛又帶桃花不能自處餘倣此推

招嫁不定

夫招嫁不定者何也乃月令中有夫星透干與己相合己身從伏其夫星卻無氣時引夫星或煞星卻乘旺地來剋己身又從伏偏夫故謂之招嫁不定若夫星不旺或受剋制必嫁夫遲或嫁夫不明或夫不濟事或有外情如一命癸酉甲子己未乙亥己用甲為夫生於十一月夫時不旺時逢亥字乃甲木長生是夫旺也卻不合又被乙木制己未未為乙木庫地甲生子月夫生敗地不顯時上乙亥亥中又有長生之甲欲甲而又招乙也此為招嫁不定餘倣此推

論曰凡觀陰命先推夫子興衰欲究榮枯次辨日時輕重官為夫財為父財旺夫榮食為子印為母印盛子衰日干不宜太旺月氣務稟中和日主旺相奪夫權而孤苦月令休囚安本分而持家官星得地夫主榮華傷官無剋子當貴顯有官而不可見煞有煞而不可逢官設使官煞混雜為人安得禎祥官星無剋值二德可兩國之封七煞有制遇三奇為一品之貴喜食神而制煞生財惡傷官而剋夫盜氣貪財壞印豈是良人用煞逢官非為節婦孤貧下賤益因干犯休囚富貴崢嶸只為夫興子旺官太旺公壽難延財重疊以年早喪身居旺地雖富足夫子刑傷日值衰鄉縱貧寒夫子完聚自旺而巧於婦業日衰而拙於女工貴神一位不富即榮合神數重非尼即妓貴人乘驛馬決主風塵之美妓官星帶桃花定為深院之良夫食神獨者安和而有子有壽合貴重者嬌媚而多賤多情桃花不宜倒插沐浴最忌裸形犯之者多為侍婢值之者定作師尼四仲全乃酒色荒淫之女四孟備乃聰明生發之人未丑刑而不忌戌辰衝處非良大抵夫星要值健旺己身須稟中和食神不可刑傷子星要臨生地印綬生身一位則可財神發福多見無傷財強身弱不能發福身強財弱安得為良傷官疊遇剋夫星而再嫁之人印綬重逢不死別即生離之婦刑衝羊刃惡狠無知破害金神血光產難四柱無夫不偏房定為續室八字空亡非寡鵠決是孤鸞大槩貴賤觀其夫位榮枯究其財官此為天依乎地地附乎天故貴者隨夫而貴貧者隨夫而貧前八法以泄其玄機後八格仍明其奧旨倘有缺誤俟知者擇焉

又云乾道成男坤道成女陰陽剛柔各有其[illegible]故女命以柔為本以剛為刑以清為奇以濁為賤故三奇得位良人萬里封侯二德歸垣貴子九秋步月一官一貴烏雲兩鬢擁金冠四煞四空皓月滿懷啼玉筯官行官運鏡破釵分財入

財鄉。夫榮子貴，衣錦藏珍。官星有氣，堆金積玉；財庫無傷。大抵官多不榮，財多不富。甲正印而逢梟，蘭堦夜冷；用梟神而遇印，玉樹春榮。金清水冷，日鎖鸞臺；土燥火炎，夜寒鴛帳。羣陰羣陽，清燈自守；重官重印，綠鬢孤眠。田園廣置，食神得位不逢官；粟帛盈餘，印綬失時還遇煞。傷官不見官星，猶為貞潔；無食多逢印綬，反作刑傷。窮梟見食，坐產花枯；惡煞混官，臨春葉落。遠合勾情，背夫尋主；衝官破食，棄子從人。財衰印絕，幼出娘門；身旺印強，早刑夫主。五煞聲花，日夜迎賓送客；三刑帶鬼，始終尅子傷夫。楊妃貌美，祿旁桃花；謝女才高，身乘詞館。華蓋臨官，情通僧道；孤神坐印，身受尼姑。胞胎常墮，食旺身衰；鸞鵲頻分，官輕比重。姊妹剛強，乃作填房之婦；財官死絕，當招過繼之兒。官臨財地，必榮夫身入財鄉，須尅子。煞梟破祿，連相墮水肌於水火；比刃遭刑喪局，掩玉骨於塵沙。交馳逢驛馬，母氏荒涼；差錯對孤神，夫家零落。五馬六財，窮敗比肩之地；八官亡煞，分離刑害之鄉。刑空官煞，幾臨嫁而罷濃粧；衝尅印財，縱得家難成厚福。不若藏財不露，明煞無傷。重印行財，多財遇印，四敗匪佳人之有幸；四衝豈良婦而無嫌。水聚旺鄉，花街之女；金成秀麗，桃洞之仙。四生馳四馬，背井離鄉；三合帶三刑，傷夫敗業。暗煞逢刑，藁砧不善；明官誇馬，夫主增榮。黃金滿藏，一財得所；紅顏失配，兩貴無家。先比後財，自貧至富；衝官合食，靠子刑夫。死絕胎胞，花枯寂寂；長生根本，瓜瓞綿綿。合貴合財，珠盈金屋；破財破印，衾冷蘭房。呂后名馳天下，只緣陰併陽剛；綠珠身墮樓前，蓋是梟衝煞位。秋水通源，剔眸立節。冬金坐局，斷臂流芳。娣妹同宮，未適而先抱恨；命財有氣，配夫到老無憂。

通明賦云　女人之命，一貴為良，食重孤孀，貴多淫賤。（貴指官煞言。食傷官煞孤尅之星也。官煞疊是淫亂之象也。）二德真貴，封贈可知；三奇真貴，國號自至。金木有堅心之淑德，水火生亂性之虛花。五行偏喜休囚，四柱不宜生旺。富貴貧寒，全憑夫子。（二德即天月德也。女命得之，更有財官純粹不雜，必受封贈。三奇甲戊庚之類，財官印食亦為三奇。女命中有此，必受國寵。德者純一不雜之謂。金木性純，本為女人之所守。水流主淫，火炎主暴，水火各則亂性，為人虛花不純而暴惡矣。陰主柔，陽主剛，女陰也，與男相反，故喜休囚而忌生旺。）

繼善篇云　女人無煞，一貴可作良人；貴衆合多，必是師尼娼婢。傷官尅則食絕孤苦，夫健旺則子秀身榮。

玉振賦云　陰命印重，本絕嗣；運行官煞反吉。（夫旺子生，此理之常。）女犯傷官須尅配，運入財旺亦佳。（傷生財，財生官，所謂能使無情更有情。）棄命就煞，必配名家。專祿食神，斷受誥命；孤鸞最利於土煞，桃花喜帶乎官星。（此四格皆主富貴，益夫旺子。）富貴太多，非偏房即為舞妓；會合過盛，不媒妁則是尼姑。（女命雖不嫌官貴，多則不吉。天干地支三合六合帶得多者，必為此等之人。蓋媒妁聯二姓以成親，尼姑受萬人之私拾，參之人事，章章明矣。）甲木坐甲，透庚金于都酉子；丙火坐申時，壬水大喬小喬。（此言二日專用煞，苟無混雜，其女必有傾國傾城之色矣。）賦云：庚寅戊寅，（或云戊申）縱遇破敗猶得；己卯癸未，休教紅艷相侵。（此四月侵犯生長生臨官之地，如庚得寅，戊得申，乃主人之妻；己得乙，癸得巳，亦不失為佳婦。但五陰日不宜紅艷桃花二煞，五陽遇之，縱為不堪，亦可養身。）官臨墓絕之地，老困孀娘；夫居雜氣之中，最宜佳婦。（如庚用丁為夫，十一月生；辛用丙為夫，八月生，雖名為夫，實則不時，縱有貌，必然受困，所謂紅顏多薄命是也。如癸日生於未月，雜氣之中有丁乙己，夫星子息財帛全，雖居祿見之不忌。）官得令而逢傷，反作奴婢；煞當權而有制，當為正室。日刃逢煞，不偏則尼；月傷疊刃，非奴則婢。（日刃逢煞，如壬子日戊申時之例。月傷疊刃，如丁卯月甲辰日之例。）傷官奪夫之柄，化煞助夫之資。桃花喜其官星，紅艷休同煞伴。寒衾少怨，命值孤鸞；獨枕早孀，日臨寡鵠。（柱中絕無官煞，值此日為忌。所有官煞等項倚靠，雖犯孤鸞陰陽差錯等日，反吉。寡鵠即孤鸞。）孤鸞若遇夫星，必多子女；天德如逢煞化，定盛婢奴。　一片比肩，官地爭夫擬定；運身泄氣，印星望嗣堪求。旺夫傷子，乃官令而梟強；旺子傷夫，因食時而官絕。印重盈盤，遇富夫而多得子；食清值令，得壯妹必許夫榮。（富夫乃官星帶財之論。）印重官輕，奪夫權；鳳舞鸞飛，坑婢命。（孤鸞日乃旺壽之辰。）天月二德無他亂，衣錦冠金；羊刃七煞無善降，身塵鬢垢。一逢陰煞非守志，必也無見；兩透陽傷，且燈身而不尅婿。（五陰日見五陰煞為凶，陽傷官得印重，反榮身而不尅婿。）日刃同刃，最忌生產；食神反破，難與留胎。（日刃同刃，是逢衝也；食神犯破，是逢梟也。如丙午庚寅壬子癸卯，是年月與日時相衝。如丙申庚子戊戌丙辰，月丁庚食，破時丙尅之。）食官臨死絕，知夫喪；梟遇驅除，斷子來。何知夫得貴，孰太子得官？食附官而可知，官即食而可見。（如己未日辛亥時，甲與己合，辛附中。官食神健旺，子貴；逢破則子不肖。）先後與衰倚，夫星之好惡，始脩盛替；察子運之榮枯。（如一命，戊日生春，甲寅時，偏官乃戊之夫，雖然不見財星，行至東方，又無金制其木，其夫無名無利；交到午運，夫星正值食得所，却是甲夫死地，故尅之，再嫁；未申二運，財帛馳至，大發；運至酉，又五年至胎始壽，戊土丙火至此俱死，七煞見傷官，思無何而亡。）（者有姿色，亥者好色。）木盛則妖妍，水澄則清潔，金多干折，火致剛強，土則富厚。質天月二德，則霞帔金冠；得祿命身三財，則夫榮子貴。（歲干所尅者祿財，歲支所尅者命財，納音所尅者身財，其三財所屬之五行，在命中一財不之而得之全者，夫必榮，子必貴。）切嫌者陰刃，妨實尊親；最忌者純陰，不宜子息。（祿後一辰所屬之刃，男得之妨妻族親，女得之妨夫族親。又命年月日時干支俱屬陰，多無子息，蓋屬陰不生也。[illegible]）骨髓破缺，羅內外鸞枕星，招涉是非。（[illegible]乃冠帶位得之者[illegible]）官鬼旺於貴垣，鳳冠霞帔；花釵與桃花相犯，暮雨朝雲；貴人共天喜爭巢，踰垣鑽穴。（見水多主風塵，多輕賤。凡女命三支為干屬鳳凰[illegible]主淫[illegible]命中一辰為桃花煞[illegible]）

壺中子云：登明足艷，太乙多淫。（亥為[illegible]夜之侯，女命而得亥多[illegible]巳為[illegible]）（主上見之全，而不偏，是為同犯，主為娼優；得三奇不在此論。天乙貴人旺氣住處曰喜神，本生上帶之而又同宮，是為爭窠，主為淫奔之妾；落空亡不在此論。）

賦云　女人無煞，一貴何妨；喜逢天月德神，忌見煞官混雜。貴衆則舞裾歌扇，合多則暗約偷期。五行健旺，不遵禮法而行；冠帶互逢，定是風聲之醜。迴眸倒插，泛水桃花；沐浴裸形，螟蛉重見，多為婢妾娼妓，少有三貞九烈。雙魚雙女號淫

星。不宜多犯官星七煞。曰夫主忌見重逢寅申互見性荒唐。巳亥相逢心不已。或有傷官之位不遠嫁定見尅夫重臨梟印之神匪生離終須死別。四柱有官鬼入墓便夫星已入黃泉歲運臨夫絕之宮便鴛鴦分飛異路。

又云 欲觀女命先看官星。官帶煞而貧賤官得令以安榮傷官太重必妨夫且是為人性重倒食重逢須減福那堪更犯孤神煞重須從貴室合多定損貞名生祿乘輿而穩重逢衝遇馬以輕浮桃花浪滾淫奔之恥不堪言日祿歸時貴重人欽尤堪羨天月二德以為本命如逢印綬貴堂兩國之封時日羊刃本是剛神不利夫官損壞平生之性時犯金神健旺要觀八字之強專食子榮切忌偏印守閨門而正靜必由陰日得中和代夫婿以經營此乃陽干支旺甚欣逢正祿怕犯咸池清秀得長生之輔濁雜值暴敗之歸四柱敗多大忌衝身而逢合一生忙甚若是非妓即為婢印重與公姑相妬食專得子息之宜官煞重逢須防淫亂婦妹透出便是爭夫魁罡有靈變之機日貴得安常之福

又云 若觀女命則異乎男富貴者一生官旺純粹者四柱休囚濁濫者五行衝旺娼淫者官煞交差無官多合此為不良滿柱煞多不為尅制印綬多而老無子傷官旺而幼傷夫四柱不見夫星未為貞潔五行多遇子曜難免荒淫食神一位逢生旺招子須當拜聖明官煞不雜遇印扶嫁夫定知登雲路守寒房而清潔金豬木虎相逢此二日雖尅夫而守正。對空帳而孤眠主猴火蛇相遇此二日尅夫不正。財旺生官輔食無傷而夫榮子貴官食祿旺一印有助而后寵妃褒傷官疊見無財印敗室刑夫官煞重逢遇三合荒淫無恥合多官重貪淫好色之人官雜氣衰嗜慾刑夫之妾身旺官凶非師尼而為娼婢食神變德先貧賤而後榮華。

口訣云 凡論女命只用月支中財官印二件為奇第一論印無財損印如得天月二德在日干上者決主此婦得父母家資財福德廣盛為人溫厚逢凶不凶招名望之夫生賢貴之子受封之命歲運同論休咎忌財喜官第二論官亦看何支中所藏一位為奇一忌官多二忌傷重三忌帶合四忌煞混五忌日主柔弱除此五忌外畧要些小微財決主此婦生於富貴之家夫富子賢並無尅剝之患為人精明伶俐尊重有福第三論財取月支中為要財不宜多只宜一位畧得歲中一位官星此命招父母力氣得見成金寶之福益夫益子善於持家除此三格外以下一十五格皆非婦命所宜蓋十五格莫非傷官七煞羊刃建祿衝動逢合多無官星有傷財印所以不取婦人用官星為夫見傷官為傷夫用生出於子如甲日生人屬木用丙丁巳午寅戌為子火得時令便作多子之命言之火臨墓絕之地或臨水局壬癸相尅方斷無子若火居絕墓之地四柱有衝晚年得嗣終不為孤又六壬日寅時。

三命云 陽干產陽為子產陰為女陰干產陰為子陽為女寅乃木之分野甲木臨官之地當生榮貴福壽之兒若木在午未申酉之時火之分野木墓死絕之地主子息寡少縱有亦多貧疾不然僧道過房螟蛉之類又乙木生人用庚為夫庚用丁為官星丁却為乙食神即子星也丁生旺得時即夫之名分是取食旺相官明朗不但夫榮亦且子貴餘倣此推

又云 女人之命見七煞即為偏夫因會正官偏正交集所以不喜若偏官只一位柱有制伏無淫亂之說但主欺夫奪權曾持家性剛若日主健旺或背祿或月時無所倚或夫星死絕或孤神六害多由家師尼之命不然塞房守空獨坐哭夫命也如夫墓絕并鬼傷之鄉主重婚再嫁夫若命強可配却一生不和氣當生離死別官星顧於生旺之地煞星隱於衰弱死絕亦作清正財祿之命不以混雜論若煞星多則忌更帶合神官衰食旺財黨煞非娼妓之流則淫濫之婦

又云 女命多有產厄乃食神帶梟而梟神太重又生年干頭土帶傷官時犯羊刃衝刑尅害更加流年及運衝合梟刃決主產厄無疑若八字安穩無尅我刑衝之患日干健祿煞星受降更逢天月二德一生不犯產厄及血光之阻逢凶有救

又云 凡婦人日主弱比肩旺主婢妾奪權如甲寅巳巳巳卯辛未此命日主巳生卯上柔弱無力巳巳比肩同類生四月火土印旺天時比肩得地年上甲為夫星月上巳巳合去日主衰弱無用此婦平生被妾奪權不得丈夫和氣餘倣此推

又云 凡看女命須五行清淡不要生旺不居暴敗不犯臨官得四柱和氣為佳休囚死絕為上不帶貴人驛馬旺祿合神為良若犯生旺臨官兼有貴人驛馬旺祿合神皆為不美犯亡神劫煞三刑六害羊刃飛刃皆為不善 神白經云 驛馬遇貴神終竟落風塵合絕莫合貴此法人難會但以日為年此訣聖人傳帶祿人生旺產死遭人謗帶祿入衰鄉雖禍來為缺

司馬季主云 凡推女命貴人一者為良若叢雜合多不妮即妓 洗芝云 桃花又帶鴛鴦合兒雖貴人真妓才桃花者臨官上見馬謂之桃花馬臨官上見劫煞謂之桃花煞又有一般煞乃巳酉丑生人見午之例謂之咸池煞全見謂之遍

野桃花煞。女命最忌之雙鴛合。如一己見兩甲。乙一見二庚。一辛見二丙。一丁見兩壬。一癸見兩戊之類。或是四柱元有甲己。又有乙庚子丑寅亥兩兩對合。謂之雙鴛合。一命有之。皆不為良。若犯桃花煞。更雙鴛煞。尤為不美。理愚歌云貴人或落空亡裏。祿馬背違如不值。假令性識甚聰明。男即伶倫女娼妓。亦有生來貴族中。淫聲浪迹頗相同。須知斯命重所使。桃花三月惹春風。源髓歌云滚滚桃花逐水飄。月籠華髮色偏饒。多情只為空傷合。惆悵佳人魂易消。以上皆論桃花煞。犯者皆為不良。若犯三刑六合亡神。劫煞孤辰寡宿。皆主喪夫尅子。

凡女命。伯臨官帝旺。全主夫妻相傷。源髓歌云臨官帝旺未為好。再嫁重婚傷亦早。若逢相敵作夫妻。頭男頭女當見夭。若犯羊刃。及朝元羊刃。皆主產厄。源髓歌曰或時藏刃入於胎。日刃或朝時上來。更若支干相尅刑。妻身當產姙憂災。此言夫命犯之。當主妻有產厄。婦人之命若如此。敢斷定憂生產厄。更加卯酉二時生。若免墮胎應尅子。所謂朝元羊刃者。喻如卯年生人。見甲日與申時之類。或辰日。而時干見乙。皆謂之朝元羊刃。餘倣此推。

又曰凡女命以年為翁父。胎為婆母。月為妯娌。日為夫。己身時為子孫。女命是子午卯酉日生。合嫁子午卯酉命夫。四孟四季日亦同。若嫁日干合或支神三合六合者。俱不諧老。四柱宜納音上尅下。主有殊福。不宜下尅上。主欺詐僭越。若年之納音。尅時之納音。不宜子。若尅戰刑破。主少子多女。若絕中有生。旺中有死。空亡中有破。五行無情。乃吉。刑衝無情為上。只無情次之。日坐年祿榮神者。郡國之封。日帶夫祿。仍有實庫。次之。榮神春甲乙夏丙丁之例。若生中有絕。死中有旺。空亡有合。更犯孤寡元辰者賤。

凡女命。印若虛。庫要實。五行恬靜無情。不相帶惹。為上等清廉之格。若貴人天月德日上有官。主賢淑。大忌祿衰身旺日在冠帶臨官帝旺為不吉。一云庫要虛。貴要不落空。印有氣則奪夫權。庫有氣則蓄夫財。不戰爭無情理則無妒忌。奴婢宮有浮沉煞。主打死奴婢。

凡女命。生日在官鬼死墓絕上。主尅夫。若官鬼落空亡。或日落空亡。又生日無氣者。主無夫。縱有如無。無帶旺氣刑煞者。尅夫下賤。古歌云五行失位落空亡。更值身低宜有郎。不是風塵須婢妾。縱有婢夫身亦娼。天壁云納音金命。火為夫重重臨寡又臨孤。戌亥二宮夫死絕。徒然出嫁是塲虛。

凡女命生年生日。固一位者。尅夫。嫁同音同年者。庶幾。生年生日帶六甲者。名曰帶甲。主尅夫。月共日俱帶者亦然。如甲午年生。再遇甲午日。十有九尅夫。謂之金神帶甲。此例尤緊。若生日帶旺氣。如丙子庚子戊午癸酉辛卯等日。名曰承旺夫。不下賤。多尅夫。若帶十分福德。則是內人。五六分則貴官左右。三五分則近貴。上游娼。次則尼妾。甚者尅夫淫蕩。或日戊午多貴。癸酉辛卯次之。丙子庚子下賤。又云戊午癸酉辛卯大美小疵。若壬癸生人見丙子癸亥申子辰人重重見壬癸。名曰流水煞。主下賤不貞潔。多水而無土主淫。多火而無水主淫。犯八專胎月日時。主淫亂及虛勞之疾。犯九醜多者。主淫蕩及產厄惡死。犯沐浴咸池。乃酒色神。主淫亂。犯十惡大敗。主淫惡破家。犯桃花劫者。主少人娼門老為貧丐。寅午戌生人在冬三月亥時。巳酉丑生人在春三月寅時。申子辰生人在夏三月巳時。亥卯未生人在秋三月申時。古詩云桃花與劫兩相侵。不為盜賊犯姦淫。忽然女子遭逢着。少入娼門老至貧。

凡女命合多。更帶貴人。是上游官妓。不然貴人左右。若生日無氣。却生貴人。四柱有天月德。或日祿歸時。主賤中生貴子。或有因而受封者。福在日時故也。其始終下賤。多是咸池自敗大耗天中。凌尅刑衝氣散。自刑帶煞。為性塵賤淫蕩。縱有貴格。亦有風聲。魁罡交衝。多狠戾不順。或飄蕩。生旺太過中見劫煞。往來相衝。為性多烈。不睦六親。却清直不淫動招患禍。若咸池與大耗同宮。則淫媚譏毒。天中與暴敗相承。則情性多詭。招淫私玷辱。更有刑衝。必主淫私官事發覺。日時上死絕帶煞。主貧困下賤。故自營於街市風塵庸劣之婦。見無禮刑。或天中印。或合墓中大耗者。多是媒巫術藥之輩。中有建祿貴人者。市屋牙販狼籍婦人也。若生日帶大耗咸池。夫妻外心相捷。見官符多適兇暴俗惡之夫。棄逐凌辱。或即妨尅於夫。一生因夫煩惱。生時帶劫煞大耗空亡者。生子必成憂煎。為撓或生悖逆之子。見咸池多損孕日時犯勾絞。有繫絆意。多難產。或子掛繧生。歲運見大耗為凶。夫子不祥之撓。更或尅身往往死矣。八數者陰之終。所以大凶。若日時犯華蓋正印。主無夫無子。亦有臨終年尅盡犯刑害空亡衝破飛刃陽刃劫亡破碎大敗等煞。主尅夫害子。更以五行加減輕重言之。有一生不產兒女。或多損胎。亦有不嫁者。縱有兒女。多不和平。犯空亡元辰咸池華蓋攀鞍。乃惡婦人也。妻尅夫。少子多病妒忌。

凡女命。帶六箇自刃日時。主無夫無子。便是十分好命。也須有尅。犯羊刃及朝元羊刃。多主產厄。月經過多之疾。中年後。主冷病。犯卯酉多。主墮胎尅子。腸痛血刺。四柱俱陽不生男。俱陰不生女。時是陽干。頭胎多生男。是陰干。頭胎多生女。是仲主生仲子。孟季同。帶寅申巳亥多者。主雙生。亥字多者雙生男。巳字多者雙生女。有三年一胎。二年一胎。一年

一胎者皆以時之納音。取水一火二木三金四土五之數。驗仍以月時納音定夫子之數。犯火氣多者主一世不生長。五行燥氣同犯返伏吟時。不利子。中年縱有。晚年必退。伏吟日主尅夫。惟同歲者方可免。月是伏吟。不宜妯娌婦妹胎是伏吟。不利骨肉。返吟同此論。

凡女命欲得恬和。中有貴格。更帶祿馬。貴人。自生自旺。六合者主性巧賢德。姿貌殊麗。不可傷於太盛。恐之柔順。不可過於死絕。則淫媚而性里奇。得五行恬和。又緊要福氣聚集於日時上。乃佳。蓋日為夫。時為子。一切福神加於日時上。須因夫子而貴。女人之福在夫與子。當重封貴號。早適賢夫。若日時二位福力不繫。乃常命也。如福聚月明之上。只是生於富貴之家。終不為夫之福。

凡女命最喜金轝。六合自旺則福厚而利骨肉。見印綬祿鬼。或水火既濟。或金水相生。姿質美麗。自生自旺。帶官符。或五行支干。不相往來無情。內政清白。嚴毅有守。不喜淫雜。若祿死絕則儉素不華。印綬帶煞。則權能任重。六合相生。則骨肉茂盛。周全和美。時上見貴人驛馬。多生賢孝之子。孕產無虞。日上見之。得賢美聰明之夫。一生快樂。夫負陰抱陽者為男。負陽抱陰者為女。是以男命生則利旺不利衰。女命生則利衰不利旺。男旺則福。衰則否。女衰則福。旺則否。

古歌

財官印綬三般物。女命逢之必旺夫。不犯煞多無混雜。身強制伏有稱呼。

女命傷官福不真。無財無印守孤貧。局中若見傷官透。必作堂前使喚人。

有夫帶合還須正。有合無夫定是偏。官煞犯重成下格。傷官重合不須言。

官帶桃花福壽長。桃花帶煞少禎祥。合多最忌桃花犯。比劫桃花大不良。

女命傷官格內嫌。帶財帶印福方堅。傷官旺處傷夫主。破了傷官損壽元。

飛天祿馬井欄叉。女命逢之最不佳。只好為偏併作妓。有財方可享榮華。

眉拖翠柳臉如花。祿馬長生貴氣賒。紫木太陽臨四正。益夫蔭子會持家。祿馬會於長生。或帶墓庫。及一重貴。所謂馬上祿馬貴人時。子貴夫榮。貌必奇。是也

一重亡劫及逢羊。天乙同生祿馬鄉。色絕過人貞且潔。榮夫益子熾而昌。

驛馬多逢無禮刑。臨官帝旺更惱人。柱中再有咸池遇。此等佳人不可尋。

亡劫孤刑寡隔雙。平頭華蓋一般詳。實香薰被成孤宿。忍對珠簾月半床。亡神劫煞。孤辰寡宿。隔角平頭。雙辰華蓋。六害三刑。所謂切忌五行神煞重是也。

羊刃劫亡休合動。合動高堂雲雨夢。合貴合馬合咸池。定必其人假尊重。如庚申己丑丁亥壬寅是也

生月那堪合上宮。更兼時合眾凶同。外容尊重非真實。內亂尤妨不善終。如乙亥甲申己巳乙亥是也

命值咸池洗日星。為人性巧更多能。男人得此多相識。女子逢之犯眾憎。上宮日干所生是

上宮切忌帶廉貞。巳不淫兮妻必淫。設使夫妻皆正人。宮事因妻及女人。如甲戌乙亥乙卯丁亥。有丁亥之旺土制乙卯之敗水。劫生大旋。自巳不淫。其夫游

女子咸池日上加。聰明守義不奸邪。却愁夫婿多顛倒。賭博呼遊也破家。

蕩破家

咸池一煞最乖戾。尅我生我皆不利。比和也是賤早名。好色貪財難致貴。如癸酉己未丙午庚寅。白食色妻亦淫。又甲戌癸卯日者。夫多學無成。淫蕩。

咸池盡道主淫邪。須看其中有淺深。有制尅他方作福。惺惺不得眾人情。

寺與桃花四正臨。那堪驛馬更同音。巧言令色難和眾。小智奸邪枉用心。

亥子重逢不可當。公姑妯娌致參商。男子丈母應重拜。方免妻家敗一場。如甲子丙寅己巳丁卯再醮

上宮亡劫更刑衝。男女逢之一例凶。寶月修真非一度。朱絃再續必重逢。

羊刃亡劫落上宮。尅妻生病最為凶。進神若也同來到。死別生離疾似風。如丁未戊申。戊申丙辰。其男為盜。其女淫奔。如丙戌壬辰。戊午壬子。因訟奔山。流落風塵。又戊午己卯癸未戊午。是合羊刃。竟凶死。

孤寡雙辰併隔宿。時日逢之刑骨肉。假子招郎何足言。仍忌男女遭恥辱。

女人羊刃不宜多。合尅羅紋帶倒戈。禍起蕭牆流粉黛。容華難避馬嵬坡。

一重羊刃為權柄。三兩重來凶最甚。荒淫妒妬多為娼。凶暴惡亡仍短命。

婦人亡劫最非祥。時日逢之性必剛。死絕常多兼尅主。合起相生亦禍殃。妯娌公姑皆寡合。宮司內起醜聲揚。

年月日時分戰降。命宮全帶喜風光。男如崔子尋花柳。女似楊妃睡海棠。子午卯酉全帶准上文

女人天乙兩三重。多貴番成吉作凶。絃管叢中為活計。死絕休囚又不同。如丙子己亥己亥乙亥。娼也。又丁酉辛亥己亥乙亥。年過不嫁。老而無子。如乙亥甲申己巳乙亥。有色而淫。死三夫。又犯眼內之奸。

一座貴人為好命。兩座貴人心不定。三座貴人定作娼。晚年或作豪家正。

色因傾國是登明。期我桑中太乙星。驛馬更兼逢六合。一生不免有淫聲。

紫木羅陽四正排。貴人兼印煞衝開。夫榮子貴人端厚。兩國誥封天上來。

祿馬咸池夾貴來，太陽紫木併二台。聰明性巧人和順，卷耳情懷柳絮才。

牡丹自古號花王，占斷風流艷一方。堪笑好花難結子，年年虛度好時光。

貴人祿馬定分毫，時上逢之產鳳毛。卓犖英雄皆異衆，惟岐推疑福堅牢。

貴人祿馬在生時，定主多男有白眉。或有乾生來奏足，增光宗祖好男兒。

五行恬澹福星臨，重厚溫恭必至誠。天使嘍囉無半點，卻交頑福重千斤。

滿盤印綬得夫星，運向夫行子息生。造化夫星無劫奪，與夫旺子兩宜情。印綬多主無子。運行財官，子息反多，陰于某印重亦莫言無子。行滯魁之運亦主子多而秀。如癸未、癸亥、乙酉、癸未，此命行南方火土運，財食之地，以財制梟，食神無損，生七子，顯達，夫妻偕老。一命同，午時，亦生五子，刑夫失節。

雜氣格中祿最佳，干頭便混也堪誇。運行財地無傷劫，嫁得才郎享福遐。甲乙丑月之類，俱藏夫星，干頭不忌混雜，此以月言也。

壬辰壬戌坐中夫，庚戌庚寅亦已殊。壬午甲申、戌寅日，婦人得此福偏俱。此數日坐下夫星，只宜一位為福。此以日言也。一命庚申、己丑、庚寅、庚辰，大富，八子，年五飼。

丙庚子午名分稚，已上偏於卯未宜。乙日更堪巳酉丑，癸臨巳未亦當時。此數日亦坐下夫星，不宜破交纏，見乃吉。

煞星獨印格中清，身主清高富貴成。不有官星來混格，號封恭淑重呼名。女命煞印最吉。如上己卯、己未、癸丑、乙丑，乙酉、癸未、辛未、甲申，庚寅、戊寅，壬戌、壬辰、丙寅等日，不宜再混夫，是為貴。

五行婦女要身衰，若遇剛強災病來。歲運再行身旺地，花前風雨恨相摧。五陰日宜弱，疾多生災。行建祿會旺地，柱無官煞，傷夫害子。

孤鸞日犯本無兒，一見官星得子奇。運遇旺鄉多姊妹，臨風惆悵綠樓時。孤鸞日。柱中若見官星，反得其子。陰日更好，不可混以無見論之。運行身旺及比肩爭奪，真孤鸞。

夫星得地子多餘，姊妹交加反是虛。財旺更逢見位吉，傷官相見又如初。婦人以夫為主，夫星得時必多子息。若見比肩分奪，反孤無子。旋又喜財生之，再見傷官，又作初論。

一位夫星姊妹多，傷官歲運便難過。縱遇有夫也傷尅，寒衾獨枕奈如何。官星只一位，是怕比肩分奪。況歲運又逢傷官，其害夫也必矣。若原是傷官格，柱中不見官無害，怕行運見官，戰鬬讐仇，尅夫無疑。

格用傷官亦兩猜，若逢食旺益夫財。財星旺處生官旺，無食無財印喜來。傷官得時者無害，但怕旺印破用，食神為用得時元奇，卻宜見印，但不宜印多，惟中則吉。一命癸未、乙卯、庚子、庚辰，傷官用財，嫁貴夫，受封，一子。

婦人格局要清和，夫氣休困苦多。運逢財官重旺相，着羅衣錦笑呵呵。假如辛日生子酉月，干頭虛見丙火，雖官無用，主巧而貧。再辛壬五見，尅夫。若得刑煞官及財運生起火木則吉，餘倣此。

傷官性重有權與，比劫重逢禮不疎。印綬日尋清慎獨，丁壬化合曉詩書。此言傷官性情乖貴，女中丈夫也。

金水相涵秀麗作，比材也作金水誇。丙逢壬制顏如玉，甲逢金尅貌比花。金水涵秀，故多美貌。若壬尅丙，甲見金，一煞清獨，其貌亦美，性情亦靜。混雜者淫賤，貌亦醜。

甘綬生身遇煞良，傷官財旺坐高堂。如行死絕陽肩墓，獨守空閨哭子喪。煞印相生，傷官生財，皆為上格。若行財煞死絕陽刃比肩及傷官入墓之地，傷夫尅子。

陰陽日壓口平常，身健無依未是良。運向夫鄉爭競起，改容再醮補填房。

桃花紅艷雨交差，頻向樁臺理鬢斜。若有官星藏與透，卻歸良室福無涯。二煞不吉，婦人最忌。如見官星則有情賴，反主有福。

桃花與煞怕同逢，官見桃花卻旺夫。金水相逢雖貌美，煞官貴室亦多污。官星桃花不害於良人，煞星桃花則多為娼婦。桃花之煞雖一，而逢官遇煞迥異。金木傷官無官煞，其志不定。

食神獨旺勝諸祥，金水傷官得水康。受氣不宜逢姊妹，煞星一位便為良。一食遇生旺，金水見火，胞胎無比肩，煞星一位得時，此數格婦命遇之皆吉。

官星得祿知夫貴，食遇臨官子便賢。福位青龍格煞食，驅奴使婢奪夫權。如己遇甲，夫得寅月，甲食丙祿，得巳月，主夫子俱好。若煞格、食格用遇祿神帶青龍福位者，主奪夫權，聰明標致。

食神暗合已夫來，食旺無淆富貴胎。透出財星分等第，梟煞合處起疑猜。食神不宜財輕，又不宜太過，清者第一，見官次之。梟煞相見不吉。

乙庚夏月正金衰，運向西方夫得時。丙子不來金水好，東方遇乙貴分之。乙為庚夫，夏月金失時，行西扶起為吉。見丙傷庚，見乙爭合，故皆不喜。

辛宮金水月夫輕，再遇辛壬兩度新。運行木火難勝福，不傷自已也傷人。辛以丙為官，生秋冬遇丙則輕，時又見辛壬分尅，則丙愈輕。運行火木，夫雖得時，恐不勝其福，未免傷人害已。

巳夫秋申暗傷支，乙見干頭兩度期。陰受東方逢木旺，擊傷金不又交持。巳秋月遇甲，夫支有傷，官為害，再見乙來去被從，此乃甲與巳合，破乙戰尅，不能就宮而從煞生，兩度成婚。行東方本旺之地，有火騎金，雖好，亦不免傷夫，再嫁或多寡居。辛未、甲午、己未、甲戌，壬辰、丙子、辛丑、己未、甲子，子逢土，女王妃。

庚夫金水月逢丁，壬丙干頭兩見爭。官貴春風衾枕冷，傷官支上怕分情。庚以丁為官，秋冬遇壬，金水得時，乃前夫破尅，又從丙火，若丙戌時，其夫入墓，子時其夫被傷，雖居富貴，終是寡居，子亦少。

甲夫巳午及寅宮。遇丙合辛被火鎔。身旺食神家富足。獨眠孤枕怨春風。甲日以辛為夫。辛生春夏失時。又遇丙火。難以古論。蓋婦人以夫為主。官既受害。雖財食饒餘。不免傷夫。若柱無辛。見丙丁。運行見辛。亦吉。

丙夫夏癸月藏傷。若遇庚辛酉地祥。木火透干能泄水。夫財雖旺發難長。丙干以癸為夫。夏月癸水休囚。內藏土為傷官。如不透戊己。得辛金佐之。運行西吉。柱有木火泄竊癸氣。終是不久。不見癸。用食神更吉。傷見則非。

癸水生於寅卯月。合戊經行南地宜。只恐干中明見甲。自憐衾枕與誰依。癸日生春。遇戊為夫。行南方及申地。不為利害。若甲透。及癸分奪。便傷夫。不見戊。但見時行至戊運。亦如之。若原無戊。用食神傷官。行火地皆吉。

壬癸如生季月中。夏閒土旺亦論同。不宜寅甲連相見。重犯作傷反無功。壬癸生辰戌丑未月。及夏中伏。夫星得時最吉。俱不宜太過。若寅甲並見食神重犯。作傷官論。單見申或寅則吉。一命庚辰、癸未、癸酉、戊午。嫁富貴俊雅之夫。生四子受封。

甲乙秋生夫正時。煞官若混細分之。舒配去留成格吉。丙丁引強困又離。甲乙用金為夫星。庚辛秋令得時。若官煞重見。分配去留。不相混雜。聰明富貴。見丁丙重時。真絕地。則又傷金為害。

戊巳春生木正青。煞官多處便為情。支干遇合方成吉。會水重金又一評。戊巳春生有二論。巳日雖官煞混雜。有甲合為貴。戊日宜清乃貴。都利煞為用。皆怕金水多。水滲其土。金多害木。行南運不忌。

庚辛夏月丙丁藏。不透干頭便是良。只怕煞官交互見。非惟不吉也爭強。庚辛巳未月。或寅卯戌日。俱有財官。不宜丙丁多透。煞官混雜相傷。二丙一辛爭合。俱為不吉。蓋金生春夏。已失之柔。再透則太過故也。

丙丁冬月與秋同。獨遇為奇亂則空。煞正官清居富貴。不堪混雜日臨凶。水冬旺秋相。丙丁生秋冬。夫星得地。官煞皆美。見官只論官。見煞只論煞。不宜混雜。清者富貴。亂者濁濫。

財旺生官格最稀。財官相遇十分奇。夫榮子貴因財旺。貞潔賢良五福宜。一命丁丑、癸丑、己未、甲子。嫁貴夫。二子受封。壽不永。一命丁酉、癸正、巳巳、甲子。受封生子。與上去同。

總歌

正氣官星第一格。財官兩旺亦同說。官星帶合兼坐祿。女命逢之真有福。官星桃花是良人。帶合兼煞便不同。印綬天德惟最妙。日貴財官亦相肖。獨煞有制羊刃同。傷官生財亦不凶。歸祿逢財準此斷。食神旺尤堪羨。煞化印綬格局純。二德扶身貴無倫。三奇合局真造化。拱祿拱貴也不怕。煞官混雜兼無制。此等女人不堪娶。傷官太重又見官。食財破印俱不堪。比肩重犯多爭妬。財官遇刼決不富。財多身弱亦如然。羊刃衝刑尸不全。金神帶刃凶惡斷。桃花帶合淫亂看。無官見合多官合。倒插桃花亂閒閒。身旺無依夫子傷。此等女人大不祥。倒食重犯須減福。更犯寡宿主獨宿。孤鸞紅艷陰陽差。此等神煞俱不佳。若是貴命合官印。小小神煞不為病。

又曰擇婦須沉靜。細說與君聽。夫星要強健。日干當柔順。二德坐正財。富貴自然來。四柱帶休囚。增名又增壽。貴人一位正。兩三作寵婢。金水若相逢。必招美麗容。四貴一位煞。旺家富貴說。財官若藏庫。衝開無不富。寅申巳亥全。孤淫賤便便。子午並卯酉。定是隨人走。辰戌兼丑未。婦道必大忌。有辰怕見戌。有戌怕見辰。辰戌若相見。多是淫破人。有煞不怕合。無煞卻怕合。合神若是多。非妓亦嘔歌。羊刃帶傷官。駁雜事多端。滿盤卻是印。損子必須定。天干一字連。孤破禍綿綿。地支連一字。兩度成婚事。此是婦命訣。千金莫輕視。

論小兒

夫觀小兒之命。如種花木之法。善培養者。則根苗茂盛。花菓興隆。不善培養者。反是。何以言之。凡人種花木。必以土栽培其根。根實則苗盛。必以水澆灌其體。體壯則花茂。賴陽火溫照其花。花實則菓成。假金刃修伐其枝。枝清則木固。設若土虛根淺。水少苗枯。日爆花焦。風摧菓落。是皆失中和培養之氣。其花木安有不枯之理乎。人之八字。以年為根。月為苗。日為花。時為菓。其理皆然。故推小兒之命。要日干有氣。月令生扶。年上栽根。印綬無傷。財官有制。七煞得化。傷官遇合。氣稟中和。不值刑衝破害。此則易養長壽之命。如煞重身輕。財多身弱。傷官遇食神重逐。日干或旺甚無依。或太柔少印。氣失中和。柱有刑衝破害。則此難養促壽之命。二者類如栽培之法耳。

又曰小兒之命。當論時辰為正。先看關。次看格局。日主強。財官旺。有關無煞。日主弱。財官少。常病易養。日干弱。財官多。有煞有關。難養。夫關者何也。即偏官為關。偏財為煞。尊以日干為主。取生成之數斷之。關者。譬如今之關隘。乃險阻之地。人至關。非明文不敢私渡。違者必致其禍。小兒命犯此關。則為不利。柱中日干強健。制伏純粹。印綬無傷。如有明文之類。通達順遂。易養長壽。反之則否。

又曰古往今來。只有三命有關。最緊不應者多。五星家有種關煞。猶三命關之說也。子平之關。只以煞論。假如初生小兒。甲日者庚為關。柱有戊土黨煞。此為關重。無財。日主健旺。得印生解化者。關輕無害。中日見庚為九歲關。丁見癸為

六歲關戊見甲為三歲關丙見壬為一歲關土見戊為五歲關癸見巳為半歲關四柱原有者為是運及太歲流年遇者則非陽干見陽煞陰干見陰煞陽忌單年單數陰忌雙年雙數如一六屬水之數壬屬陽為一數丙人見之為一週半關癸屬陰為六數丁人見之為六歲關非特干頭七煞為關中隱者亦緊餘干倣此推之小兒犯關以河洛生成數為斷若大百日關鐵蛇關雞飛關閻王關深水關鬼門關四季關四柱關將軍箭其說見百中經可考然多不驗故不錄

又有小兒犯關如甲子壬子戊子三旬生人俱從申上數起庚子丙子兩旬生人俱從寅上數起假如辛未命是甲子旬中生人用甲子從申上數起順行一位一辰至卯上本年辛未此是關也却看命宮在何宮若是兄弟奴僕遷移相貌四宮為犯關餘宮非在三宮不過三歲六十二宮依次言之惟第九宮不出三十六歲死若行年太歲大小運衝併決不能免謂之大關

又如辰戌年生關在壬子亥酉年亥午丑未年卯寅年巳年未卯年子看命宮在何宮若煞在三六九十二宮是死關也六九不過三百日三五過同十二宮更兼惡煞來臨定凶謂之小關

又一例子卯丑未寅巳卯子辰辰巳申午午未丑申寅酉酉戌未亥亥即三刑也假令子生人卯上起煞其煞在三六九十二宮主夭

又春丑巳夏辰申秋未亥冬戌寅即孤辰寡宿又正七月巳亥二八月辰戌三九月卯酉四十月寅申五十一月丑未六十二月子午正月巳七月亥即六衝犯此時者主難養

又主時納音不可尅年如生年納音屬金忌午時屬火名曰鬼關犯者多不過三十天金木不可犯巳酉時火不可犯辰申時水土不可犯午戌時名曰三關煞主夭若生月乘旺氣或鬼臼絕無傷元氣亦主中壽若四柱帶父母四柱一位二位雖犯關不死又有從戌上起正月逆行至本生月住却向日上起子順行至本生時住遇辰戌丑未上是關煞又寅申巳亥月見子午卯酉時子午卯酉月見辰戌丑未時辰戌丑未月見寅申巳亥時犯之必應以上諸說亦不盡驗

又有小兒運例陽男陰女寅至卯寅上一歲卯上二歲辰上三歲陰男陽女甲至未申上起一歲未上二歲午上三歲一年行一位凡提辰巳戌亥年定有災殃號名孩兒運

又一法一命二財三疾病四妻五福順行流數到本年十五歲若遇凶煞定可憂此是盤中看小兒法也古有占男女年時之日陰晴貴賤法如金命天陰生主宮貴相昏暗貧賤不問大小風起不長壽有雪雨主心善孝順本命天陰生大富晴明有官長壽天昏衣食平微短命有雪雨多貴孝順水命天陽生心惡慣來衣食晴明大貴昏暗知命貧賤有風起久後貴人提攜火命天陰生大富晴明雖富壽天昏暗有官分不問大小風起有衣食大雪短命微雪雨年至五十左右有病土命天陰不過十五死微雨不過三十人富昏暗富貴有官分壽却夭大風忤逆短命雨雪有外財晴明富貴久遠

又曰凡小兒生時是辰戌丑未又四柱中多墓主過房帶午未多者名執拘煞主為性執拘戌多者亦然帶子亥多主疝氣偏墜是子時者無不應壬子丙子尤緊生時與胎同在辰上者亦然帶火多主少年膿血之災帶丁午多有未字者主頭大害瘡癬或疤痕或禿瘡大人膿疽四孟月土帶金火相尅多瘡癬驚疾金水火相尅制主剝皮瘡災金水多主晚語見木主早言五行一位生三四位幼失乳犯戊寅戊申癸巳日時主與父母不相保守帶四孟或四季多者皆父生方不尅臨四孟母先亡辰戌丑未尅父母人鑑云辰戌尅父丑未尅母犯巳午多者主十八九前尅父母巳午時尤緊胎年同位及胎生元命者主先尅母五行全者主少便清後伶俐是夙有靈異五行自生月至時上以次求生旺少刑衝者吉主長壽成器人也反是則夭縱使福神多有救少年當十生九死及至成人亦非上壽蓋稟五行生旺則氣實氣實則壽長五行死絕則氣薄氣薄則短夭

凡月日時枝幹錯亂而重見太歲日重元星主過房寄生螟蛉之子初生或食神重疊或偏財大旺皆主無乳四柱財多主偏生庶出或過房螟蛉或妨尅父母若幼年運行財旺之鄉亦如此類帶生旺氣者是嫡母所生胎元命有氣更年與時支刑尅衝破胎元者母不正帶四水生船中三金生逆旅或開鐘鼓金革火聲或有孝子着白衣婦人相看見三木聞喧呼驚慌或不在正堂或近山林村庄庭舍見三土生時遇墻堤堰積土處或有土土動作之事三火臘家看喪禍事或家中有憂恐離別事若胎元生年犯驛馬主在胎中頻頻動躍生時有臍帶纏頸時帶劫煞主項有雙旋或縱頂旋帶亡神主母有驚恐或家中有訟及難產帶月煞主背父而生及偏頂帶正印者少驚恐自[illegible][illegible]無驚恐易養

犯五重羊刃名曰滿盤刃多養不成更時帶刑害者決死女兒差慢終不免產厄而死生時見官符父有公訟母有驚恐咸池重合不得親父母養育或非嫡母所生重疊見空亡主驚顛失墜尅父母生時犯空亡及自死絕者七歲前寅疾七歲後徒肥胎犯空吉主左眼圓小見前喪後吊名曰喪吊直帳多湯火災見喪門吊客初生時有勾憎麥草之性生時見喪門母氏難產反生則母多疾病凡俗推小兒正否命見孤辰寡宿多隔房異宅勢不行氣不轉幼離父母如戊辰木得庚辰金木為金尅其勢不行如庚辰金見巳巳火金轉氣於十二支則有火截所以氣不轉餘依此推

胎中帶麻自兩位衝一位陰陽不正為庶子或六害相刑帶煞主過房胎月生時大小墓空刑絕同處不是雙生異母父是寄姪抱歸日時犯勾絞尅身多主驚吊生時若逢祿少年乳粗口有痢或少時就好酒古詩曰時逢年害臨華蓋四柱胎空加六害若非寄養外人家庶出倚親多此輩如戊寅戊午得戊戌時生時與年干同為華蓋之例又日時入空亡子拗性天元受尅多剛勁或如辰戌等宮中庶出不然身兩姓如辰戌丑未四時生空亡中多是庶出又性執拗

生產定時歌云子午卯酉兩何天寅申巳亥側身眠辰戌丑未定是福此是人間定時仙

或問假然同產一母所生何以別貴賤榮枯答曰凡一時有八刻十二分故有淺深前後吉凶不同其有同時一母所生須分淺深及日時之陰陽如陽日時兄勝陰日時弟勝淺則占先時之氣深則占後時之氣古歌云雙生之法有奇門欲驗榮枯視日辰陰日弟強兄必弱陽時兄貴弟須貧李九萬云凡小兒帶四生多主雙生神白經云陽命後生者死陰命先生者死不以男女論又一說一時分方向如木命向東方者受生氣向西方者受尅氣貴賤壽夭以是別之余聞三河王氏兄弟雙生弟先中兄後中功名壽夭大率相似而兄竟不如弟潁州李氏兄弟雙生因差一時故弟登甲科兄止秀才考其八字日時果如前說

論六親

或問陰陽何所配合為夫婦而成六親答云如甲以乙為妹配與庚金為妻丙以丁為妹配與壬水為妻戊以己為中庚以辛配丙壬以癸配戊一陰一陽配成夫婦有夫婦然後有父子有父子然後有兄弟六親者父母兄弟妻子也六甲娶己為妻甲己合而生庚庚為子男取尅干為子女取干生為息則己者庚辛之母庚辛者己之子也庚娶乙木為妻乙庚合而生丙丁則乙庚者丙丁之父母庚為父乙為母故謂陰干生我者為母我尅陽干者為父尅我者為官為子尅我者為財為妻比和者為兄弟姊妹生我妻陰干為丈母妻尅陽干為丈人尅我女者為女壻食神為孫其餘六親俱於十干變化取用且如六甲生人以癸水為母癸為正印如遇己土正財戊土為父戊合癸也戊是偏財如遇此劫則父有傷六乙生人亦以癸為母癸是偏印以戊為父戊是正財則甲乙俱以庚辛為子庚金為男在甲則為七煞在乙則為正官也辛金為女在乙則為七煞在甲則為正宮也己土為妻戊土為妾謂乙木尅己土也雖云陰見陰不成配合然陰木尅不得陽土且婦人以陰為正也故云甲乙俱以己為妻戊為妾如女人則甲遇庚七煞乙遇庚正官皆夫星也謂庚是陽男為正夫屬陽不奇以辛陰為夫也但陽見陽多無情陰見陽則夫婦和鳴或云取正財為妻偏財為妾女甲則辛為正夫取陰陽之正合也甲乙生人俱以甲為兄乙為弟妹以丁為婆生我父者為祖母丁生戊也壬水為公壬與丁合也又以丁火為丈母生我妻者為我外母丁生己配與甲作正妻也壬為丈人壬與丁合也妻之兄弟為妻舅己土為妻戊土則為妻兄妻舅癸水則是舅之妻為妗也其餘八字俱以類推女人取用與男不同我生者為子尅我者為夫生我夫者為姑尅我姑者為公其餘父母兄弟皆與男同斷但須辨其陰陽耳如甲乙干則以丙為男丁為女庚為夫辛為夫之兄弟己為姑甲為公也或曰食神為子傷官為女取陰陽之各生也經云以年為祖業月為父母兄弟門戶日為妻妾己身時為子息須看四柱之中父母兄弟妻子星居何地論旺相休囚而言其吉凶如父母星坐長生旺庫祿馬貴人之地則主父母富貴福壽榮顯如坐空刑尅煞死亡衰敗交併之地則主父母貧薄破傷刑夭或死於外及不善終若帶刑帶破害雖居於生旺庫之地主父母有壽而貧賤兄弟星若生得時得令坐長生庫旺祿馬貴人之地則主兄富貴榮華成群如坐刑尅煞刃死絕衰敗之地兄弟不得力如坐長生旺庫而遇刑衝破害者雖有兄弟而仇敵及不得力如妻妾星坐生旺庫祿馬貴人之地或有物以生之主妻妾富貴榮華美貌多才如坐害刑尅煞羊刃死絕衝敗之地則主妻妾貧薄醜貌刑夭淫亂殘疾或產亡不得力如坐生旺祿馬之地被刑衝破害妻雖有壽亦主破相貧薄如祿馬貴人財庫之地帶刑衝尅煞主妻雖富貴亦夭如子息星坐生旺祿馬貴人官印之地有物以相生主子息榮華聰明多得送老如坐祿馬貴人居於死絕之地雖有聰明俊秀不送老也如居生旺之地被刑衝破害有子主愚頑或殘疾送老如居死絕又刑衝破害劫財之地不得子之力縱有子主殘疾破相或不才女命如子居生旺之地主多子如坐祿馬貴人主子富貴福壽如坐空刑尅煞併衝羊刃死絕之地主子不得力

若妻位居生旺，則宜主偏生之子。賦云：論其眷屬，憂其死絕。三命云：四柱觀其九族，三元辨其六親是也。或問甲乙日主，必戊癸為父母，四柱干支並無癸水，只戊壬二字顯於干頭，或藏於地支，則論何者為父母？答曰：本經所謂明壬有時明干取，明干無時暗中求是也。如柱無癸字，只有戊字，是甲乙之父，將父求其母，如無母只將壬為母，亦須論戊為父。其戊壬不得條婚配，非犯女嫁娶，必是服肉成親，或母多父歲，或失婚而再配也。或又問甲日主月支年支是乙木時支是甲木，乙先甲後，何為兄？何為弟？答曰：不論先後，只以強為兄，弱為弟。夫人之生也，上父母，下妻子，中兄弟，其聯屬離合，命之為也。言命不及六親，自是偏見，但世人不達正理，以五陽干取為母為妻為女，五陰干取為父為夫為男，謬誤甚矣。此法教人甲取己為妻，乙亦取己為妻，不當取戊。戊乃陽也，甲以庚為嗣，以戊為父，以癸為母，乙亦如之，不拘偏正，惟辨陰陽。陽男陰女，理之大順也。神白經云：甲人丁為父，壬為母；乙人戊為父，癸為母。餘八干倒見，是不論陽男陰女，只取陰生陰，陽生陽，生我者為母，與母合干為父，夫妻合而後生子。陽干傷官為父，正印為母；陰干正印為父，偏印為母，見父則無父而發，見母則無母而發。剋年干不利父，剋月干不利母，干鬼不利父，倒食不利母，胎與四柱交併，即有異父母也。其說亦通。又曰：春秋二分前後犯卯酉日時者，主散絕骨肉、祖業；辛酉日時，名白虎臨庭，在日剋妻，在時剋子，不利骨肉。戊申戊寅名六道淄處，主不利親族。壬戌日時，名天后失行，主不利妻孥。廣錄云：凡命生時辰戌丑未，主妨父母，帶劫煞亡神、元辰羊刃多者亦然。日時犯兩重亡神者，剋母；父時犯辰戌丑未，卻不犯惡煞，亦不剋。天元變化書云：凡命生在父母氣絕弱之位者，必刑剋。帶煞多者，主離背，不必在四季之時。尺壁云：凡時犯劫煞羊刃，雖非辰戌丑未，亦有剋。四維母，四正父也。直道歌云：四季生人背太陽，定主父先亡。壺中子云：月坐孤虛棣萼凋。尺壁云：凡巳酉丑全帶辛字者，主骨肉在他鄉，不得歸葬。鬼谷遺文云：五墓為蓋藏之地，時貴亦妨。四孟是孤絕之神，帶煞必剋。珞琭子云：眷屬同於水火，相逢於沐浴之鄉，骨肉中道分離。孤宿尤嫌於隔角。古歌云：隔角分明亥子初，日時犯着定應孤。若非父母隔絕早，定主偏房外奇居。累犯惟宜孤立吉，更將年上來求日，妻家不是喪無人，便是自身姓非一。時上子孫少更遲，不然不出在親闈，月中兄弟應須少，日裡當防幾換妻。

妻妾引例章

正財妻，偏財妾也。且如甲日生，用己為正財，即為正妻；戊為偏財，即為偏妻。若日干健旺，四柱見己為正妻，得時令，遇旺鄉，羣帶官星，主妻賢明，才貌兼全，因妻遇貴。歲時中有印臨之，主妻有財物嫁資。若正財衰，偏財旺顯，主有偏妻分祿。若己字落陷，或坐死絕之鄉，或生春令，日主健旺，如甲寅等類，主不了剋妻。若妻生得旺日，坐衰局，或居死墓之地，主自淹滯，一生着妻妾數，或再嫁他人。若甲申甲戌日，生甲寅乙卯月日，主大旺，雖有妻，以比肩分奪，恐不免嫁他人，或着他人佔之，或妻有別情。餘同此例斷。

子息引例章

子嗣者，即官星也。官星得令，八字無傷官衝剋，加之日主自坐旺鄉，便子孝終送，後代榮華。假甲乙日用金為嗣，金旺則四九之子合數。若日主柔弱，坐煞官星坐旺顯之地，更帶三刑六害，隔角交加，或合煞局，定主子多不孝，遠離他鄉亡家。若日主太旺，坐空亡，官命帶傷官，賤財官星無氣，定一生孤獨，無子送終，偏房庶出，亦難煞。若時上七煞太旺，或七煞制伏太過，皆主難為子。如官煞相混，去留不清，或招兩般子，但透煞者，必先招女。煞為偏子，或為女也。余考士大夫命有子者，官多正出，煞多庶出。煞重女多，官重多子。又以干支分子女，干支疊見者，子女俱多。若時落空亡，原是官煞，子女亦有二三。傷官俱無，帶財印別論，印則有女，財則有子。若傷官成格，如富貴刑合之例，柱有官煞，亦主有子。落空則無。若傷官坐煞，如丙日見巳亥時之類，亦有子，但不知順。若論生子歲運，官煞重則在傷官食神，官煞輕則在財年，或官煞年，官煞重而財又多，須得比肩羊刃，或天地合，三合、六合年分。以此活法參之，蔑不中矣。

父母引例章

父以偏財論，母以印綬論。無傷則少年無妨害。假庚日用甲為父，如柱中再見庚字，或合巳酉丑金局，即傷父。若命帶七煞則不妨。如日干健旺，甲字在亥卯未寅，或冬令，主父母和順，或父受官封，皆可類推。又戊日生者，取丁火為母，忌柱中正財太重，轉剋印綬，如貪財壞印之說。元帶天地之財，運行財鄉則剋早；只有地財，運未行財鄉則剋遲。四柱有正官一位不妨。如戊日生，四柱原有二壬，皆得地，主母有二夫。正印為母，偏印為繼庶之母。若人命帶父母全，一生得祖業分緣，又無剋剥之患。

兄弟引例章

兄弟者即刼財比肩甲見乙乙見甲之類如庚日坐寅午戌之上或臨死墓之鄉却有辛酉自旺之氣帶財得時主弟自明顯兄不及弟之福如兄弟相和強弱相分其理則一如不和者乃四柱帶庚丁辛丙之類兄之宫星尅弟之本身如此五行自然不和木經云不仁不義庚辛與甲乙交差此之謂也餘倣此推歌云煞宫混雜帶三刑更無財曜是偷生我明他暗從他象父死之時不赴靈庚金化成火相持父亡見血不須疑比肩三合族人害三刑零落又離妻比肩暗損及門房兄弟無情被困欺如帶比肩成刑象兄弟不睦報君知妻帶三合及坐妻妻從認得是親妻坐妻逢墓成別家定主離妻又娶妻多透妻財須隔婦婦歸絕路不生兒化成別象尅正夫必主欺夫禮義疎身旺食強亦如此食明旺相懂然殂陽母尊位主偏生母來父土受其驚天時地利生過月七煞兼行頂上偏兒歸煞地母有疾兩下雙者頂雙靈日祿歸時須孕夢小兒無乳食神衝壬子乙酉時偏生丙戌丁壬妻護靈背父生兒必乙卯此時須要說分明

賦云過房入舍年月空亡皆母從夫財空印綬早年父喪偏財臨死絕煞官幼歲母離印綬逢財多死地比肩重而兄弟無情羊刃多而妻宫有損官逢提綱之地子招難得若見傷官太甚兒亦難留如遇衝破提綱定主離於祖業再見空亡三番四廢印綬逢生母當瞽貴偏財歸祿父必崢嶸官星臨祿旺之鄉子當榮顯七煞遇長生之位女招貴夫自身借官所生多主依人過活妻星失令半路抛離若乃借官所生亦是他人義女印綬旺而子少息希七煞強而女多男少偏財逢敗父主風流子曜若臨破家蕩產妻入墓不得妻財父臨庫父當先死比肩逢祿兄弟名高印綬破尅母親喪早桃花若坐煞星妻宫扶主淫蕩年衝月者祖業不守日衝時者妻子難為若見天元刑戰父母不全如還地支所生凶中成吉七煞能生正印萱堂暮景精神傷官喜助偏財椿老百年安逸比肩雖有兄弟比重而父壽難延旺財可以生官時多而母年方固食神頻見難招繼續之人羊刃重逢再配持家之婦官鬼盛則昆仲消疎七煞興則己身不利夫妻偕老皆因財旺身強子女盈眸只為官興煞盛四柱相生值吉曜三代皆全五行戰尅遇凶星六親不備若推女命反此參詳婆是偏財若是傷官當考壽公為比刼如逢七煞命難延財官興盛必招富貴之夫食比司權當生賢孝之子印綬能傷子息逢財反得安康同類丁頭為娣妹財上支絕不興夫此則六親真妙訣五行生尅定榮枯

又曰年逢刃煞幼年早喪爹娘時遇刃傷末年刼損兒女衝者無兄弟刑者損六親外衝六親無力內衝夫婦不協歲月官印財全三代祖先富貴日時煞刃逢梟半路妻兒虧損男命傷官多損子女命傷官多尅夫傷官見財而有子比煞有制乃多兒財重刑傷父母鬼旺後代還榮刼財重重父早喪破印太重母先亡歲月財官旺相父顯榮日時祿馬相生妻兒賢俊印伏藏而財東令庶出姦生正財旺而身失時母年早喪偏官偏印偏財疊逢必然偏庶正官正印正財獨遇的是正宗男旺官子必多女重梟兒必絕月中刼背絕財官父終外土歲月背逐更衝害公塋他鄉日逢刃時逢梟妻妾產亡歲值煞月值傷兄弟難有月令傷官多奪長時行神煞兄弟無男命刼疊外家稀女人煞重親骨絕專祿兼陰錯外舍伶仃逐馬見陽差公姑真假印旺妨兒女財重妬公姑歲月疊煞有刑害公姑遭喪日時背逐無依助妻兒離尅正財偏財復見合雖多妻妾主濫淫偏官正官更衝害任有丈夫而偷姦旺夫傷子乃食位而受傷旺子傷夫察官星而喪絕女命印旺官輕夫權在手男命財多身弱妻語愜心日下傷官持刃夫必惡亡月中帶印刑衝母家零落刃健煞剛祖基微薄官強財旺後代昌榮日逢背祿逐馬多破祖離鄉之客財遇財旺生官有興家助國之男煞刃月逢有父無母偏官疊見多生女子少生男偏財復逢少愛正妻多愛妾財源得地因妻致富成家其妻抑且有為官位臨坦顯已增崇祖業而男亦須與旺月官印年傷官父優祖劣日財位時刼財父興子敗比肩重犯必遇官星生兒必早男逢傷官羊刃逢官煞不可斷其無嗣女命傷官梟印行財官亦堪決其有子女人食重遇官輕夫良子旺男命煞旺逢比刼兄有弟無太過不及兄弟俱無庫位中和同氣主有煞生旺官敗絕父子盛而男子良財官旺身主休夫家興而祖業失女人比肩太多夫有絕妻之義男子財勝刼重妻懷私慾之心年月印綬相生受現成之基業日時傷官傷盡發不義橫財年上官星父祖為官月上官星兄弟必貴男逢比肩定傷妻女人印梟難嗣子羊刃逢傷官七煞骨肉傷情三合六合相和友善五湖四海

又曰　凡推六親男命以年為父胎為母月為兄弟官員以月為僚友日為己身妻妾時為子孫官員以時為帝座禍福凡是子午卯酉日生主娶子午卯酉命妻若妻申子辰生丑生甲乙生者皆不永如尅過頭妻再醮不在此限亦有屢尅值到娶生日干支不同者方不尅寅申巳亥辰戌丑未生俱同上說凡命四相丙有我尅者為妻無我尅者名曰局中無妻却看所生日在何地如在財旺之鄉當有得力之妻更帶貴人祿馬年主妻帶官嫁夫若在本命時財死墓絕敗處定主尅陷或一生鰥居若日祿在時上遇見如六丙日得癸巳時六壬日得辛亥時之類名名舉煞不惟主富亦主因妻有官若日帶年之官或年之印主妻奪夫權或祿出妻蔭或妻權貴之家駙馬郡馬之類日坐命財更在財生

旺之鄉，主得妻財，又主妻賢明。日坐貴人，主妻有族望，或賢淑美麗。若命帶日刑，日帶年衝，破年羊刃，劫煞六厄元辰空亡，或三四娶，或無妻。日帶自刃，名曰日煞，或時羊刃歸日，俱主尅妻。日帶破碎煞，須主色癆血疾，或厄難之類。丑日尤緊。己酉日差慢。日帶年墓，日帶正印，主尅正室。五行順則吉。日帶刑害衝破，又帶惡煞，或生浮沉煞，多主妻生離或惡死。日在命財死墓絶處，主尅妻。如金命人，日在午未申上，仍以納音論之。（古詩云）納音金命木為妻，午未宮為死墓期，更進一辰妻是絶，若無傾陷也先虧。日光華蓋，主頻頻尅妻，大抵四季日多如此。（古詩云）時逢華蓋主身孤，有子臨年必定如。日若值時妻屢尅，不娶娼妓即尼姑。（寸珠云）日坐華蓋，主妻不廉不孝。日坐驛馬，主妻多病慵懶，或孤。五行相尅，亦主尅陷。辛酉日生，尅妻。癸巳日生，主夫妻有病，或酒色荒淫。年日同一位，名主本同宮，主尅妻，娶同年妻方免。俗謂之鳳凰池。（沈芝云）兄弟同宮鳳凰池，但使人心懷不住。日時相衝相破相刑六害，皆主離婚離嗣，男女通用。甲日辰時，未日亥時，寅日戌時，丑日巳時，皆為井欄斜衝，主難為妻，更帶食神，名絶房煞，主多女少男。如甲辰壬午帶倒食者尤緊。（古賦云）井欄斜衝，莊子鼓盆而歌，正謂此也。日是自刑，主妻多病。日坐沐浴煞，主得美妻多不廉。凡命以日之內音論妻之數，曰水一火二木三金四土五，甚者倍之。凡人妻位衝長為娶妻之年，罕有與日三合六合而見妻者。更以巧拙言之。（賦云）日凌親年，老婦無恭，如乙丑人見辛日，乃傷年干；癸日乃吞乙干，遇午日是乙之長生，多不伏夫。嗌年為父母，日為妻妾，更支神刑衝帶煞，故無恭順，或助生別干則不然，如乙見辛，有壬字，辛金生壬水，壬水生乙木也。（又云）有前見害，琴瑟不調，謂當生巳見六害，行年大小運又遇，謂之有前見害，其年必主夫妻不和。（又云）日支忽在歲前，衆笑怕妻；聲醜惡，蓋日為妻，妻支神在太歲前，主怕妻，或妻性氣。凡是煞臨妻位者，主多傷尅，若妻家零落，乃免。又云：陰悃陽悵，亥來子上，妨夫；夾角夾維，寅向丑邊，尅妻。（辰戌丑未不為惆悵煞，惟陰陽並處，然後有之。亥人同子，乃陰悵其陽，如妻號其夫，故言亥來子主妨夫。子人得亥，乃陽悵其陰，如夫哭其妻，子來亥上妨妻，不待言而見也。子午卯酉無隔角寡宿煞，惟方隅四處然後有之。寅人得丑，乃隔角寡宿，則不利妻，故曰寅向丑邊尅婦。丑人得寅，隔角孤辰，則不利夫，丑向寅上尅夫，故不待說也。）（又曰）凡男於妻絶中生者，不宜生女，生女則喪妻。如甲子金男，以木為妻，七月生為妻絶；女於夫絶中生者，不宜生男，生男即喪夫。如甲子金女，以火為夫，十月生為夫絶也。餘准此推。（癸亥丙寅己巳乙巳庚申等日為鼓盆煞，畏其日之旺也，與孤鸞大同。又云：絶官為鼓盆之煞。）金申酉，火巳午，水土亥子，木寅卯，名望鄉煞，惡其命之強也，與建祿無異。又亥未戌春，巳子辰夏，寅卯午冬，申酉丑秋，名狼藉煞。（百忌歷以正月為大敗，二月狼藉，三月八敗，男敗妻家，女敗夫家。）

又寅申巳亥生七月，子午卯酉生丑月，辰戌丑未生卯月，名絶房煞。（百忌歷云）以十二支辰月上呼男害妻，兜父母；女傷夫，主公姑。子位者，以妻所生者為之。假如木命人以土為妻，土生金為子；陰命所以生者為子，如木命人以火為子。如子位在旺相之鄉，主有聰明忠孝之子，光顯祖宗；反之則否。欲知子之性情，各以五行推之。木命人以金為子，主其子性懷廉正，剛烈自用；火以水為子，性謙和恬淡，扶高接下；土以木為子，性慈忠孝，柔順謙和，宜少不宜老；金以火為子，性多貪濫，中心虛妄，逐利勝己，有始無終；水以土為子，性緩慢凝重，耿介，老而有福。五行各在有氣之鄉，當以是論。若在休墓之地，反是。男命四柱內無鬼，名曰局中無子，却育生時在何地，如木命以金為子，若局中無子，而得申酉巳時者，必有子，名曰子承旺氣。若金死於子，絶於寅，則無子也。凡以時之納音推子之數，水一火二木三金四土五，有氣承旺則倍數言之，無氣背時則減數言之，有不依數者，在五十後禍福方定。若男命犯局中無子，又時不在鬼生旺之鄉，却支干與年合者，但只生女，得成，生子不育。（古詩云）哭子帶刑死位，倍子多復是少年亡。忽若干支並德合，只宜養女得成雙。（如一命）癸未、癸亥、丙辰、戊子，是局中無子，又在官鬼死絶地，却癸與戊合，故生女多，子皆不成。若見甲子，則主有子。以日干論，丙辰以癸為子，引歸時上建祿臨官之地，主多子，然却無子，是以納音取年上論，亦准。（又一命）癸未、甲子、辛卯、癸巳，是局中有子，在死地，喜時引官鬼長生之地，故生數子而少女。（又一命）庚辰、壬午、戊寅、辛酉，白虎臨庭，五十六不祿，見女俱無。（又壁云）凡命犯亥，子多得；見巳字，多得女。時帶年衝刑破害、刃劫、元辰俱尅子。時帶年空亡，重者絶子。自刃飛刃尅子。時坐華蓋尅子，五十後如見。不牢時帶自刑，子多疾病。六厄子多厄。浮沉煞死瀉痢。時坐本音墓，主有壽無子送老，但有孫息。生日破空亡刑衝食刃，皆主尅頭子。納音帶絶氣，又時在絶鄉，如癸巳、壬寅、庚申、乙亥、丁巳等時是也。假令庚申得壬寅時，定主絶嗣。凡命見申日亥時、巳日寅時，耳換見者，名曰狡害煞，主絶嗣，須庶出過房佳。（古詩云）五行狡害最不良，夫婦孤單獨守房，死去墳前無子哭，求他異姓却相當。（鬼谷遺文云）若人生時見祿馬往來朝命，不犯寡孤，亦有子孫。時干尅年干及倒食年干者，主生男不順。（五行要論云）凡大小二運與歲命三合六合者，主有孕生男女之慶。陽多生男，陰多生女。若純陽則極而反陰生女，純陰則極而反陽生男。假如甲子命屬陽，大小運臨辰位，或申位三合，外夾辛巳太歲屬陰，則是陽多生男。餘准此。

定婦人孕生男女

[illegible]

訣曰父母歲數兩頭安。受胎之月心中取。乾坎艮震為男兒。巽離坤兌總屬女。假父母年雙為折。受胎月隻為单。成坎定男。父母年隻為单。受胎月雙為折。成離卦定女。父年上。母年下。胎月中。餘准此推。又一法以大衍之數推之。訣曰七七四十九。問娘何月有。除却母生年。单奇雙是偶。奇偶若不常。壽命不長久。假先下四十九數於算盤。乃加上其母受胎月數。總得若干數。若值正月胎。是五十數。其母三十一。除去止餘一十九數。九則為单。单則男。若单生女。雙生男。主大折。一云加除法以天一地二人三除之。看剩數。又云除一除二除三。盡看零數

三命通會卷之八

育吾山人著

六甲日甲子時斷 以下所忌月分與時同斷

六甲日生甲子時　敗中印綬官生至　月逢木氣不尋常　戾此而言虛名利

甲日。甲子時。雖甲敗在子。暗有癸水生氣印綬。兼有官以生其印。若巳土破印。通月氣貴。否則秀而不實。

甲子日。甲子時。子進巳格。年月無庚辛甲酉丑絆。午衝離祖自立貴。若年月俱寅。逢甲酉運大富。後退財。子亥卯未年月。行酉運貴。甲辰月亦貴。酉月只以正官格論大貴。巳午戊月平常。午月甲死子衝無不吉。乙卯乙巳月主法死

庚子 己卯 樊繼祖尚書蕭成　戊子 己丑 行人　戊午 丙辰 進士　己未 乙亥 進士　甲戌 丁卯 解元　己巳 乙亥 丞相　甲寅 甲戌 少保　丁酉 壬子 郎中

庚寅 癸未 郎中　己酉 丁卯 陳大道府尹楚人　丙戌 進士　戊子 辛酉 與判

以上俱以日時為主。而以人命年月附之。其有官銜不同者。此前代命也。下同。

甲寅日。甲子時。拱丑中年貴。年月無庚辛申酉丑未大貴。再甲寅月孤剋。惟僧道可。亥子年月。四品貴。午月行東北方運亦貴。申酉丑巳等月明有官煞桂。但有印俱貴。卯未甲太旺。求免刑傷。乙巳月受刑。丁亥月旺中惡死

壬寅 甲辰 尚書　乙亥 丙戌 侯　辛亥 丁丑 少參　甲戌 丁丑 府尹　戊子 甲寅 傅行簡狀元　戊子 癸亥 總戎　己巳 丙子 御史　壬寅 甲辰 郎中

庚寅 戊子 太尉

甲辰日。甲子時。若水位年月水泛木浮。主移根換葉。申月煞星會印俱貴。子月行水木運亦貴。酉月正官大貴。寅午戌月俱吉。乙卯月刑折。癸巳月水火中死。癸亥月凶死

壬辰 辛亥 布政　庚辰 戊子 布政庚午年卒　庚子 壬午 憲副　壬寅 壬寅 妓

甲午日。甲子時。時日併衝。憂傷妻子。月通木氣者顯貴。純子年月。或亥未酉月俱貴。一云高。一云身孤有財清貴有名。乙巳月破祖夭。乙亥月自刑刃死。癸亥月旺中惡死

乙未 庚午 李彌綸學士　丙戌 甲午 張四維閣老

癸巳 庚申 許讚尚書入關 中州人　戊戌 壬戌 陳蕖尚書楚人　甲午 丁卯 張孟男尚書 中州人　己酉 壬申 明帝天啟　丁酉 壬子 布政

甲申日。甲子時。甲胎逢印。印化煞貴。鴛鴦重疊妻子嗣難為。若東南方運文武職居閒。亥卯未辰申丑等月俱貴。乙卯月夭。丁巳月次不全尸。

己亥 丙子 憲副　癸酉 甲子 翰林　丙申 庚寅 舉人　癸亥 乙卯 鄭王　癸亥 己未 李剛丞相

甲子 乙亥 帖木花學士　庚申 丙戌 張我續總督尚書壽八旬外北直人

甲戌日。甲子時。拱亥天門。會同帝闕。甲長生地也。不可以隔角論。年月通申巳酉丑金氣大貴。戊寅年月主聾啞或狼虎傷。害見壬則吉。乙卯月刑死。乙亥月遭盜死。

以上六日年月喜忌當通融活看。下同

己巳 丁丑 謝遷閣老　丁丑 壬寅 王讓侍郎 孫侍講命同　戊辰 乙丑 少參　己酉 甲寅 孫鏻常少浙人　癸卯 癸亥 都督浙人

甲午遙祿同　白玉出沈泥　一朝時運至　自有貴人提

甲子相逢甲子連　擬作蟾宮折桂仙　丑絆併衝官鬼破　功名蹭蹬不周全

甲子時逢甲子。就中印綬符同。庚申辛酉若相逢。丑未再兼年月。俱貴暗藏極顯。巳午衝破平中。果無刑尅與空衝。定主超羣出衆。

六甲日乙丑時斷 以下六甲所忌月同上特忌並論

六甲日生時乙丑　刼財羊刃不宜有　林出逢炎帶年金　制伏和平貴亦久

甲申日。乙丑時。辛金為官。巳土為財。丑中暗巳被明乙刼奪。乙丑金神。若年月日時合成火局。得制伏。主德性純和而貴。無火亢狠。如合水局。凶惡擯家。

甲子日。乙丑時。連珠得合。妻賢子貴。春月身旺財帛破散。夏月甲衰金神有制貴。秋生近侍之貴。丑月最吉。亥子多凶。

癸亥 癸亥 元戎　庚辰 壬午 尚書　丙子 辛丑 進士　壬午 乙酉 舉人　乙丑 己亥 富而無子

甲寅日。乙丑時。春貧秋貴。冬富夏火制金神吉。

壬申 乙酉 汪集侍郎　癸亥 癸亥 胡柏泉尚書名臣

乙未 癸酉 宗圖作狀元閣老 浙人　戊子 甲寅 侍郎　丙辰 辛丑 平　乙丑 壬午 侍郎　丁巳 癸丑 陳邦瞻侍郎 江西人

甲辰日。乙丑時。主富厚有財。通火氣年月貴。一云主血。

甲午日。乙丑時。金神入火局。身弱貧夭。寅戌會火是一木疊逢火位不吉。若單寅單戌或申酉亥月四五品貴。

乙亥 壬午 憲副　乙卯 甲申 郎中　己酉 癸酉 舉人　丁亥 壬寅 舉人

戊戌 壬戌 趙世卿尚書 一命同刑傷　壬戌 庚戌 史學遷學院 山西人　甲午 壬申 王一鄂都憲　乙酉 戊子 元戎

甲申日。乙丑時。帶疾平常。子月生南方運貴。秋生純煞。天干透甲綬尤貴。

乙巳 乙酉 進士　丙午 戊戌 巨寇　乙巳 丁亥 陳長祚尚書

甲戌日。乙丑時。田連阡陌。貫朽粟陳。但未免先刑。寅年月父子俱顯。子月西方運金紫。

乙亥 乙酉 陳瑞尚書

育吾山人著

丙戌 壬辰 王宗沐 妻夭子五 進士
庚寅 丙戌 王三重 巡撫 江西人
甲戌 甲戌 楊一清 閣老無子
丁未 戊 周家謨 冢宰 楚人

丑為金鎖局　無鑰不能通　柱逢寅午戌　火制始能通
劫財羊刃忌時逼　宮內財官鎖閉門　辰未相逢為大吉　如無隨意度晨昏

甲日時逢乙丑，庫中金玉收藏，貴人天乙，劫財傷。皎月雲遮光蕩。火局南方運貴，金神制伏相當。木枯水盛且平常。背祖離鄉晚旺。

六甲日丙寅時斷

六甲日生時丙寅　時居日祿坐食神　旺壬不見無刑破　福壽康寧富貴人

甲日丙寅時，甲木寅上健旺，丙為食神，壽星得地，柱無壬奪、癸剋，通火木月氣者貴，忌見官星及申衝祿。

甲子日丙寅時，日祿居時，青雲得路。年月無庚辛金貴，通木火氣極貴。午月行東北方運五六品貴。申月歸祿逢煞，主大權貴。水局平常。若年月與日時同大貴。一云遷徙之命。

丙午 癸巳 布政
甲辰 庚午 主政
丁巳 戊申 御史
乙未 乙酉 太守
甲寅 丁卯 徐狀元
己未 壬申 韓琦丞相
戊子 乙卯 舉人
庚子 己卯 御史
辛卯 己亥 御憲
甲子 乙亥 徐一鳴 元戎 江南人
庚申 壬午 少參 富
庚寅 丁亥 張戍 內官
丁丑 壬子 謝紹芳 閩人 舉人御史
乙亥 辛巳 熊文煥 總制 以法死

甲寅日丙寅時，年月無巳酉辛丑字，是歸祿格，位至一二品。純木火帶上，富貴雙全，六卿之職。丙子及亥未卯月四五品貴，行西南方運最吉。亦有酉丑月貴者，看干透及年何如。

己未 己巳 都督
戊寅 丙辰 太參
甲寅 丙寅 樞密
癸未 己未 張鹵 都憲
乙亥 丁丑 王大用 都憲
丙寅 壬辰 翁愈祥 吏部 江南人
丁未 壬寅 聶豹 尚書講學 無子
甲辰 癸酉 胡雪田 進士
庚辰 戊子 孫忠烈公燧 死寧王之難

甲辰日丙寅時，龍虎拱門，又龍吟虎嘯，主貴，或一生近貴，財源或得或失，名利既濟未濟。未寅年月，官至六卿。戌月風憲。酉月三品。子亥丑月四五品。行西方運大貴。卯巳年月平常。神白經云：化木主貴。

甲申 丙寅 靳貴 閣老
乙卯 癸酉 侍郎
壬申 大酉 大參
辛酉 丁酉 舉人
癸酉 癸亥 舉人
辛巳 乙未 曹大章 丙午癸丑科會元榜眼 江南人 一富商命同
戊子 甲寅 莊奇顯 丙午癸 皆榜眼 閩人

甲午日丙寅時，身居絕地，主平。若通水月，木得滋養，吉。火月壽夭。天干比助無妨。

壬戌 甲辰 王堯日 給諫
丙午 癸巳 大參
己亥 丙寅 進士
壬子 甲午 少卿
甲子 甲戌 通判
甲子 庚午 名將
丙午 戊戌 元戎 鹵
庚戌 戊寅 錢若賡 進士太守 係獄 以子科第得免
丁未 丙午 貪夭
乙酉 丙戌 瞽目

甲申日丙寅時，時日併衝，憂傷妻子。若年月日同大貴。巳亥二三品。辰子年月會水，以煞化印吉。未月財庫亦吉。

丁卯 亥亥 溫景葵 舉人都憲
丙子 丁酉 黃承昊 兩司
甲寅 丁丑 陸長庚 通政 浙人
甲申 丙寅 喬宇 冢宰
甲子 乙亥 安遠侯
己巳 錢策 少卿 南人
壬子 壬子 進士
戊寅 癸亥 進士
壬辰 丁未 太守
丙申 庚子 樞密
庚子 庚辰 吳中行 翰林 丁丑建言廷杖 癸未復官 八子 江南人
丁未 甲申 太守

甲戌日丙寅時，年月有土則富，有金反覆。如有金，須生亥子卯月方貴，餘月則否。神白經云：火水化，主厚福。

己丑 丙子 內官
壬辰 戊申 侍頓財，命有氣，奈辰戌相衝，寅申相衝，故先富後貧
癸酉 乙丑 與贊 凶死
癸未 甲子 串為憲 兩司
甲子 丙寅 贊 一目盲
甲戌 辛未 崔呈秀 尚書凶終
甲戌 丁丑 憲副
丁酉 辛亥 林聰 尚書
壬申 壬子 大參
戊午 壬戌 富
己巳 丙寅 王象恆 蘇撫 山東人
庚午 壬午 袁中道 南銓

日祿歸時局　無官始是奇　刑衝通不遇　富貴莫猜疑

甲丙相邀入虎鄉　福星坐祿顯文章　運逢四柱無傷害　早晚升遷至畫堂

甲于寅時遇丙，學文福祿班齊，若逢辰戌兩三妻，祿主朝元富貴。丁午庚申減福，無官恚鮮為奇，生來貴顯有人提，此命先難後易。

六甲日丁卯時斷

六甲日生時丁卯　傷官羊刃真當慍　縱然月氣有扶持　未免為人性不好

甲日丁卯時，傷官羊刃。甲用辛為官，丁字傷之；用己為財，卯中乙卯劫之，主為人兇狠。若柱透辛，傷官見官，刑害百端。運氣凶險，不得善終。柱有七煞合刃，行財官印綬大貴。

甲子日丁卯時，尅剝慳吝，作事進退，不免刑傷妻子，或死他鄉。生辰戌丑未月貴，卯月凶，柱有官煞制亦吉。

辛未 戊戌 李遷 侍郎
丁酉 庚戌 大參
丙寅 乙未 進士
壬子 癸丑 進士
庚戌 辛巳 貧疾夭 浙人

甲寅日丁卯時，年月木火相停，通明之象，貴。月令坐丑未貴，乙亥月文章冠世，官至三品。干支金水全，官印雙顯貴。一云水火相戰，主凶神。

庚申 辛巳 屠大山 尚書
丙午 丙申 侍郎
甲子 甲戌 巨富

甲辰日，丁卯時，財帛滿，日生計盈餘，妻賢子孝。《高命論》之：春生太旺無制，貧賤殘疾；丑酉月貴，一云身孤凶。

壬申 癸丑 解元　辛卯 壬辰 進士　丙申 丁酉 憲副　丁卯 甲辰 知縣　戊申 甲寅 貧　己卯 丙寅 殘疾　辛酉 丙申 舉人　丙午 癸巳 知州

甲午日丁卯時，身坐絕地凶刑；若生秋冬，壽夭；春夏富貴。甲午月大貴，運宜東北方。

癸酉 乙未 胡正蒙 浙人 會元 探花 祭酒　戊午 乙卯 林春 泰州人 會元 部郎　庚子 丙戌 林燫 閩人 尚書　癸未 丁巳 元戎

甲申日，丁卯時，主武職風憲權貴。酉月火木運中貴；寅午年月大貴。一云寅卯月總凶。

乙亥 庚辰 大參　甲戌 丙寅 凶死　庚午 辛亥 李秋 都憲　甲午 辛未 王應選 浙人 探花　壬申 甲辰 進士　乙卯 乙酉 舉人　壬寅 丙午 尚書　戊午 丙辰 宇文丞相　戊戌 甲子 劉褀 侍郎　庚申 己卯 凶死

甲戌日，丁卯時，逢亥月有才學貴顯；羊刃最壞，造化須有制合方吉；身弱無凶。若年月純煞，甲未秋生主夭折。

壬午 庚戌 毛鵬 都憲 攝妻財 子壽止四十餘　甲子 丙寅 吳清 探花 壽不　庚午 甲申 舉人

甲旬六日逢丁卯　重重疊疊怕衝刑　運行背祿無官貴　到老窮經不許名

月缺雲遮局　人通道不通　柱中無救助　財祿少從容

甲日時臨丁卯，傷官羊刃相隨。甲逢丁火化為灰，父母兄弟難為，祖業田地聚散，妻兒總有刑虧，運行官煞始為奇，性格或嗔或喜。

六甲日戊辰時斷

六甲日生時戊辰　天財坐庫會滋身　富商巨賈田園盛　月帶辛金祿貴人

甲日戊辰時，財天坐庫，辰中水局滋生，通月氣者，商賈發財，田園廣盛；八月帶祿，財官俱有，富貴雙全；忌比肩羊刃奪財。

甲子日戊辰時，主移根換葉，改姓易宗，妻賢子孝。作《高命論》：未月行北方運貴；酉月北方運大貴。

乙卯 乙酉 童承敘 春坊　甲申 丙寅 元戎　戊子 丙辰 貴戚　庚寅 乙酉 大參　癸酉 丁巳 耿中丞　乙亥 乙酉 亦貴　甲午 庚午 內官

甲寅日戊辰時，龍吟虎嘯格，貴；純辰中貴；純寅康壽；亥卯未三合，財在身強大貴；酉丑申年月亦吉。

庚申 丁亥 高簡 尚書 謫戍　甲午 癸酉 鄭鄤 翰林 江南人 極刑　乙丑 癸未 林元甫 都憲 子貴同　庚午 丙戌 進士　乙丑 丙子 靳光先 吏部　丁亥 癸卯 憲長　乙卯 戊子 進士　庚辰 乙丑 學憲　丁卯 庚戌 進士　壬申 己酉 通判

甲辰日，戊辰時，刑衝，發財，妻重，子晚，雙親有剋。酉月三四品貴；丑月亦貴；地支純辰大貴。

辛亥 戊戌 太守 子貴　丙戌 庚戌 文貴　丙申 辛丑 武貴　丙子 庚子 太守　庚午 己卯 張瑞圖 閩人 探花 入閣 一例以侵欺問軍 命同　壬戌 戊申 陶望齡 會元 探花 諭德 浙人　乙丑 戊寅 郎中 壽不永　丙辰 壬辰 潘恩 尚書 三子進士 一云己巳時　甲寅 戊辰 郎中　丙戌 庚寅 節度

甲午日，戊辰時，財多成敗，早歲灰心；亥子丑卯干未年月大貴；酉月亦貴。

己卯 癸酉 太守　庚辰 乙酉 毛愷 元輔 賑 庚申年卒 浙人　壬子 癸丑 進士　乙酉 乙亥 舉人　辛丑 庚子 舒應龍 尚書　乙酉 壬申 鄒德溥 翰林 戊戌 革職 江南人　庚辰 乙卯 張 武狀元　辛酉 庚寅 進士　辛未 甲午 侍郎

甲申日，戊辰時，主孤，僧道清高。丑月富貴；寅月尤貴。

丙申 辛丑 進士　庚寅 乙卯 進士 止知縣　辛丑 甲午 平章　庚子 壬午 舉人 知縣

甲戌日，戊辰時，大富。年月扶合亦貴；寅亥年月三四品貴；但時日併衝剋，早年身孤，中年發福。

乙亥 丁亥 舉人　丙申 庚子　丙戌 甲午 舉人　乙卯 癸未　癸巳 壬戌 王肇對 御史 江西人　乙亥 乙酉 舉人　壬午 癸丑　丁卯 丙午　癸酉 丁巳 徐譜芳 閩人 兩淮鹽院　己未 甲戌 俱大富

倉庫鐵龍局　財門日月開　運行官祿地　福祿自然來

時上偏財不用多　干支內外細搜羅　運通財旺官生至　運拙身衰恐受磨

甲日戊辰時，遇柱中要戊相扶，財官運氣及良圖，喜遇鐵龍守庫，辛庚透干貴顯；壬癸滋助不枯。只怕比劫弟兄多減，運逢之有禍。

六甲日己巳時斷

六甲日生時己巳　病中財物實難任　月通火氣方為貴　若是身衰亦不禁

甲日己巳時，食旺身衰，甲木巳上病，雖有時火為財，丙為食，不通月氣，難任其福。甲巳為平頭煞，生逢春月，身旺財衰，主骨肉參商，平生作事弄巧成拙。己巳金神，有火制伏；巳酉丑合局，行南方運名重祿高；柱不見火，殘害，化氣主凶惡暴亡。

甲子日己巳時，先貧後富，祖業輕微，妻勤子拗，生寅未巳丑年月雖貴，防疾；申子辰戌大貴。《神白經》云：化氣主貴。

癸未 乙卯 岳武穆　戊寅 己未 布政　甲子 癸酉 通判　癸酉 丁巳 通判　辛未 丁酉 陳熙昌 長科　辛未 丁酉 解經邦 經略

三命通會　卷八　三

甲戌日丁卯時，[illegible]

甲申日丁卯時，[illegible]

甲午日丁卯時，[illegible]

甲辰日丁卯時，[illegible]

甲寅日丁卯時，[illegible]

六甲日戊辰時斷

六甲日生時戊辰，[illegible]

甲子日戊辰時，[illegible]

甲寅日戊辰時，[illegible]

甲辰日戊辰時，[illegible]

甲戌日戊辰時，[illegible]

六甲日己巳時斷

六甲日生時己巳，[illegible]

甲子日己巳時，[illegible]

甲寅日己巳時日相刑。憂傷妻子生火年月。有明斷之才。掌權之職。戊子年月。承襲父蔭。主富。

庚午進士　壬午

辛未縣丞　丁卯解經推吏部
甲午富　庚戌

甲辰日己巳時。丰姿敦厚。一生平安。財帛有成。己酉丑年月。行火金運貴。化氣山論。

乙巳萬鍾尚書　戊子

乙丑吳應寅庶吉士　壬子舉人　壬午方逢時尚書　趙鏜縣丞　方楚趙冀金神喜
庚辰目疾　丁未　乙巳　命同　火嫌水此其異也　庚子徐闇尚書
乙丑雷禮尚書　庚辰無丁

甲午日己巳時。金神入火。即大貴。酉月行火木運。武職有權。

辛巳太守　壬辰經略　丙戌丞相　壬寅蹇達都憲
甲午　丁未　戊戌　乙酉
丙戌　乙未賀鼎進士大參
庚辰　壬午陳狀侍郎　戊寅進士　乙酉貴
癸丑　己卯　壬午

甲申日己巳時。敦厚聰明。善於決斷。身孤清貴。不免破刑。

丙辰貴　乙未

甲戌日己巳時。財神貴格。名利兩全。子戌年月。五品以上貴。

乙巳劉黻侍郎壽不永　己巳　乙亥憲副　丙戌
丙子曾熙炳舉人　丁酉南道

食神合祿局　有志改門庭　幾翻成又敗　破後再逢榮

甲巳中央作土神　時逢辰巳脫埃塵　局中歲運趨炎火　顯達功名富貴人

甲日時逢己巳火臨土厚無光。旱苗得雨葉枝強。火局金神旺相。進士有名無實常人改祖當庄為人性格不尋常逢至晚年氣象。

六甲日庚午時斷

六甲日生時庚午　死處又遭鬼當頭　丁丙不逢身再弱　快忙貧苦度春秋

甲日庚午時。死地逢鬼甲木死於午干頭見庚為鬼。不通月氣無救助者帶疾壽促。月逢丙寅。身旺庚絕則吉亦主有始無終。若通木氣主方面。通水氣行東方運止郎官。

甲子日庚午時日相衝。憂傷妻子。平常若子午年月及寅戌月生。行西北方運金紫風憲。

甲午替目　戊子經歷　癸亥女命子周延儒會狀入閣　丁卯進士
庚午　庚午會憲　戊寅　甲子　丁卯　丙午
甲午參政　壬申　中丞命同

甲寅日庚午時。春月有壽夏月傷官傷盡。財源進退。申有權酉反覆冬月傷妻子。子未年月煞助印生四品。

甲辰日庚午時。田園樂。賞寅月行金運風憲。一云主血發。

癸巳林應標尚書　丁卯吳執御侍郎　庚午通判　戊寅舉人　癸亥白手巨富上海人
壬戌　癸丑　戊寅　戊午　癸亥
甲子舉人早卒　甲申內官　壬午詹事丞
壬申　乙卯　庚戌

甲午日庚午時。破祖業發財祿。因財不得善終。寅午戌年月貴。

乙酉長史疾夭　癸亥鄧瀅庶吉士
乙酉　辛亥進士　壬午丞相　庚寅貴　丙寅侍制
辛丑　庚戌　壬午　丁酉
辛卯貴　戊戌

甲申日庚午時。子辰年月會印。亥卯年月。身旺俱貴。寅戌會傷。制煞甲得倚託。亦貴。運喜金水。

戊午陳治副吏科　甲戌大參　庚寅侍郎
庚申　丁卯　庚辰

甲戌日庚午時。主辰戌月。敦厚不貴則富。丑月行火土運。金紫風憲。寅月清貴。

甲戌舉人　壬午舉人　庚戌大參　壬寅進士　乙丑唐皐甲戌科狀元　戊寅御史
甲戌　庚戌　戊寅　甲辰　丙寅江南人　丁巳

時日偏官格　身強制伏高　柱中無破害　蘭蕙出蓬蒿

午時庚申是偏官　制伏相宜不等閒　身弱煞強無食見　平生謀望主艱難

申日時逢庚午柱中喜見寅申。身強煞淺轉精神父母雁行不順。妻子早年刑害。晚年出眾超羣。平生反覆好翻騰先破後成之命

六甲日辛未時斷

六甲日生辛未時　官星坐貴最為奇　月逢金氣須榮貴　財祿相停敢斷之

甲日辛未時時貴逢官甲見辛為官。未有天乙貴。巳為財。未申巳上得氣若通木氣月有倚託者。富通土氣月者。富貴雙全

甲子日辛未時。辰戌丑未及巳酉月。土金地方。文貴顯達。

戊申馬夢楨會元　癸亥舉人主政　壬戌方從哲大學士　庚申屠表宰　己巳府丞　己丑州判　庚戌少保
辛酉侍郎　辛酉　己酉　丙戌　戊辰　戊辰　丁亥

甲寅日辛未時。寅申月貴。純酉丑年月大貴。神白經云金化木主貴。

辛巳舉人　乙巳舉人　戊寅王樞密　乙卯正卿　乙酉太守　戊寅侍郎
丙申　戊子　庚申　戊寅　丙戌　丁巳

甲辰日辛未時，辰戌丑未月富，己酉丑午年月貴。丙子戊戌進士　乙未己酉舉人　戊子戊午女命子翁正春狀元尚書　庚午己卯舉人

甲午日辛未時，春吉夏凶，秋生弱，難任官祿，冬貴。一云高。己卯癸酉郎中　癸巳己未郎中　甲辰戊辰舉人

甲申日辛未時，春吉夏辛苦，秋顯達，冬根基別立，貴子丑月大貴。神白經云金化木主貴。丙戌庚午王世楨尚書

丙申甲午舉人　丙申甲午林民悅兩司

甲戌日辛未時，先刑後貴，寅卯酉丑年月貴，子申年月位至六卿。己巳乙亥進士　己亥丁丑黃鳳翔榜眼宗伯

乙亥己巳余懋學侍郎

臨官關庫局　遇險免危災　因爲貴人助　富貴莫疑猜

時逢辛未是財官　平步青雲路不難　好比退毛雞化鳳　得時飛上彩雲端

甲日時逢辛未干，官守庫相扶，貴人財祿是良圖，初苦未終，榮富君子遷官進職，常人豐厚充餘，刑衝破害柱中無定，有青雲之路。

六甲日壬申時斷

六甲生時遇壬申　明傷時鬼坐其身　柱無丙戊秋冬旺　坎丁飄流無定人

甲日壬申時，甲木絕在申，申上壬水長生，庚金建祿，明爲暗鬼，甲旺化鬼爲官，猶不免凶暴。若生秋庚旺，生冬壬旺柱，無丙戊制伏，漂流之象。若巳午月大吉，強橫透庚作煞論，運行北方貴。

甲子日壬申時，申子辰亥月水泛木漂，移根換葉，玉堂金馬之貴，水土運凶。庚申戊寅憲副　壬寅戊申小貴　乙卯丙戌都督

甲寅日壬申時，旺中有失，辰戌丑未月勾絞，得位寅午戌月偏官有制，秋月行東南運俱貴。丁巳乙酉謝源明尚書

丁酉己酉尚書　庚午辛巳丞相　丙午乙亥進士

甲辰日壬申時，寅辰年月文章顯貴，透丙戊尤美。乙酉丙子丞相　癸未癸亥壬廷左都　己巳壬申通判

癸亥甲寅孫承宗探花督師閣部　甲戌戊辰舉人

甲午日壬申時，申子辰月改姓更宗，敦厚之命，午月貴。一云高。乙卯壬午光祿卿　戊戌甲寅府判　甲辰戊辰舉人　壬申丙午丞相

甲申日壬申時，寅月身煞兩停，卯月以刃合煞，俱貴，子辰年月以煞化印，巳午火月七煞有制，俱吉貴，怕煞旺身弱，大凶。一云離鄉發福。庚申戊子進士　己丑丁丑評事　乙巳戊寅平章　庚午辛巳丞相　丁酉癸卯貴　庚寅庚辰富　庚申甲申盜

丁亥壬子殺　辛巳庚子曾櫻尚書

甲戌日壬申時，辰戌丑未月衣錦有成，亥月學堂，寅月建祿，俱貴，午酉月壽促，不然貧賤。壬申辛亥丞相　己巳戊辰同知遣戍

己丑甲戌大貴

夢中得祿局　覺後没思量　更有刑空剋　平生心事忙

甲日時逢喜遇申　偏官偏印怕刑衝　欲求名利終難定　有救須教運氣通

甲日時逢壬申，倒食暗鬼相侵，生逢身旺主昌榮，身弱性情不定，雁侶六親少力，謀爲自立自成，運行吉地顯聲名，運弱平常之命。

六甲日酉時斷

六甲日生時癸酉　暗官明印未希奇　柱中有火無刑破　元命胎生貴可知

甲日癸酉時，胎生元命，甲未酉上受胎，爲甲生氣，明癸爲印，暗辛爲官，有巳上破印不貴，酉爲金神，若柱有寅戌通火氣者，德性純厚而貴，無火見水，兇暴殘疾。甲午甲子主事夭

甲子日癸酉時，春生木旺，酉月官純貴，若混之以煞，或煞多，柱中全無火氣，凶。一云先破祖，後大富。

辛巳丙申貴　甲申壬申賊刑　辛巳庚子通政

甲寅日癸酉時，春生壽夭反覆，秋性不定多凶，冬平常，丑未月貴。甲戌辛未憲副　壬申癸丑尚書　癸亥辛酉內官

庚申乙酉凶死官煞兩旺柱無火制　戊辰壬戌龔三益解元進士翰林　丙午乙亥丞相

甲辰日癸酉時，子戌年月有財有官貴。戊申辛酉學憲　戊午辛酉知縣

甲午日癸酉時，主孤，生寅午戌月，行東北方，即官。庚午癸未舉人　壬寅戊申通判　庚午戊子太守　辛丑辛卯舉人部郎

甲申日癸酉時，平常，遇火氣月行南運富貴，申酉年月多夭，有水化金毒，只作官甲論，不作金神，亦吉，但主退早。

癸丑壬戌布政　癸酉壬戌太守　戊申癸亥員外　庚午己卯僉憲　乙亥戊辰給諫　乙卯丙戌李誌冢宰致仕浙人己未年一命同巨富

己未甲戌正濟　辛卯戊戌舉人

甲戌日癸酉時，子戌年月文章顯貴，子午月不貴即富。

雞化青鸞局　未遇被鴻欺　有朝羽翼就　四海任翔飛

甲日亥通癸酉時　金神火局兩相宜　運行南地無刑破　富貴榮華事事宜

甲日時逢癸酉，為人富貴雙全，三奇發福，屢陞遷，上下相和，貴顯君子，寒門將相，常人置立田園，無傷無破，是英賢。此命定居臺憲。

六甲日戊時斷

六甲日生時甲戌　木遭火局氣不舒　為人好善福平常　父母並傷誠可歔

甲日甲戌時，申用丙為食，辛為官，戌上食神入火局，辛有餘氣，身被火焚，為人好善，平常衣祿。甲以戊為父，癸為母，戊上旺申，傷戊，丙有暗戊傷癸，戊癸受剋，難為二親。

甲子日甲戌時，春壽，夏暴，秋貴，冬移根換葉。柱見純亥夾角，雖貴終凶。辰戌丑未雜氣，財官亦吉。一云主聾啞、頭瘡、犬狼虎傷。

乙巳 乙酉 貴　辛亥 辛丑 邵康節　乙丑 乙酉 貴　丁亥 辛亥 鸞尚約推官 無子 凶 死連累十七命　辛卯 庚寅 陳有年冢宰　庚子 乙卯 進士　庚戌 甲申 鄧廷瓚都憲 無子　辛卯 辛卯 舉人

甲寅日甲戌時，比肩爭祿，木氣遭焚，四十後漸不如前。甲丙申子年月大貴，純戌風憲，午月行水火運，七八品貴。

甲戌 乙亥 給諫　甲子 乙亥 知縣　丙子 庚子 顧大章刑部郎 死錦衣獄　癸未 癸亥 侯　癸巳 丙辰 沈節甫侍郎　己未 乙亥 大參　丙戌 庚寅 貴　戊午 戊午 平章　癸酉 乙未 小貴　壬子 壬子 知縣

甲辰日甲戌時，財源穩厚，多凶。春月金火運，官至六品。

甲午日甲戌時，春生貴人扶持，夏背祿逐馬，冬印綬，卓純寅年月，近侍貴。

甲申日甲戌時，夾酉官貴，但身孤，發亦不久，春生木上運貴。

辛巳 己亥 聰明多能破家 遊走　甲申 甲戌 盜死　丙寅 辛丑 周如盤學士　丙申 壬辰 岳可章進士　庚辰 癸未 舉人　辛巳 辛卯 陸光祖尚書　壬申 癸亥 侍郎　丁酉 癸卯 進士　辛亥 壬辰 涂宗濬尚書　辛巳 辛卯 貴　甲辰 辛未 郎中

甲戌日甲戌時，背祿逐馬，平常，秋生官煞有氣貴，辰戌丑未月吉，卯月凶。若丙寅甲午年月，三甲食二丙，丙夏得時，居寅長生，甲就食見祿，主富貴。

乙酉 甲申 劉文華都憲　丁酉 戊申 張欽都憲　壬申 己酉 戴靜菴尚書

乙巳 乙酉 進士　乙卯 甲申 進士　戊辰 己未 舉人　甲子 甲戌 貴　戊寅 丁巳 莊際昌狀　甲戌 甲戌 宗室

戌時火墓局　心志不相同　財官俱有背　官祿運中通

時逢甲戌比肩逢　庫有天祿火氣衝　雞鳴同鳴音聚散　到頭心志不相同

甲日時逢甲戌，比肩帶祿相逢，天孤倉庫，隱其中，酉丑辰支取用，無隘衝刑聞破，立身多學少成，柱金木火旺水生，先暗後明之命。

六甲日乙亥時斷

六甲日生時乙亥　羊刃反傷為禍害　財官卒戌不相逢　只恐功名不亨泰

甲日乙亥時，甲木亥上長生，有旺，乙為刃，制剋學堂，壬為倒食，亥上建祿，甲以金為官，戊己為財，辛金沐浴，戊己衰絕，不能作福，生己酉丑月及見辛柱，有戊字貴，餘雖聰明，功名不遂，藝術人也。

甲子日乙亥時，成趨乾格，貴。如生申月，煞旺合刃，權貴。酉月正官柱，稍得土助，大貴。辰巳丑未戌月俱吉，年月純卯刃旺，則凶。一云得妻財，剋妻。一云多患眼疾，財帛平常。

乙亥 癸酉 徐編侍郎　戊申 乙丑 劉應秋解元 探花祭酒　戊申 壬戌 黃易編修　癸丑 乙丑 白瑜少卿　辛酉 戊戌 太守　辛巳 庚子 舉人　乙卯 乙亥 丞相　己巳 丙寅 知州　己巳 乙亥 丞相　癸亥 癸亥 胡松冢宰　戊辰 癸亥 侯伯　庚辰 辛亥 侍郎

甲寅日乙亥時，辰戌丑未月富，申酉月貴，冬平常，若寅亥月尤貴。

丁巳 戊申 王圖侍郎 翰林吏部　甲戌 乙亥 潘桂元戎 戰死　庚申 己卯 貴顯　壬辰 辛亥 樞密　庚戌 乙酉 郎中　癸酉 丁巳 進士　辛酉 庚寅 知縣

甲辰日乙亥時，酉月正官，最貴。辰戌丑未及寅亥年尺俱貴。

丁酉 己酉 陸深侍郎　戊午 丁巳 洪翰聖行人　乙卯 乙未 通政　乙未 乙酉 申時行 江南人 狀元入閣　壬寅 丙午 郎中　辛亥 庚子 御史 一命同 平常　辛丑 庚寅 丞相　庚戌 丁亥 知縣　丁酉 乙巳 憲副　辛亥 甲午 伯　辛未 壬辰 宋沈尚書　乙巳 丁亥 進士

甲午日乙亥時，卯月羊刃刑，併貴。肉身弱，不得善終。春生貴，為宰輔。申子戌午年月，行水火運，官至六卿。

丙午 庚子 王越尚書 封威寧伯　丙戌 甲午 舉人 憲副　丙寅 戊戌 王華狀元尚書 或云丙申年生　乙亥 壬午 御史　己酉 己巳 太守　乙亥 戊辰 舉人　甲戌 庚午 舉人

甲申日乙亥時。亥月學問有成，貴為風憲；申酉月先貧後富；子月行水火運金紫；辰戌丑未雜氣財官；寅月建祿俱吉。

辛卯 壬辰 李時閣老　癸亥 庚申 馮夫馭尚書 無子　甲寅 乙未 進士　癸丑 甲寅 長史　壬申 庚戌 知縣　甲戌 丙寅 知縣　癸酉 壬戌 舉人

甲辰 丁卯 丞相　辛酉 乙亥 遠方依覓

甲戌日乙亥時。春冬生富貴，土厚地方顯貴，夏勞力不聚財，秋平常。

乙亥 壬辰 鍊十　庚子 戊寅 蔡狀元　甲子 丙寅 進士　戊戌 戊午 鄒德涵僉憲　壬午 癸丑 劉玉都憲　癸丑 癸亥 張達給諫　辛酉 壬辰 孫陞榜眼 四子科 浙人　癸丑 乙丑 舉人

驛馬天廷局　財官都占先　東西須稱意　南北自然安

甲日時逢乙亥強　有官有印不尋常　時來自有高人薦　運至財源大顯揚

甲日時逢乙亥，就申壬水相生，時臨帝座紫微宮，子嗣螟蛉得用，父母雁行少力，花開結子，防風文章顯達，改門庭，運至超羣出衆。

六乙日丙子時斷

六乙日生時丙子　傷官坐貴福不全　柱中不見官刑破　方是平生福祿緣

乙日丙子時。六乙鼠貴，乙用庚為官，死於子，見丙為傷，丙暗邀辛，化煞為權。柱中不見庚辛，無丑絆午衝，方成格，貴；若有土忌，及不通月氣，無救助者，暴惡，貧下，有疾，壽促。

己亥 丙寅 陳從尚書　辛丑 乙亥 僉憲　癸卯 辛酉 虞守愚侍郎　丁丑 丙午 張鳳翔尚書　乙酉 丙寅 進士　癸未 甲子 通政　乙酉 戊寅 郎中　乙亥 戊子 州判　庚子 己丑 平章

乙丑日丙子時。身弱平常，無午穿衝，賢德溫厚；申酉年月風憲；寅子貴顯；忌丙寅巳未甲戌己丑等月，主凶刑惡死。

乙卯日丙子時。喜辰戌丑未亥年月，不見官星，貴。一云：凶中逢吉；忌丁巳月破祖凶，戊申月身不完死，己酉月惡死。

乙卯 丙子 侍郎　丁巳 庚戌 司業　丁卯 癸卯 侍郎　甲辰 辛未 大參　丁酉 癸丑 都憲　甲申 丙寅 太守　丁巳 壬寅 尚書　癸巳 甲寅 郎中　乙卯 己丑 侍郎　庚午 郎中　乙巳 癸未 侍郎　甲戌 丁卯 陳瞻翰林　壬寅 癸卯 貴戚　丙戌 戊戌 丞相　乙丑 丁卯 舉人　癸卯 甲寅 太師

乙巳日丙子時。吉；若巳午年月，壽促，不然身孤勞碌；純土財旺生官，行西運，子辰行水火運，俱二三品貴。申日正官，酉月偏官，卯月建祿，俱吉；忌甲寅月刑夭，乙酉月下賤。

甲寅 壬申 府尹　甲戌 乙亥 府尹　己巳 丙寅 侍郎　戊申 辛酉 丞相　丁巳 癸卯 尚書　戊辰 癸亥 布政　甲子 丁卯 知縣　壬申 戊申 鄉人

壬申 乙酉 舉人 海道凶死

乙未日丙子時。平；若子亥年月，大貴，歲運同；忌巳未月刑傷，丙午月身不完死，己丑月破祖惡死。

戊子 甲寅 鄭岳侍郎　甲戌 庚午 吳霽寰都憲　戊辰 甲寅 僉憲　己卯 丙 大參　甲寅 丁卯 元戎　戊寅 壬戌 元戎　戊子 癸亥 卿

乙酉日丙子時。貴，身孤，反覆起倒；月通水氣，不見辛午，亦貴；忌戊寅月夭凶，丁巳月破祖貧，己酉月金刃死。

辛未 庚子 大參 謫戍　甲戌 丙寅 舉人　甲申 丙寅 舉人　乙未 甲戌 大參　癸亥 甲寅 周我樵 子延儒 大學士

乙亥日丙子時。化貴，亦主福；生庚辰年月，富貴；純亥成敗；丑月行南運，郎官；巳午酉運極貧；忌壬辰月刑；乙酉月破祖，高貴中惡死。

以上六日喜忌大同，但坐酉月不成鼠貴，別格論之。

甲申 庚午 尚書　丙午 辛丑 苑恩　丙戌 乙亥 元戎　壬戌 辛亥 御史　壬午 壬子 知縣　乙未 戊子 張孚敬大學士　辛亥 甲午 貧　丙午 癸巳 丐

時逢六貴局　先險卻無凶　甲歲難成就　未中財祿豐

六乙貴格丙子時　如無衝破始為奇　不遇庚申巳酉丑　定乘軒冕拜丹墀

乙日時臨丙子，傷官傷盡，巳亥卯未月不尋常，運至身健旺相，辛庚不見發福，午衝丑絆平常，如運刑剋，空一場，此命或衰或旺。

六乙日丁丑時斷（以下六乙日所忌月分與上同，時亦脈論）

六乙日生時丁丑　食神相助遇財官　月通金氣化為福　不是尋常下賤看

乙日丁丑時。食會財官，丁為食，庚為官，巳為財，丑中有辛金合局，巳土得位，如有倚托者貴；通金氣月化者富厚尊重，不通月氣平常。

乙丑日丁丑時。秋生有權，主帶疾，夏吉，冬平，春旺貴壽。

癸丑 乙丑 蕭注兩制　庚午 丙戌 李不昌解元 翰林

戊申 甲子 舉人

乙卯日丁丑時。亥月身旺，見辛偏官，柱有丁制，風憲武職。

丁巳 甲辰 進士　乙未 癸未 憲副

三命通會 卷八

乙巳日丁亥時生，亥卯未寅月貴，遇金氣自有倚托者福重。

甲申 乙亥 舉人　甲寅 庚午 顧東謙大學士　丙午 辛卯 武狀元　甲申 甲寅 布政　庚寅 戊午 遊擊後殺 無子　甲辰 辛酉 大貴

乙未日丁丑時，辰戌丑未月富，春壽長，秋名利，夏貧，下冬平常，申年月武職三品。

丁酉 戊申 僉憲　乙卯 戊寅 主事夭　辛未 己亥 進士

乙酉日丁丑時，若通木氣有倚托者顯貴，申丑年月亦好，寅亥尤佳。

丙寅 庚寅 尚書　甲申 乙亥 尚書　壬子 戊申 王昺侍郎　戊寅 乙未 御史　戊辰 乙卯 太守　甲寅 己巳 沈自郃翰林　辛巳 戊戌 會魁　丁丑 乙巳 御史　丙寅 庚寅 黃光升尚書　丙申 甲午 都督

乙亥日丁丑時，亥月性急有操持，妻賢子孝，官至六七品。年月長生，年月透官印大貴。

庚申 壬午 吳鵬尚書　丙寅 庚子 陳汝勵都憲　乙巳 乙亥 太守　丙子 辛丑 元戎富

時上財官局　天干透食神　刑衝若早遇　發福定無真

倉庫時開乙見丁　食神坐庫祿財親　無衝不作朝中客　也是清閑有福人

乙日時逢丁丑，壽星發達無疑。身居磨蝎莫嫌遲，庫內錢財積聚。年時月合發達，空刑妻子雖為，雙親雁侶有盈虧，運至辛藏金匱。

六乙日戊寅時斷

六乙日生時戊寅　敗財背祿實身傷　有心無力多成敗　正是平常衣祿人

六乙日。戊寅日。敗財背祿。乙用庚為官。寅中有丙傷官背祿。用戊己為財。寅中甲旺財敗。為人作事成敗平常。通土氣者吉。

乙丑日戊寅時高，生子年戌月者富貴。辰戌行木火運。威權

丁亥 癸卯 余有丁探花 閣老　辛酉 癸巳 僉憲　辛丑 丁酉 郎中　乙巳 壬午 進士　庚申 甲申 御史　乙未 甲戌 進士

乙卯日戊寅時，刑中發福，秋生貴，酉年遇辰戌丑未月富，卯月建祿，午月印生，透官印俱吉。

丁未 戊申 歐陽文忠公　癸未 乙丑 進士　癸卯 乙卯 大貴　戊寅 庚申 舉人　癸卯 乙卯 富　丙午 辛卯 元戎　丁巳 壬寅 朱國楨詹事

乙巳日戊寅時孤剋平常，若年月申庚正官，丑辛七煞俱貴，辰月北方運吉，一云中年橫發。

辛丑 庚子 丘濬閣老 名臣　乙丑 戊寅 參政　戊子 乙丑 貴　甲戌 丁卯 優人

乙未日戊寅時，春生有壽，秋貴顯，夏平常，冬夭，反遇辰戌丑未俱吉，歲運同。

癸未 己未 憲副　庚午 癸未 小貴　庚午 庚辰 舉人　乙亥 戊辰 側貴　壬戌 丙午 曾可前探花　戊寅 甲寅 舉人

乙酉日戊寅時，春生富貴，夏平，秋貴壽從，冬吉。

壬辰 丁未 西寧侯宋天訓 凶死　丁卯 辛亥 布政　癸巳 丁巳 憲副　丁卯 丁未 玄三泉都憲　戊午 辛酉 萬表元戎通禪學 文雅君子　戊辰 乙卯 親王　丙子 乙亥 孔貞運榜眼 入閣

乙亥日戊寅時，春吉，夏勞力，秋冬貴，子丑年月貴至三品，一云遲有孫貴壽，一云三十年後身孤發福。

丙午 辛丑 大參　丙午 辛卯 進士　癸酉 丁巳 李表庚太宰　乙巳 乙卯 布政

虎卧平原局　行藏恐慮危　正當明月出　光處又雲遮

乙日寅時仔細推　為人招是又招非　運衰更遇空刑剋　勞力勞心無定期

乙日戊寅時遇，就中暗損傷財。傷官背祿柱中排，富貴妻兒刑害。運旺財官發福，運行比煞興灾。六親骨肉少和諧，自立自成自在。

六乙日己卯時斷

六乙日生逢己卯　時居日祿財臨好　旺逢木氣貴無疑　酉丑辛重亦可惱

乙日己卯時，祿入廟堂。乙木逢卯建祿，為人秀麗。通木火者貴，見庚辛為傷祿破命，患目疾。若生巳酉丑月，平常衣祿。辰戌丑未吉，申月亦吉。

乙丑日己卯時，高中年大福。春生身太旺孤，夏貧，秋有疾，冬溫厚。柱不見辛金吉，若辰戌丑未月金紫貴。

乙丑 戊寅 太守　庚午 甲辰 進士　丁亥 乙酉 進士 太守　甲寅 甲戌 進士

乙卯日己卯時，高春生旺為僧道富足，夏平常，不見辛金吉，秋帶疾，冬溫厚，卯丑年月顯達高壽。

癸丑 乙卯 大富　庚午 戊子 林廷選尚書　癸未 戊午 康憲　壬申 癸丑 進士　乙卯 戊子 萬戶　戊子 乙卯 運使　辛卯 庚子 進士　丁丑 乙巳 舉人　壬申 辛亥 尚書　戊午 乙丑 僉憲　乙酉 丁亥 進士　癸卯 甲寅 丁賓南尚書

乙巳日己卯時，春孤貧，夏平，秋帶疾，冬貴，年辰年月地支一路相連尤吉。

一吏 命同　丁卯 甲辰 太守　丁亥 丙午 富壽

乙未日乙卯時，年月不見庚辛金貴，秋生看地厚薄，如生壬戌年月，三四品貴。

壬申 辛亥 李兆龍給事　甲午 丁丑 丞相

辛酉參政　庚辰舉人　庚申舉人　己卯舉人　壬午舉人　辛酉宣慰　辛亥明帝崇禎交丙運失國
辛丑　丁亥　己丑　壬申　辛亥　乙未　庚寅
丙戌李成梁封伯　甲寅二子進士
丙申始禍　庚午

乙酉日。己卯時。初年破祖。中主發財。末年孤刑。一云主死無葬地。申丑年月金紫。
癸未舉人　乙卯通判　辛未劉之鳳刑部　辛卯參政　丁巳進士
丁巳　乙丑　戊戌尚書　辛丑　癸卯

乙亥日。己卯時。生寅巳月。不見庚辛。日祿歸時格。顯達清貴。純卯年月。高僧羽士。戊特達聰明。有財祿。
甲寅進士　戊子樞密　丙申參議　甲申都憲
丁丑　甲寅　壬寅　丁卯

日祿在於時　青雲折桂枝　若無官破害　名譽四方知

日祿居時格不同　食神財馬要相逢　傷官印運皆為吉　官不逢兮祿自豐

乙日時臨己卯。偏財時祿歸逆。辛金酉字不相刑。虎榜定標名姓。父母六親難靠。雁行各自飛騰。文章光耀有才能。無破無衝貴命。

六乙日庚辰時斷

六乙日生時庚辰　水白金清化象真　壬從辛酉通官貴　却防目疾減精神

乙日。庚辰時。妻賢子貴。乙合庚化金。若通申巳酉丑月。為人秀麗主貴。却防目疾。如不見化。以壬為印。庚為官。辰土癸水合局。乙木有託。行東南運貴顯平和。

乙丑日。庚辰時。破祖剋父。身弱惡疾。通月氣者貴。子申年月天干透。甲戊合三奇大貴。
甲申喬宇冢宰
戊辰
戊申楊慎狀元　辛巳禮卿　丁丑太守　丁丑黃士俊狀元　庚午許獬會元編修
甲子　庚寅　癸卯　甲辰入閣　丙戌

乙卯日。庚辰時。富貴。逢火土年月大貴。一云刑後大發。一云惡死。若年月有救者。主刑。
己巳楊博尚書甲戌年
庚午辛子進士山西人
己卯舉人　乙卯董其昌禮部尚書
庚午　戊寅以善書名

乙巳日。庚辰時。作事成敗。僧道富貴。帶疾常人。刑剋妻子。申子辰卯巳年月貴。
壬戌樸少　乙巳太守　癸酉進士
乙巳　丁丑　壬戌
丙戌萬戶　辛亥進士　乙巳劉生和滄州人　丁丑進士　庚辰進士
癸巳　庚寅　丁丑戶部郎中　壬寅　乙酉

乙未日。庚辰時。亥卯月身旺。巳申官旺。天官透煞印。皆貴。丑酉純煞。柱有火制亦吉。戌丑年月。四庫全大貴。一云破祖。

刑灾身孤。
乙亥少卿　己未都憲　丙申李賓給事　丁卯唐順之會元都憲　壬申進士　己亥陶真
己卯　丁丑　辛卯　辛亥據星按乙亥日　辛亥　乙巳舉人
壬辰舉人　癸丑女命子李春芳　戊申進士　壬申楊漣總憲死
乙酉　甲子狀元大學士　乙卯　戊申錦衣獄

乙酉日。庚辰時。亥子年月干透戊癸貴。寅巳午月。官煞有制吉。純酉化金。主厚福。
己卯丞相　乙卯丞相
甲戌
乙酉侍郎　甲子御史　庚午布政　丙申判官　丙戌贊皇令以失城　乙酉舉人　庚辰四柱雙合大貴
乙酉　丙子　辛未　癸巳　癸巳法死　戊子　乙酉

乙亥日。庚辰時。不貴則富。若年月癸戊一化。申卯兩旺。巳丑酉會金。行木土運。位至金紫。一云發中自刑害。
丁卯中丞　乙亥參政　丙寅布政　丙寅舉人　辛未外貴　癸酉大貴　乙巳陳薦尚書
癸丑　庚寅　丁酉　庚子　戊午　甲申

天地化氣局　秋生大吉昌　運行東與北　顯要豈尋常

乙庚相會貴無疑　陰木陽金正合時　運吉身強無衝破　陞遷自有貴人提

乙日庚辰時正。天官守庫魁元。青年虎榜姓名傳。稟性溫良恭儉。士庶妻賢子貴。才人祿位陞遷。南離戊癸火相連。富貴之中當險。

六乙日辛巳時斷

六乙日生時辛巳　金木交爭主不仁　有化月中生旺貴　不逢無化恐傷人

乙日辛巳時。暗金交爭。是非日有。若逢身旺月有倚托。化鬼為官。行身旺運貴。逢木氣月。行金旺運大貴。逢金氣月。行身旺運亦貴。

乙丑日。辛巳時。先難後純。生寅午丙丁年月。偏官有制作高命。己巳申酉丑月。官煞重叠。多帶疾。從煞亦吉。惟身強主兵權。有名譽。
丁巳周琥都憲　乙卯方近沙都憲　丁卯賀萬祥山東學憲以公正入名宦陞福建大參憲長　戊午饒仲卿
癸丑十子　乙丑　壬子　戊午
辛巳盜
戊戌

乙卯日。辛巳時。春生身強煞淺大貴。夏平常。秋官煞旺。冬印綬旺。俱吉。秋不如冬。
甲申費詠閣老
丙子
甲寅史彌遠丞相　癸未李蔑侍郎　戊子王篆都憲　癸卯卿　己卯參議　乙亥進士
丙寅　乙卯　己未　壬戌　丙寅　丁亥
丙申參政　庚子參政　丙辰郎中
戊戌　己丑　乙酉

乙巳日。辛巳時。剋妻妻子俱晚。若己酉丑月。木柔金重。主帶疾。不然壽促。甲巳子巳年月。入偏官格。西運風憲。春月身

乙亥日。癸未時。春木旺刑傷妻子。申月官旺貴。酉煞旺年月有火則吉。午未戌年月。一二品貴。冬生穩厚。

丙午尚書 戊戌　甲申都憲 丁卯　庚午卿寺 癸未　己亥給事 甲戌

六乙日墓局　身旺用財官　四柱無傷剋　功名不等閑

乙日相逢時癸未　算來離祖不成家　有刑剋害多成敗　運吉如添錦上花

乙日相逢癸未生。逢木墓天孤。雁行兄弟有如無。心性不常。喜怒自立。自成事業。六親骨肉親疎。貴人得合。兩相扶。此命先貧後富。

六乙日甲申時斷

六乙日生時甲申　官星得印位生成　月中通氣無衝破　必定榮華仕路人

乙日。甲申時。官印生身。乙用庚為官。壬為印。申上庚旺。壬生。身有倚托。通金水氣運者貴。不通身弱官重。雖貴不永。

乙丑日甲申時。高。純子辰年月。行東南運大貴。巳酉丑貴。中防凶。午未純吉。亥卯亦吉。餘月平平。

乙丑太守凶死 丁巳　甲午貴 丁丑　乙酉富 乙亥　丙申李自華榜眼 庚寅司業　戊申何洛書檢討 辛酉　庚子給事 己卯

乙卯日甲申時。化貴。月通水氣無傷破者貴。不然富。

丙子侍郎 辛未　甲午學憲 丙寅　丁卯鄭以偉學士 戊申　乙亥同知 癸未

乙巳日。甲申時。身強官旺。春聰明顯達。官至四品。夏身心勞碌。秋冬眼疾。午年月行財運貴。一云刑中化貴。

癸酉評事 戊午　丙寅周道登禮部侍郎 甲午

乙未日甲申時。生未酉亥月。聰俊特達。官至二三品。丙丁寅午卯酉年月。傷食制殺權貴。一云旺中有失終旺。

乙巳茅贊元 癸酉侍郎　癸丑舉人 甲寅　庚申元戎 壬午　一恩陰 命同　壬申解元 甲辰　甲子侍郎 辛未　乙未黃應鵬 己卯都憲　甲午縣尹 癸未　甲辰舉人 壬申　己酉進士 甲戌

乙酉日甲申時。官煞混雜。若柱丁火制煞留官。則吉。亥卯未酉年月。武職極品。不久。行南方運大貴。

乙酉尚書 乙酉　乙巳太守 庚辰　辛丑舉人 壬辰　壬申余復狀元 癸丑　庚申貴 戊子　庚子貴 乙酉

此日時遇年月純酉從煞　巳丑煞局子辰化印俱吉

乙亥日。甲申時。時落空亡。主少子。秋生官居六卿。亥卯午未月俱吉。神白經云通乙庚之化。主厚福。

戊戌王堯封尚書 庚申無子　壬戌尚書 己酉　甲申侍郎 丙子　丁亥憲副 庚辰　丁酉參議 丙午　庚辰吳守禮巨商 乙丑　癸丑進士 癸亥

長生驛馬局　天福主文章　金土運鄉吉　功名不可量

乙日相逢時遇申　長生驛馬內相親　貴人天乙來相助　釋却褐衣入紫宸

乙日申時。逢貴其間。高人見喜。小人稱美有奇希。剋破衝刑減力。身旺運逢吉地。信知兩旺財官。有祿有馬有衣冠。定主門庭改換。

六乙日乙酉時斷

六乙日生時乙酉　得逢金局火為奇　用神遇木重重見　鬼絕壽傷反無依

乙日。乙酉時。身絕鬼旺。乙以辛為鬼。酉上辛旺乙絕。若通巳酉丑月。化金局者貴。如用神坐木身旺身旺不化。又見於酉。不夭必貧。

乙丑日。乙酉時。高。生巳酉丑月合金局。更行西運大貴。寅午戌月貧下。亥卯未月吉。純子年月行南運。一二品貴。寅月火金。七品貴。申月水木。金紫貴。

庚辰毛澄尚書 乙酉　壬子尚書 壬子　乙卯進士 丁亥　乙丑進士 辛巳　辛丑太守 丁酉

甲午吳汝南禮垣 戊辰

乙卯日。乙酉時。月通金局者貴。未寅年月。官至一二品。

辛酉韓信 丁酉　乙酉都統 己酉　庚午進士 丙戌夭　戊寅舉人 甲寅

辛酉趙彥兵部尚書 己亥陝西人

乙巳日。乙酉時。春吉。夏傷官有制。好。秋木弱金重。夭。不然有疾。冬福厚亦夭。

癸巳御史 丙午　壬申進士 乙

乙未日。乙酉時。拱貴格。無刑破者貴。有申填實則非。亥卯月行西運貴。一云旺中有刑。

乙亥劉康祉會魁 庚辰部郎　庚子舉人部郎 丁亥

乙酉日。乙酉時。旺處自刑。年月火土重。主災。若通月氣。透出印食。行火木運大貴。地支純酉。化成金象。但帶印綬。貴不可言。最怕歲運遇官。

乙亥元世甜 乙酉　乙酉張貴妃 乙酉　一清高命同 一知縣　庚戌丞相 乙酉

甲寅太師 癸酉　丁亥尚書 壬子　壬戌通政 庚戌　己丑知縣 乙亥　戊午舉人 丁巳　乙酉貴 甲申　壬子富 壬子　壬申凶死 癸丑

乙亥日。乙酉時。春生仁壽格貴。寅月行金火運大貴。

乙亥倫文叙狀元子以訓以諒 甲申以詵俱貴　壬申主事 庚戌　丙寅太守 丁酉

庚辰 甲寅 叅政　甲午 庚午 知縣　甲寅 癸酉 通判　辛卯 辛丑 何起鳴侍郎　庚寅 丁亥 封尚書　丙寅 辛丑 卿　庚戌 乙酉 副使

順水行船局　長江逐日流　煞降身旺吉　財祿任貪求

日干是乙時臨酉　假煞爲權身旺奇　身弱遇官徒費力　功名須待運通時

乙日時臨乙酉。誕辰乙木無憂。其中權貴任求謀。無破功名定有。妻子早年剋害。財源雨散雲收。遷宗改祖免憂愁。中年家資成就。

六乙日丙戌時斷

六乙日生時丙戌　鬼賊臨身有損傷　若不氣通身旺月　孤貧勞碌苦難當

乙日丙戌時，鬼賊臨身。乙用庚爲官，見丙背祿，戌中有辛餘氣，丙丁庫，食神制煞，若柱透庚，傷官見官，爲禍百端。年月有寅午丙火合局，即一木叠逢次位主人，傲物氣高，衣祿平常，殘疾，不然壽促。通身旺月氣者吉。

乙丑日丙戌時，春身旺，吉；夏傷官太重，秋勞力辛苦，冬亥子印綬，帶傷官極貴，戌月木火運七品貴。純戌年月，天干透庚丙者，大貴；寅午合全者夭。

一吏員命同　丁酉 戊申 柴經都憲　劉大寶秦梁命同劉發科戊戌秦丁未孟癸丑劉官止亞卿秦止布政孟副未定劉豫州秦揚州孟雍州分野不同故也　壬申 乙巳 李彤銓部　乙亥 丁亥 孟重都憲　癸卯 壬戌 林如楚侍郎　己卯 甲戌 凌雲翼

乙卯日丙戌時，午卯月，行西運，六七品貴；子月印綬，丑月雜氣，刑出財官，俱貴。

癸亥 丁巳 進士南道　癸卯 甲子 尚書　乙丑 己丑 貴

乙巳日丙戌時吉。丑戌未年月，風憲六卿；亥月行東運，翰院清貴。

戊辰 丙辰 貴　壬寅 庚戌 巨富　乙丑 戊寅 巨富　癸亥 丁巳 侍郎　丁亥 壬寅 學士　乙卯 丙戌 進士　己未 乙亥 進士

乙未日丙戌時，旺處凶。卯午未戌年月，貴顯。

己卯 乙亥 王鴻儒尚書　丁卯 庚戌 學憲　甲午 乙亥 知縣　甲戌 庚午 舉人

乙酉日丙戌時，春身旺，冬印助，大貴；夏巳午、秋酉戌，俱貴。亦看天干何如。丁未甲辰生，計辛苦，一生遇貴。丑月刑戌，吉。

丁亥 壬子 楊玉華尚書　乙卯 辛巳 林環狀元　庚子 丙戌 詹直齋尚書　戊戌 戊午 舉人　戊申 丁巳 貴無子　丙子 庚寅 徐紳都憲閣死得生　乙未 丙 平凶死　己巳 丙子 諫垣　丙辰 丁酉 元戎　癸酉 庚申 進士南部　乙未 戊寅 進士　庚辰 丙戌 御史

乙亥日丙戌時，血疾。亥子卯未寅月，遇貴發福；天干透財，傷官生財，尤吉。

庚午 己卯 皇親　乙未 戊子 張孚敬閣老 一云丙子時　癸未 戊午 進士

枯木相逢局　逢春葉更生　晚年方得地　花發再重榮

乙日丙戌時火庫　藏辛遇丑乃吉昌　若也運逢凶剋害　算來此命且如常

乙日相逢丙戌，傷官庫木枝枯。不臨辛丑鑰匙無，難倚六親父母。雁侶分飛不睦，於人心悲成疎。要知發福改門閭，此命後甜先苦。

六乙日丁亥時斷

六乙日生丁亥時　食神印綬亦奇哉　月氣水土無財貴　切忌傷妻與子災

乙日丁亥時，死處逢生。乙木死亥，卻壬水爲生氣印綬。乙用丁爲食，亥中丁坐無氣，喜甲木生助，丁食爲福。如遇金局行水運者，防目疾；四柱見財，或行財運，貪財壞印，主破財。戊爲財，爲妻；庚爲官，爲子；亥上絕，庚土病，妻衰子少。

乙丑日丁亥時，秀生。壬子申未卯月，干透財印綬，才德兼全，職任風憲。年月干支純金，身衰煞旺，主凶死。

壬子 壬子 彭華閣老　乙未 己丑 侍郎　庚戌 戊子 富四子　辛巳 庚子 跌死　己丑 丁丑 毒死　壬申 戊申 進士　一知縣命同

乙卯日丁亥時，己酉丑月偏官，申月正官，俱貴。亥月東南運，風憲。未月三合木局，大貴。

甲寅 丙子 張泮少卿山西人　壬午 甲辰 舉人　辛卯 戊戌 少卿　庚子 丙戌 邢玠南兵部尚書山東人　辛卯 庚子 進士　己巳 辛未 丞相　戊申 戊午 教諭

乙巳日丁亥時吉。卯月西北運，五品貴；通月氣南方運，中貴。年月干透丁壬，支坐卯酉寅辰者，大貴。

丁酉 壬寅 翟鑾閣老　丁巳 甲辰 平章　乙未 己卯 州牧　癸酉 辛酉 海瑞舉人南總憲以清直著無子　己卯 戊辰 都督　癸酉 甲子 舉人

乙未日丁亥時，子亥年月，公侯。春生，行西運，郎官。酉孤貴。年月木火，主發高科；水土金與日干合化有用者，俱吉。

庚戌 己丑 黃佐翰林　庚子 戊寅 張書給事　壬寅 丙午 文煒狀元　乙亥 丁亥 侯伯　庚子 戊寅 舉人　癸未 乙丑 李价吏部　壬申 癸卯 舉人　戊午 癸亥 尹相給事

乙酉日丁亥時，月通金局，行水運，大貴；通木氣，發達；土氣，稱意。

壬申 壬子 內官　丙申 庚寅 尚書　丙辰 丁酉 憲副　癸未 己未 進士　甲子 壬申 進士

乙亥日丁亥時，有財自刑。寅卯身旺，天干透財者富。辰丑行金火運貴。亥子申官印雙清，更輔以財，大貴。

癸未 乙卯 舉人　辛丑 辛卯 先貴後刑　壬申 甲辰 刑垣　庚申 丙戌 楊廷郎撫　癸巳 癸亥 由選貢南部太守　丙午 己亥 尚書

戊子 壬戌 尚書　庚申 丙戌 張時徹尚書　辛亥 庚子 少卿　乙丑 丁亥 太守　丙寅 丁酉 舉人　乙卯 己卯 富　乙丑 丁亥 吳亞由東昌太守副使直諫

庚戌 戊子 富多子魁五妻　己亥 丙寅 富

時逢印食局　功名不可量　貴人相聚會　富貴坐朝堂

時上生逢亥與子　食神乙木遇長生　月氣相扶為最貴　身衰無倚是常人

乙日時逢丁亥，食神印綬相扶，長生得意好文儒，令顯清名貴過。喜逢丁壬化氣，運臨冠帶逢除，玄機妙法實難窺。丙巳寅申減貴。

六丙日戊子時斷

六丙日生時戊子　財官生旺遇食神　月氣相扶為最貴　身衰無倚是常人

丙日戊子時，官旺財生。丙用辛為財，癸為官，丙合辛，戊合癸，子中癸旺辛生，丙火無氣，若通火氣月，有倚托者貴，不通貧下。通木氣亦吉。

丙子日戊子時，寅巳卯未月，木能生火，大貴；冬月丙火無氣，貧夭；戌月行火土運，五六品貴；忌丁巳月夭，己酉月破家失土身賤。

癸卯 辛酉 董玘會元侍郎　丁酉 壬寅 陳子陞南戶部尚書五子　丁未 丙午 應大猷都憲　己未 丙子 御史　辛丑 辛丑 大貴　壬申 己酉 中貴　己卯 癸酉 衍聖公　辛巳 戊戌 王廷聘尚書

丙寅日戊子時，生卯丑月清貴，寅戌平常，夏月身旺，柱有水金方吉；子月正官大貴；忌癸巳月刑，癸亥月惡死，己酉月大敗。

壬辰 乙巳 鄒應辰給事　壬申 戊申 御史　癸卯 甲子 舉人　丁酉 甲辰 毛伯知狀元　丙申 庚寅 進士　辛酉 乙未 康憲　己酉 乙亥 曹學程御史肆赦

丙辰日戊子時，丙辰為日印格，喜見官星，若生戌月身旺最宜，武貴；寅月行金水運中貴；申月三合會煞，有印貴；忌巳月凶死，己亥月自刑死，癸丑月破祖惡死。

己卯 丙子 進士　戊辰 癸亥 大叅　乙酉 甲申 知縣　癸酉 辛酉 舉憲

丙午日戊子時，丙午為日刃格，要官煞制合，生辰戌丑未月大富，亥卯未寅年月大貴，申巳文貴三品，武貴不永。純子午為子午雙包貴格，忌丁巳月惡死，丁亥月自刑惡死，辛丑月孤獨。

辛酉 癸酉 官生太守　癸亥 癸卯 進士　己丑 辛未 顏子亞聖　辛未 庚寅 國公　戊戌 己未 尚書

丙申日戊子時，巳午年月行東北運風憲，子月行木火運三品，丑七品，酉亥雖遇貴反賤，忌癸巳月，申年刑，乙酉月破敗。

戊午 甲子 鄧岳侍　戊辰 辛酉 解元　辛巳 己亥 舉人　辛巳 丙申 舉人　戊子 癸亥 舉人　丁未 庚戌 御史

丁酉 壬子 一中州人方九功甲子乙丑科侍郎戊子辛　一浙人鍾化民己卯庚辰科憲副甲午辛

丙戌日戊子時，春生印綬最吉，夏身太旺平常，秋財旺身衰，有倚托則貴，純酉年月文進之貴，忌巳亥月死不全尸，癸丑月貧夭。

癸未 乙卯 劉白川尚書丁丑年致仕　丙辰 己亥 御史　甲申 丙寅 大叅　己丑 丙寅 布政　丁酉 壬子 燒死

食神迎馬局　財氣旺十全　不獨空衝剋　才名遠近傳

活計生涯四季隆　南逢戊子食官同　無傷晚歲苦成就　吉處遭凶險處通

丙子時逢戊子，官星食福同排，年丁未遇且沈埋，文通中年大快，父母妻子喜合，胸中隱匿文才，若逢好運一時來，富貴清閑自在。

六丙日己丑時斷（以下六丙日所忌月分與上同時亦併論）

六丙日生時己丑　官鬼相傷祿不成　若見中庚併乙旺　不求財祿過平生

丙日己丑時，傷官背祿，傲物志高。丙用癸為官，丑中有癸餘氣，被明暗土傷，柱透癸為福，若見庚辛傷官生財，却為福慶。一云明出地上格，主貴。

丙子日己丑時，寅亥申辰年月，天透財，財印食者貴。

辛亥 庚寅 羅倫狀元名臣　戊寅 癸亥 憲副　戊辰 乙未 太守

丙寅日己丑時，平常，生乙酉月正財格，有庚乙建旺者貴，己丑年月干透官印者貴。神白經云：火土象，主貴，有血疾。

乙巳 丙戌 徐鍔都堂　丙戌 癸巳 進士父兄俱貴　壬辰 己酉 憲副　戊申 丙辰 駙馬　乙亥 戊辰 御史　庚辰 壬午 提刑　乙酉 己丑 陳謹狀元甲辛卒於亂軍　丙子 乙亥 林欽楫禮部尚書王加延進士命同林癸卯丁未科王甲午戊戌科林闡人王江右人　丁卯 癸丑 進士　丙子 丁酉 元戊　乙亥 丙戌 侍郎　丙戌 癸巳 大叅　甲午 癸酉 侍郎

丙辰日己丑時，申亥年月化水則吉，不化壽促，戌月衝庫無人不發，寅午身旺成炎上格，大貴。

庚寅 壬午 董傳策侍郎山兵　戊申 戊午 姚淶狀元尚書　己巳 甲戌 大叅　丁酉 丁未 方浮玉部郎　壬寅 戊申 王宏誨尚書

丙午日己丑時。春月行火金運。官至極品。夏平。秋富。冬貴。雖高。妻子午酉年月。五六品。此月祿生財之驗。

庚午乙丑御史　丁丑戊申舉人　壬申癸卯進士　甲辰甲戌布政

丙申日己丑時。血疾。申月文學儒官。戌卯貴子。辰會官。寅卯會印。俱吉。

壬寅壬寅趙煥太宰　戊寅丙辰舉人　丙子庚寅受封　甲戌丁丑解元　庚子乙酉御史

丙戌日。己丑時。高武刑後發旺。生亥卯月。火金運大貴。辰未四庫全。火土成局。大富。神白經云。六丙日見巳丑時。多主血疾。

乙卯丙戌布政　丁卯癸丑余太宰　辛未辛丑知縣　戊辰乙未富

時上傷官局　榮華不久長　常人離祖吉　君子外榮昌

丙日財官庫裏藏　戌辰未字顯文章　身衰若也無匙鑰　求名求利總平常

丙日時逢己丑。傷官財庫暗藏。運交未戌。不尋常破出財官。必旺近貴。謀奪劫財。算來須有災害。六親真假少和諧。直斷依時莫怪。

六丙日庚寅時斷

六丙日生時庚寅　學堂生氣助其身　運中有合通金局　必是榮華富貴人

丙日。庚寅時。生氣學堂。丙寅上長生。文章秀氣。丙以庚辛為財。寅上庚絕丙旺。若通月氣金局者。財旺。富貴雙全。喜西方運。不通局者財薄。

丙子日。庚寅時。生子月近貴。癸酉月行水木運。高貴。火木運五品以上貴。未申癸午年月。身居武職。大貴壽考。

乙卯戊子丞相　丁巳丙午楊廷鶴學院　丁巳壬寅大叅　己酉癸酉叅政　戊寅乙未憲副　戊子甲子吳時來給事兩上疏言事遣杖幾死謫戍數年詔還官至都憲　癸丑辛卯州牧

丙寅日。庚寅時。貴不久。生酉申年月。世裔令職。子丑寅未貴顯。純寅尤吉。

庚午乙酉解元不祿　癸巳甲子解元進士　丁未壬子大貴　甲戌乙亥小貴　癸卯乙丑尚書　壬辰壬子蔭財　癸未甲寅侍郎　庚辰戊子千戶凶死　丁未壬子甘為霖尚書

丙辰日。庚寅時。生寅午戌未年。月妻賢子孝。富貴雙全。申子行北運大貴。酉丑富。一云總高。

辛卯庚子太守　癸卯戊午舉人　辛丑庚寅進士　辛丑庚子部郎　壬寅壬寅僉院

丙午日。庚寅時。年月無壬癸子未巳字。飛天祿馬貴。巳酉丑申。主文學。不貴即富。未月傷官。辰月先貧後富。亥月行西運顯貴。

癸巳乙丑范謙尚書　癸卯丙辰費寀尚書　己酉丁丑元戌　己卯丙子劉思問都憲　辛丑癸巳郎中　丁亥戊申尚書　甲戌丙寅宰相　丁酉癸丑侍制

丙申日。庚寅時。亥卯未申子辰二局。官印兩旺。大貴。己酉丑財局。吉。寅午戌本局。平。

庚申戊子尚書　丁亥辛亥侍郎　己卯丁卯樞密　己未壬申大叅　戊午乙丑大叅　壬戌壬寅御史　壬辰癸卯王鏻禮部尚書　乙未甲申曾從狀元　甲寅辛未舉人

丙戌日。庚寅時。生亥子月。貴顯。申酉年月。行北方運。寅午戌行官鬼運。俱大貴。若運臨死絕。即入黃泉無疑。

戊申戊午尚書　辛亥甲午顧遂侍郎　癸酉壬戌布政　甲寅甲戌朱紈都堂縊死　癸亥戊午卿寺　癸亥庚寅卿　癸丑丁巳甲部

時上財印局　金生福未量　十年窗下隱　得志姓名香

丙庚相合遇寅時　險難消除福自隨　運至寒門名將相　時來平步上雲梯

丙日庚寅時。佳雙親。衰旺離鄉。妻兒早害。晚榮昌。白虎歸山正旺。木有成林。松柏生涯。廣聚財糧。堆金積玉滿高堂。羨人言上樣。

六丙日辛卯時斷

六丙日生時辛卯　旺未雙妻為人巧　不旺化來死知申　色慾隨身多愛好

丙日。辛卯時。敗財逢合。丙日卯上沐浴。見辛合神。若身甚旺。不得化者。只是為人無禮而貪色慾。卻好。如身弱化水。卯上水死。秀而不實。為慣巧虛詐。惟丙午丙寅。春月生身旺。不化者。文貴顯秀。

丙子日。辛卯時。子卯相刑。傷妻害子。年月同。主魁名近侍之貴。寅午丑戌天干地支俱合者。大貴。

癸丑壬戌鄭紀尚書　丙子辛卯憲副　丙申庚寅進士　辛酉丙申　己未甲戌御史　己未乙亥大貴凶死　乙未丁亥太守

丙寅日。辛卯時。無祖自立。有肢體疾。寅卯未子月。貴。餘月先歲運同。

庚戌丙戌舉人　己巳丙寅舉人　月此日生年月午戌合局　炎上格論　丙辰壬辰進士縣令乙未革　丙申辛丑銓部　丙申辛卯習孔教翰林

丙辰日。辛卯時。生寅戌月。天月二德。高。巳月行北方運。貴。酉丑亦貴。亥卯未大貴。

丙午日辛卯時，年月中得癸水官星去刃則吉，子月傷剋妻子，寅酉性格剛強不受羈縻，三四品貴，午戌行東南運，卯

癸亥孫世臣編修　癸亥　辛巳常道立中丞　辛丑　癸酉法司　乙丑

月行西北運俱貴。一云旺中有失。

丁卯王柽侍郎羊刃　丙午無制凶死　丁酉張狀元五行歸祿　乙巳　丁未進士　乙酉　戊寅丞相　甲寅

甲寅太師　戊辰　甲寅祭酒　癸酉　丁酉陳棟會元　乙巳探花

丙申日辛卯時，滯生聰明，好酒色，身旺不化者貴，春吉，冬行北運富貴雙全，巳丑年月行東運二品，午未三品。

丁未張袞太常卿　丁未　戊戌參議　辛酉　丙午監丞　辛卯　癸酉進士　甲子　癸未少參　癸亥　庚子徐三畏總制尚書　戊寅　甲戌舉人　甲戌

丙戌日辛卯時，傷妻害子，身旺不化者貴，春聰明，好酒色，冬行西運富貴，夏風憲。神白經云：火木化主福厚。

乙酉姚睔狀元　丁亥　丙寅韓大學士　乙亥　癸丑侍郎　壬戌　癸酉進士　甲子　戊辰舉人　辛　壬辰富壽　壬寅　癸巳褚鈇尚書　乙卯

丙辛化水局　身弱難為福　官司防惹絆　常人多反覆

丙辛化木不相當　有助身強大吉昌　四柱若逢衝破剋　勞心勞力過時光

丙日時逢辛卯，貪財壞印難成，財官連步顯名聲，身弱性情不定，父母六親難靠，挺身改祖方成，雁行各自望前程，有破如常之命。

六丙日壬辰時斷

六丙日生時壬辰　煞星坐庫火難親　身強反主為官貴　如弱定為貧夭人

丙日壬辰時，水火未濟，丙見壬偏官長上，壬水合局，火死無光，若生春夏身旺，化鬼為官，復行身旺運貴，秋冬身衰鬼旺，更無倚托，貧下殘疾。

丙子日壬辰時，辰戌丑未月，偏官有制吉，亥卯年月富貴，寅午行子運，子行寅午運俱貴，不然僧道。一云有財招是非。

丁丑丞相　壬寅　癸丑太守　壬戌　丙申舉人　庚子　庚午小貴　丙戌　丁丑雙替　丁亥　辛卯阮俶青吏垣　丙申以瞞蒻　庚申御史　戊寅

辛巳楊景辰大學士　庚子

丙寅日壬辰時，身煞兩旺，寅卯辰丑未年月大貴，巳午戌年月亦貴。一云雙寃大凶。

壬寅夏言閣老凶死　丁未無子

乙卯吳寬狀元　己丑　戊寅解元　己卯　壬午侍郎　己酉　乙未進士　戊寅　庚辰推官　丙戌　己丑舉人　丁卯　乙卯巨富　癸未　丁未蔭郎　己酉

丙辰日壬辰時，身孤有財，主惡死，春生行北運，夏冬運俱貴，秋南運官至三品。

辛巳許天錫諫垣　庚寅

乙未褐一魁尚書　己丑　丙辰潘潢尚書　丙申　甲寅常少　甲戌　己巳憲副　乙亥　癸未太守　辛酉

丙午日壬辰時貴，身旺煞旺，若辰戌丑未月，偏官有制貴，無制平常。

壬戌光祿卿　癸卯　壬午主事　丁未　丙午進士　辛丑

壬寅進士　壬寅　甲寅侍郎　癸酉　乙巳寺丞　丁卯　甲寅許弘綱尚書　丙子　辛卯參將　辛丑

丙申日壬辰時，旺中災，春平夏福，秋富冬壽。從若申子辰水局，干透印比助，大貴。食制煞亦貴，嫌煞透無制，財黨煞強，夭死非命。

乙卯石崇雖富敵國　壬申死於非命　乙酉錢鐘知縣　甲申死倭　癸巳倪元璐翰林尚書死　己丑崇禎之難　戊寅少卿　甲寅

戊子主事　丙辰　丙子御史　丙申　癸亥河南周壬賢　甲子　丁未漂流外死　壬子

丙戌日壬辰時，凶，卯未年月運行火土，官至三品，妻賢子孝，辰戌丑月平穩，寅午子巳年月風憲。

丙戌汪宏尚書　戊戌　癸卯都憲　丁巳　庚午御史　戊子　己巳知縣　庚午　甲子苑馬卿　壬申　甲申舉人　甲戌　戊戌舉人　甲子

丙戌御史　乙未　己卯御史　丁丑

辰為官庫局　妻子不周全　縱煞財祿旺　離祖免災纏

丙日壬辰怕見申　再逢陽水定災屯　柱中若得寅午戌　變凶為吉貴絕倫

丙日壬辰時，墓身衰耗，鬼當塗，雁行難倚，不相扶，妻子何須緣慳，君子文章福助，常人恩反成疎，運行官祿任謀圖，無破不貴即富。

六丙日癸巳時斷

六丙日生時癸巳　日祿歸時又遇官　不見巳寅壬癸月　功名唾手得何難

丙日癸巳時，日祿歸時，丙火巳上見癸為正官，坐貴，柱無壬己并寅亥衝刑者貴，有則否。官通水旺，丙通木旺，無有不貴。

丙子日癸巳時，丙祿在巳，癸祿在子，耳換祿馬，歲月無壬巳寅亥衝破，近侍風憲，位至公侯。神白經云：化火主有福，不宜飲酒。

庚寅梁林尚書　乙酉名臣　庚子吳章都憲　戊戌　甲寅閣老　壬申　戊子御史　癸亥　壬辰進士　庚戌　戊午南通政　壬戌

癸酉進士　癸亥

丙寅日癸巳時，春月干支無水，文進綉衣榮，妻蔭子。卯戌申酉年月，二三品貴。神白經云：火化主貴，無壽，不宜飲酒。

丁卯倪岳尚書 庚戌名臣　癸巳御史 乙丑　壬寅中丞 庚戌　辛卯進士 庚寅

丙辰日癸巳時，不利祖宗。酉戌寅丑年月，魁罡格，通身旺貴。

庚子進士 丁　辛未舉人 甲午　丁未舉人 戊申　壬辰太師 丙午　庚寅進士當年辛 戊子　庚申朱箕都憲 乙未　戊辰庚郎都憲 庚申

丙午日癸巳時，丑辰月雜氣財官貴顯，寅月丙長生，巳月丙建祿，天干透財印者大貴，宜戒酒。子官旺，酉財旺，俱吉。

壬戌林廷機侍郎 乙酉　庚午憲副 己丑　丙午太守 庚寅　癸丑國公 丁巳　甲辰元帥 己巳　辛未舉人 癸巳

丙申日癸巳時，身坐偏官偏財，不貴即富。一云時沈巳午未身旺最吉，寅卯辰印旺，亥子丑官旺，俱吉。

辛酉張鎬都憲 乙未　丙寅小貴不祿 壬辰　乙巳沈敎都憲 丁亥　丁酉進士 戊申　丙寅黃宗榮給事 庚寅　丙子舉人 壬辰　乙丑舉人 丙戌　丁未大貴 丙午

丙戌日癸巳時，卯戌丑未月貴，不永。寅亥年月風憲，嫌衝刑，宜戒酒。

甲午解元 丁卯　辛卯舉人 庚子　甲申舉人 丙寅　己卯王瓊尚書 甲戌　丁亥御史 辛亥　乙卯進士 癸未

日祿歸時局，逢官祿亦歡。時來無淹滯，富貴不勞圖。

丙日時逢癸巳真，號為正貴喜相親。柱中年月無衝破，必是榮華富貴人。

丙日時逢癸巳，正官祿馬希奇。貴來妻子早難為，官祿衝剋最忌。君子文名出眾，常人財祿有餘。黃金白玉出沈泥，運至時來偏聚。

六丙日甲午時斷

六丙日生時甲午，格入伏晶要見土。樂逢戊己最為祥，火炎太過多辛苦。

丙日甲午時，丙火午上太旺，要見巳合甲化土，火氣伏晶明照四方。若不見土，難享福。生辰戌丑未月上，伏火氣造化得中。年月干上再透戊己，運行金水貴。不透，通土氣運亦貴。通忌刑破。

丙子日甲午時，春生吉，夏無依，秋財旺，冬官貴，少子晚成，火土運發達。

甲午進士 庚午　戊午千戶 戊午　辛卯進士 丙申　戊辰溫應祿探花 乙未　己巳莫狀元 壬申　壬子進士 戊申

丙寅日甲午時，生辰戌丑未月上，伏火氣造化得中貴。午月火太旺凶。

癸酉馬自強閣老 甲子　甲辰舉人 庚午

丙辰日甲午時，寅卯印助，申酉財旺，亥子官旺，俱吉。然以火土為重，無則福薄。未戌辰丑俱吉。

壬辰林廷相尚書 丙午　己卯大恭 丙寅　甲戌憲副 癸酉　壬申御史 庚戌　乙酉都憲 癸未　甲戌舉人 己巳

丙午日甲午時，寅午戌月作倒衝論，二三品貴。子月南運八九品貴。寅月南運金紫貴。午月東方運近侍貴。

戊戌宰相 甲寅　甲寅大參 庚午　乙丑大參 壬午　甲戌御史 癸酉　癸未舉人 辛酉　癸未同知 甲寅　壬寅郎中 庚戌　戊戌進士 戊午

丙申日甲午時，不見火土氣者福薄，行金水運貴。

乙亥進士 甲戌　己酉進士 乙亥　乙亥大參 丙戌　乙亥解元 甲申

丙戌日甲午時，春生吉，夏孤剋，秋吉，子少。寅午戌月富貴超群，神仙宰相。

壬子吳獻會元 乙酉通政　己丑金麗華鎰部 丁丑　甲午甲部 丁卯　甲午王錫爵榜眼 癸酉閣老

炎火添柴局，憂中主發祿。不宜守舊業，離祖反成福。

丙日午時少水災，渾如炎火又添柴。柱中見火無刑破，中末榮華不太猜。

丙日時逢甲午，相中劫刃傷官。木衰火旺化為灰，四季提綱方貴。君子亨通出入，常人守祖多災。六親骨肉少和諧，作事有成有敗。

六丙日乙未時斷

六丙日生時乙未，火月生人多富貴。乙為正印局中逢，不見財星方可慰。

丙日乙未時，生氣印綬。丙見未為申庫，若通火氣日貴。不通，柱無財，不行財運，亦作高命論。見則貪財壞印，亦平常。冬生官財輔印貴顯。

丙子日乙未時，春印綬穩厚，夏平穩，秋反覆，冬貴，歲運同。

丁卯舉人 乙未　辛卯傅宗龍兵部尚書 庚子凶終　乙酉御史懷贊 己卯　甲戌尚書 丙寅　癸卯太守 乙卯　乙丑劉映元 癸未

丙寅日乙未時，生卯未月印綬格，智慧豐厚，雖為妻子。寅巳子辰年月貴。

癸巳陳懿德庶吉士 甲子　丙申進士中後死 庚子　壬申元戊 壬　辛丑大參 乙未　庚辰憲副 戊寅　辛巳御史 丙寅　丁丑游振德都憲 丁亥　甲子主事 己巳

丙辰日乙未時，春吉，夏平穩，秋勞碌，冬貴顯。巳午月行西北運，六七品貴。

甲寅進士 乙亥 庚子參議 己丑 戊子舉人 壬戌 甲申楊照元戎陣亡 丁卯 丙午少保 癸巳 辛丑太守被奴燒死 戊戌 己酉侯 癸酉

丙午日乙未時，不貴則富。午戌年月，職居風憲。一云日刃逢生旺太過，若年月偏黨刑煞重者，眼疾。申子辰官星制刃。亥卯未印綬化刃俱吉。

甲子五品 甲戌 乙卯督 戊子 丙寅督 庚寅

丙申日乙未時，不通火氣，不見財星，作好命論。年月子辰會官，亥卯會印俱貴。

壬午明光宗泰昌帝 己酉 壬子太守 壬寅

甲子苑馬卿 丙子 丁卯舉人 丙午 癸巳舉人 辛酉 甲辰王一夔尚書 丙子 甲寅禮部郎 乙亥 戊午馮琦部 乙丑尚書

丙戌日乙未時，申子辰年月近侍貴，寅卯巳午月大貴。

癸巳顧鼎臣狀元 乙卯閣老 丁酉刑人 庚戌

未時正印局　遇者貴無疑　福星臨照處　金帶紫羅衣

未時丙日生無疑　雁伴隨緣各自飛　運氣若行東與北　平生衣祿自無

丙日時臨乙未，運行東北榮華。身強財旺，莫咨嗟，顯貴高堂大廈。君子封妻廕子，常人定好生涯。堆金積玉寶堪誇。富貴騎鞍壓馬。

六丙日丙申時斷

六丙日生時丙申　身衰財破比肩分　暗中鬼旺七煞地　無救何能家道殷

丙日丙申時，財旺身衰，丙見庚為財，壬為鬼，申中庚旺壬生，丙火無氣，財遇比肩分奪。若不通身旺月者，貧下。有倚托救助，又通身旺月運，再同貴。

丙子日丙申時，若通火氣及寅卯月，再行身旺運吉。年月純金，棄命就財，亦以吉論。

癸酉賈似道奸臣 庚申

庚子狗子平章 乙卯 乙丑富 丁丑 乙卯貴戚 壬申

丙寅日丙申時，日對衝，最傷妻子。通火氣月，行身旺運吉。亥月手藝。一云旺中脫敗死。

辛卯僉憲 甲午夭 一命僉憲 同

癸亥進士 辛酉 庚子田一儁會元 辛巳侍郎 丁卯戴士衡史垣 庚戌讁戍 乙酉武貴 癸未

丙辰日丙申時，寅月行南運貴。子三合官局，天干透印大貴。亥生透壬多夭。戌未平常。

壬子張敬修張居正之 庚戌子進士革退

丙午日丙申時，主血火厄，後大發。若巳月生，庚辛透露，財星格，武貴。

乙丑知州 庚辰 乙巳舉人 丙戌

丙申日丙申時，高好色。子辰年月東運貴，不然殘疾壽促。亥卯未吉。

庚辰知縣 乙丑 甲辰富貴 戊辰 辛酉王衡榜 戊戌 乙酉銓部 丙戌

丙戌日丙申時，柱無壬癸亥子酉字，填實，作拱格論貴。寅戌巳午身旺，無依僧道。一云破祖了，發火血灾。

甲戌張師載都憲 庚午 癸未郎中 甲寅 戊寅舉人 乙丑 戊戌貴 庚申 己丑貴 丁丑 乙亥甲部 己卯

官旺長生局　天煞富貴屬　背祿及空衝　奔波財不足

二丙相逢時遇申　無刑無破改門庭　火金鍛煉多成敗　有印方能脫俗倫

丙日時逢申位，比肩陽火遲疑。偏官榮旺是和非，就裏妻財悠遂。祖宗盈虧得失，雙親雁侶難依。時來鞍馬家道齊。資財虛名薄利。

六丙日丁酉時斷

六丙日生時丁酉　刃生身死為災咎　柱中無救定災凶　就財棄命難長壽

丙日丁酉時，刃生身死，丁為刃，辛為財，酉上辛旺，丙死丁火長生，就財棄命。若無救助，不通身旺月刃神，不見刑衝，為人凶狠，不明禮義，有始無終。通月氣或有救助，為技藝便巧之流。癸卯月生者，癸能破丁，刃為官，癸水卯上長生，卯中有旺乙為印，如用神有力，又行水木運者貴顯。

丙子日丁酉時，春穩，夏貴，秋平，冬吉。未申酉亥年月大貴。有辰會子，有丑會酉，俱以貴論。

庚辰御寶侍郎 乙酉名臣

癸丑進士 癸亥 庚辰進士 丁亥 丙申元戎 庚寅 戊戌郎中 甲辰 壬辰元戎 癸卯 丁丑進士 乙酉

丙寅日丁酉時，卯亥未年月干透官煞者貴，餘月手藝平常。

丙戌李沖奎給事 辛丑 癸卯平章 庚申

丙辰日丁酉時，寅午戌巳年月干透煞印者貴。申子會官，干透印比者貴。如年月火土，宜見財則吉。

壬寅閣老 乙巳

庚辰編修 丙戌 丁巳御史 戊申 庚午趙丙忠狀元 乙卯

丙午日丁酉時，生巳午戌月，僧道命。好酉月貴。亥子正，寅卯辰官印年月大貴。

甲寅丞相 戊辰 丁卯正卿 癸亥

丙子吳羽文銓部 丙午 壬戌李狀元 辛亥

丙申日丁酉時，通木水氣月，行水木運貴。巳午身旺，亥子官旺，年月兩全者大貴。

乙巳王一夔狀元 戊子 庚戌進士 乙卯

丁丑元戎 丁未 己巳舉自嚴尚書 乙亥

丙戌日丁酉時，月通木氣，行水運貴。通金氣，行火運，金馬玉堂，才名冠世。露庚藏戊，貧夭。

丙寅舉人 庚寅 甲寅舉人 丙子

炎火銷金局　身衰最可傷　常人難顯達　君子也如常

丙火遇酉不相當　太陽日沒少輝光　四柱若兼衝剋破　六親刑害走徬徨

丙日時逢丁酉。天元炎火銷金。六親相守不安寧阻礙前程難進。日夜思量不足。居官猶自憂貧。若逢巳月改門庭。子午仁人嗔恨。

六丙日戊戌時斷

六丙日生時戊戌　火局之中遇食神　月氣火木永福壽　不通逢吉亦常人

丙日。戊戌時。廟堂食神。丙以戊為食神。壽星戊上丙火入庫。戊土專位若遇火氣月及東南運福厚有壽。不通。平常。

丙子日。戊戌時。壽永名利不失。寅亥卯未卯及申酉戌巳年月主貴。

甲辰 丁卯 進士　乙卯 癸未 進士　丙戌 庚子 知縣　丙午 戊戌 進士　癸未 甲子 郎中不壽　丙寅 庚寅 張憲尚書　丙午 戊戌 太守　丙申 戊戌 方伯　丙辰 丙申 進士　癸亥 壬戌 郎中

丙寅日。戊戌時。夏月福壽雙全。春木剋土。食神被梟。寅月丙戌俱長生。最吉。有申庚制甲。大貴。秋冬火衰貧下。巳申亥年月風憲極品。

戊申 壬戌 張賢尚書　己巳 壬申 尚書　癸酉 甲寅 太守　壬申 壬寅 朱衡尚書李廷龍命同官止大參丙子年辛卯吳分野不同　庚午 甲申 御史　丁巳 庚戌 御史　乙巳 戊辰 僉憲

丙辰日。戊戌時。干月丙火有氣。土厚地方。五六品貴。亥月金火運。風憲。一云破祖。孤。可為僧道。

戊申 庚申 太守　己亥 丁丑 御史　壬申 癸丑 凶死　癸巳 乙丑 廉憲

丙午日。戊戌時。羊刃食神健旺。名利驟發。亥未辰戌年月。西方運風憲。一云喜中有災。

甲子 辛未 憲副　丁巳 丙午 太守　壬戌 癸丑 進士　壬申 辛亥 亞魁　庚午 戊子 御史　甲寅 戊辰 侍郎　戊戌 戊午 侍郎

丙申日。戊戌時。亥月東方運貴。寅午身旺干透財吉。丑辰刑衝戌庫。發於晚年。一云夭貧。

壬申 辛亥 諫垣　辛丑 甲午 李廷相尚書

丙戌日。戊戌時。貧。若通寅巳午戌火局。福壽雙全大貴。見財亦吉。

乙酉 戊寅 舉人　戊戌 壬戌 富　壬戌 戊申 凶　丙戌 辛丑 進士　壬戌 丙午 僕少　丙午 癸巳 韓邦彥尚書　丁酉 乙巳 進士　戊寅 丁巳 主事

時上食神局　樓臺告全中　茶房併酒肆　幾度立家風

丙日戊時財庫開　少年未遇且沈埋　運通早晚封官爵　設若無官也發財

丙日時逢戊戌。就中倉庫兼全。重重福祿自天然。富貴妻賢子美。君子文章早立。常人財物綿延。天孤父母早淹連。辰戌鑰匙開顯。

六丙日己亥時斷

六丙日生時己亥　亥中壬旺被巳傷　若通月氣方為貴　寅卯不逢主沒常

丙日。己亥時。鬼旺身絕。丙見巳為傷煞。壬為正鬼。甲為倒食。亥上有明己。旺壬生甲。丙火絕氣。若通身旺月。有倚托者化鬼為官。主貴。終亦凶狠。通身旺運亦貴。身弱無倚托。不通月氣。柱中透出壬字。為禍百端。傲物氣高。主平常。丙屬小腸。與心臍多患心血疾。

丙子日。己亥時。秋冬平常。未月行水木運。干透木火者貴。子月行東運大貴。申亥丑戌年月亦貴。

辛未 庚子 張瀚尚書壽九十外　甲子 丁丑 國公　辛亥 辛丑 方狀元　丙申 乙亥 布政　丁巳 丁未 學士　丁丑 癸卯 富多子

丙寅日。己亥時。夏生化鬼為官。妻賢子孝。不貴則富。寅卯辰巳申丑年月。或年戊會局。天干更透丙戊字。主大權貴。神白經云。納音火木象貴。

庚辰 庚辰 極品授王爵　一丞相　庚寅 太師　辛丑 辛丑 祭酒　丙午 戊戌 王以旂總制尚書　一命同知　癸巳 丙辰 進士　丙子 丁酉 元戎　癸巳 乙丑 進士　己亥 公弟　癸酉 巨富

丙辰日。己亥時。日德格。寅月生吉。辰月為僧道。主富。平人孤剋。戌月衝辰。巳月衝亥。丙旺庫俱吉。卯未會行金水運。申子會行木火運俱貴。神白經云。火土化須有福。只壽夭。

丁巳 戊申 憲副　辛亥 乙亥 知州　癸卯 乙卯 郭持平都憲　辛未 庚寅 舉人　乙卯 丁卯 舉人　癸丑 甲子 羅瓊榜眼　乙酉 乙丑 知縣　乙丑 臧布勳　乙酉 侍郎　己巳 丙寅 太守　壬午 庚戌 州牧　己巳 壬申 舉人　己酉 癸酉 舉人知州　甲午 丁巳 經歷　丁酉 戊申 丞相　甲子 癸酉 李遂侍郎　壬午 丁未 主事　庚申 丁亥　戊午 乙卯 進士　甲申 乙亥 太守

丙午日。己亥時。武貴。寅巳午月生。妻重子晚。不貴即富。秋冬名利進退。酉午戌大貴。

戊戌 乙卯 李啟狀元　庚子 己卯 泰政　丁卯 壬寅 諫垣　辛未 丁酉 僉憲　丁卯 甲辰 進士　乙亥 癸未 舉人　己亥 丙子 都憲

丙申日。己亥時。春夏生。移根換葉。就妻改福。秋冬平常。酉月行東南運風憲。

甲午 壬申 御史　丁丑 壬寅 部郎　庚子 丙戌 南利　丙寅 己亥 憲長

丙戌日。己亥時。寅卯巳午。木生火炎。妻傷子少。聰明富貴。酉亥子丑平常。東運亦貴。

丙子 庚寅 僉憲　丙子 甲午 中丞

癸卯御史 辛酉　辛巳進士 辛丑　辛酉舉人 己亥　壬午舉人 癸卯　己未通政 壬申　丁未學憲 丙午　戊子王用汝南刑部尚書 丙辰

天乙法官局　清名到處揚　常人須發福　君子作侯王

丙日亥時出最高　猶如蘭蕙出蓬蒿　酉柱若兼衝剋破　求名求利却虛勞

丙日時臨己亥。著無壬子希奇。命中子少兩三妻。就裏喜逢天乙。父母雁侶行遠。刑空文福難齊。皆因八字有高低。切忌食財罷職。

六丁日庚子時斷

六丁皆生時庚子　身衰鬼旺暗中藏　月無救助多貧夭　得坐身強又吉昌

丁日庚子時。身絕鬼旺。丁以庚為財。癸為鬼。子中有鬼。丁火無氣。不能助扶。若通身旺。月有倚托者貴。更行身旺運大貴。反是貧夭。下賤。丁屬心。心乃血之臟。又主血病。

丁丑日庚子時。平通木火氣。或行身旺運貴。亦有亥子年月貴者。以丁火陰柔。不怕木制故也。一云先貧後吉。戊寅月天。辛丑月。殺祖中年蹇。

己酉大參一進士 丙寅命同　辛亥進士 庚子　壬子僉憲 癸卯　庚辰進士 癸未　癸未舉人 甲子

戊戌女命[illegible]敬曾狀 乙丑　癸巳女命夫王錫爵閣 庚申老子王衡榜眼　庚申中丞 戊子　丁巳進士 戊申

丁卯日庚子時。貧。辰戌丑未。偏官有制。午月干強。春夏旺俱吉。秋冬平常。忌癸巳月破祖凶。己未月刑傷。甲申月刺面血光死。

丙子憲副 庚子　丙子御史 乙未　癸酉舉人 壬戌　辛亥丞相 丁酉　丁亥高文薦都憲陶天臨榜眼命同 癸卯癸酉年辛吳梁分野不同　壬辰儀少 壬辰

丁巳日庚子時。春旺夏強俱貴。秋冬平常。四季月制伏。得中吉。子辰行西運。四五品貴。一云橫發大旺。忌庚寅月刑。庚申月大破。辛酉月破刑。

戊寅李尚智都憲 壬戌　壬申太守 辛亥　丁丑御史 丁未　甲子狀元 丁丑　癸亥甲部 辛酉

丁未日庚子時。辰戌丑未月。偏官有制。午月干強貴。餘月有倒伏吉。戊子文章顯秀。忌戊申月大丙戌月刑。辛丑月刑凶。

庚午少參 壬午　己未大參 癸酉

丁酉日。庚子時。辰戌丑未月。剛明特達。貴。辰巳年月。貴尊相府。忌甲寅月破敗惡死。癸巳月離鄉惡死。乙酉月刑死。

丁巳大參 丁未　丙子太守 甲午　乙卯主事 戊寅　戊申進士 癸亥　乙酉郎中 己卯　癸亥舉人 庚申　壬寅皇親 癸丑

丁亥日。庚子時。五子後大旺。辰戌丑未月吉。寅午年月貴。忌庚寅月惡死。庚申月身不全死。辛酉月破敗。

壬子張狀元 癸丑

鄭材進士 命同　己酉大參 丙寅　庚子大參 己卯

沙裏淘金富　士庶主平常　刑傷多險難　君子免災殃

庚子時逢是丁　火落江湖暗復明　四柱若兼衝剋破　讀書到老總虛名

丁日時逢庚子。日干丁火光輝。火胎金絕有盈虧。妻妾不能全美。有剋有刑衝破。就中文福難齊。相生相救貴人提。此命先難後易。

六丁日辛丑時斷（以下六丁日所忌月分同上時忌併論）

六丁日生時辛丑　庫中財穀多陳朽　身無依托不為佳　有托妻賢而富厚

丁日辛丑時。丑為財庫。辛為妻財。巳為食神。丑旺金。辰時巳得位。丁火無氣。若失未時。無倚托者。就妻而發。有倚托救助者。財食豐足。

丁丑日辛丑時。申酉月財裕財旺生官貴。午日傷財身旺主官祿純。子寅午貴三品。水月艱辛勞苦。辰月貴戚。

癸卯尚書 戊午　乙卯侍郎 己丑　戊辰憲副 己未　己酉進士 丙寅　丙寅雙督 辛丑　戊戌禮部郎 壬戌

丁卯日辛丑時。辰巳未年月富貴。妻子遲。寅卯印助。戊庫財旺刑。丑丁得倚托大貴。

壬子李三才尚書 癸丑

丁卯張漢侍郎 庚戌　甲申太守 丙子　丙辰舉人 癸巳　丙寅都司 乙未

丁巳日辛丑時。因陰人致貴。己酉丑申年月財旺生官富貴。卯月平常。行北運亦貴。丑月西南運大貴。

戊午丞相 乙丑

己卯舉人 乙丑　壬戌同知凶死 丁未　丁丑知縣 己酉　丁丑舉人 己酉　癸酉舉人午月建祿 戊午透官言　壬申甲部 己酉　甲午內官 丙寅

乙巳大參 戊子

丁未日辛丑時。時日併衝。哀傷妻子。酉月通水氣吉。歲運同。

己卯舉人 甲戌

丁酉日辛丑時。寅卯巳午身旺有托主文名高貴寵遇非常。申酉戌財旺從之最吉。亥子官旺亦吉。

乙卯胡濙尚書 辛巳名臣　辛丑黃鎬尚書 丁酉　戊辰郎中 戊午　戊寅主事 甲寅　丙辰舉人 戊戌　丙辰舉人 庚子　甲申王公制 丙寅

癸亥黃志清庶吉士 壬戌　甲寅熊文尚楚撫 己巳　甲寅陳懿典翰林目失 辛未明無子

丁亥日。辛丑時。春印綬吉。秋生有火氣亦吉。夏太旺凶。冬官煞旺吉。未戌月衝開丑庫富。

庚子進士 戊子

[illegible]

時上庫財局　人生進有緣　無傷終富貴　此語不虛傳

辛丑遇丁為寶庫　柱無匙鑰難言富　刑衝運至遇高人　發跡他鄉名譽著

丁日時逢辛丑。偏財庫喜刑衝。若還不顯有虛名。妻子宜爾相慶。父母雁行難睦。家門改換重新。發財發福見中興。必是榮華之命。

六丁日壬寅時斷

六丁日生時壬寅　身去從官化木神　水木月通成局象　尊榮安富貴無倫

丁日。壬寅時。身去從官。丁壬化木。寅上健旺。若水局之月大貴。通木月亦貴。如丁未月。行東方運好。

丁丑日。壬寅時。化貴生冬月。官旺貴。春印綬安穩。夏吉。秋平。行東運好。

庚子　戊子　進士
乙酉　壬午　學士
丙午　庚寅　鄭汝璧淮撫
乙亥　丙戌　萬恭侍郎
乙卯　辛巳　富

丁卯日。壬寅時。貴化吉。寅卯年月。行金水運亦貴。亥子月行西運貴。

壬寅　庚戌　王德明都憲
癸丑　乙卯　憲副
庚申　壬午　憲副
丙辰　辛丑　方正梁魁
戊辰　庚申　主事
癸丑　戊午　同知
壬申　壬子　進士
丙寅　庚寅　皇親

丁巳日。壬寅時。丁死於寅。巳無生意。又被寅刑。有始無終。若行金水運榮貴。寅午年月身旺。申子辰官旺。亥卯未印旺。俱可言貴。

壬子　壬寅　李仁傑編修
丙午　戊戌　進士
丙戌　辛丑　進士
乙未　丙寅　主事
甲申　辛未　舉人
丁酉　丙午　太守
辛亥　辛卯　郎中
壬辰　壬寅　元戎
癸巳　己未　同
甲申　丁卯　傅朝詁長科
癸丑　乙丑　李封君子春芳狀元閣老
庚辰　庚辰　進士即卒
甲午　癸酉　御史

丁未日。壬寅時。惡疾。春生印吉。夏木火運發福。秋官。冬貴。酉戌年月。官至三品。亥卯寅戌文貴。純卯行金水運。金紫。神白經云。化木主貴。

己卯　壬申　彭澤都憲
丙午　庚子　元戎
癸巳　乙未　元戎
丙午　戊戌　進士
癸卯　甲寅　進士
壬寅　壬子　僉憲
己卯　甲戌　僉憲
乙亥　戊子　丞相
戊辰　癸亥　何狀元
乙卯　庚辰　進士

丁酉日。壬寅時。亥未寅卯申子年月。聰明富貴。風憲極品。巳午宰相。辰月行金水運。戌月東方運。俱貴。神白經云。木化主貴。

壬申　辛亥　胡宗憲尚書
乙巳　甲申　陳則清都憲
戊申　癸亥　林二山都憲
乙巳　丁亥　憲副
甲辰　庚午　進士
辛未　己亥　元戎
丙子　庚寅　進士
癸丑　甲寅　舉人
己卯　丙子　聖公
庚戌　庚辰　趙南星太宰
辛未　丙申　譚昌言學憲
丁巳　己酉　甲部

丁亥日。壬寅時。日貴格。配合壬寅。官俱全。文章顯達。子月大貴。化氣凶。神白經云。化木主貴。

丙子　庚寅　侍郎
己卯　丁丑　祖大壽元戎　忠臣
己巳　癸酉　太守
癸酉　壬戌　舉人

點鐵成金局　時逢大吉昌　庶人多發福　君子利名彰

丁壬合化入金鄉　狗祿蠅名空自忙　節概良殘無足取　眼前骨肉亦參商

丁日壬寅時。合化局。木旺之鄉。月支申酉不相逢。得志高人薦用。父母雁行少力。外人喜笑春風。運逢水木沒金蹤。貴顯榮達之命。

六丁日癸卯時斷

六丁日生時癸卯　鬼旺身衰困不禁　倚托月通方論福　不然貧下苦悲心

丁日。癸卯時。身衰鬼旺。丁以癸為鬼。乙為倒食。卯上癸生乙旺。若有倚托救助。及身旺月。化鬼為官吉。柱無運通。亦吉。反此貧下。失明血疾。妻災子少。

丁丑日。癸卯時。辰戌丑未月制伏得中。午月干強貴。申丑風憲。

甲申　庚午　郎中
壬子　癸丑　進士
辛丑　乙未　趙可懷楚撫被宗室捽死
癸丑　己未　伯
辛酉　丙申　方應祥進士兵部郎中

丁卯日。癸卯時。寅卯月生印綬。帶煞不為凶論。行當運貴顯。

辛丑　癸巳　楊日泉尚書
庚戌　丁亥　蕭良有會元榜眼祭酒
己巳　癸酉　大參
乙未　戊寅　太守
辛巳　庚寅　舉人
乙酉　辛未　一庚午科推官歙人　一丙子科學正閩人
戊申　丙辰　汪鋅都憲

丁巳日。癸卯時。丑月生。北方運。土厚地方吉。水秀之地。二三品貴。申酉用財亦吉。

乙巳　甲申　郎中
丙戌　甲午　貴戚
戊戌　癸亥　丞相
乙酉　辛巳　御醫
丁酉　癸丑　進士
丙午　丙申　舉革巨富

丁未日。癸卯時。偏官生印。春吉。夏平。秋富。冬貧。或云丁火不怕水。冬生亥子。煞重身柔大貴。丑未行東方運貴。

丁亥　壬子　丞相
丙戌　辛卯　進士
丙申　乙未　韓紹方伯　子敬會狀
丁酉　丁未　唐龍尚書　子汝楫狀元
庚寅　戊寅　進士

丁酉日。癸卯時。日時俱坐貴。最吉。春夏身旺。化鬼為官。秋冬身衰勤苦。巳戌月貴。純午丑年月。干透庚巳清貴。

丙子　甲午　楊忠烈公繼盛
乙卯　丁亥　金狀元
庚午　己丑　李春芳狀元閣老
乙亥　戊子　主事
乙未　庚午　禮部郎
癸丑　丙辰　憲副
己巳　乙亥　評事

丁亥日。癸卯時。卯月印綬。近侍之貴。寅午京官五六品。

夢中蝶化局　覺後莫思量　運身通旺地　方許利名昌

三命通會 卷八

[illegible]

丁丑日逢癸卯生　求名求利且中平　身衰弄巧翻成拙　得志須逢遇貴人

丁日時臨癸卯。身衰無倚，平常門中鬼賊耗財。糧守祖須防破蕩。父母雁行少靠，妻子不免離鄉。運中身旺煞方降，堪許利名榮暢。

六丁日甲辰時斷

六丁日生時甲辰　官星得位印生身　不通月氣平爲福　有倚扶同祿貴人

丁日甲辰時，印綬官庫。甲爲印，壬爲官，辰中甲木印綬生身，官星合局。若通月氣有倚托者，貴；否則平常。春生吉，北運冬生喜南運吉。

丁丑日甲辰時，吉亥子月富貴，寅月東方運，午月金水運俱貴，純寅風憲極品。

丙申 庚子 樞密　甲辰 壬申 冢宰　癸丑 辛酉 教諭

甲寅 丁丑 舉人　丁亥 辛亥 舉人　癸丑 癸亥 舉人

丁卯日甲辰時，辰戌丑未月，孤剋運通發財。丑月南方運貴，卯月金水運近侍權貴，不利建白。甲寅 辛未 進士　庚辰 壬午 舉人

甲寅 丁丑 舉人　癸未 乙卯 諫垣　戊申 乙丑 同知　壬戌 戊申 富

丁巳日甲辰時，凶刑孤剋，春印吉，夏秋平常，冬官旺。純戊木火運，官居冷職。丙午 壬辰 貴戚　乙未 壬申 知縣

丙申 乙亥 陳子壯探花侍郎　丙戌 癸巳 陳觀陽銓部　癸未 乙丑 進士

丁未日甲辰時，丑亥卯未月，印綬官貴。夏平，辰戌貴，厚酉午金水運大貴。甲午 丙子 王廷相尚書　壬午 庚戌 布政

己未 甲戌 太守　辛卯 戊戌 進士　壬戌 丙午 檢討　己卯 丙寅 中書法死　癸亥 甲子 喻大姓遐撫　己巳 壬申 貴橫亡

丁酉日甲辰時，平年月不見戌序日主，榮貴格。春生南運貴，北運大貴。年午月支合局，入馬化格尤貴。

丁未 辛亥 李維楨方伯京山人有文集行於世　丙子 戊戌 縣丞巨富　乙丑 壬午 進士早年　乙亥 庚辰 侍郎　丁丑 壬寅 太守　甲申 己巳 僉憲　丙辰 壬辰 太守　丁丑 壬子 同知　丙辰 壬辰 封官先貧

丁亥日甲辰時，日貴格，官祿得位，必富顯達。甲辰年月大貴，午月東北運，辰月北方運俱貴。一云血疾凶刑。

丁亥 甲辰 狀元　壬戌 己酉 都憲　乙未 戊寅 元戎　庚申 戊子 內官

時申官庫局　發福要行衡　若行亨通運　財生官自從

丁日時逢官印局　匙開財庫見錢龍　支干四柱無刑破　運至方稱富貴翁

丁日辰時庫旺，其中印綬相生，匙鑰戌開，喜壬丁，文秀出羣超衆。骨肉六親刑剋，果成花謝重榮。只爭運遲見錢龍，先暗後明之命。

六丁日乙巳時斷

六丁日生時乙巳　傷官暗裏會烏神　東方運地成虛秀　金水之鄉祿貴人

丁日乙巳時，丁以壬爲官，乙爲倒食，巳上壬絕有明，乙倒食暗，戊傷官健旺，爲人傲物，志高平常。若通金水月氣，貴運通亦貴。

丁丑日乙巳時，春富，夏孤，秋吉，冬貴。

乙巳 丙戌 李長春禮部尚書　癸卯 癸亥 許成名侍郎　乙卯 丁卯 刑山　壬戌 壬寅 賊　甲戌 丙寅 布政　辛未 午 舉人　壬辰 癸卯 徐封君以子民式封中丞

丁卯日乙巳時，春印，夏旺，秋財，冬官，看取用何如，俱可論吉。午未年月，文章顯貴，行官祿運吉。辛未 丙申 進士　乙酉 乙酉 甲部

辛未 戊戌 陳以勤閣老

丁巳日乙巳時，再主巳月倒衝亥，壬爲官，無水填實破格者，主四五品貴。

甲午 丙子 大參　甲寅 甲戌 太守　戊辰 丁巳 郎中　辛酉 癸巳 判院　辛未 丙申 運使　己巳 癸酉 文貴　癸卯 丁巳 編修　丙子 癸巳 莊狀元

丁未日乙巳時，若入倒衝格，無衝破貴。巳亥年月，三四品貴；酉丑合財局富。

癸未 乙卯 女命榮壽　丁未 己巳 女命天敵西宮　丁卯 庚戌 武貴　癸酉 乙丑 太守　丁巳 乙巳 貴

丁酉日乙巳時，破財倒食，若通金水年月，行金水運吉。

戊寅 丙辰 舉人　辛丑 戊戌 黃洪憲少詹　乙未 辛未 汪可受都院　辛卯 丁酉 御史　癸卯 丙辰 大參　癸卯 乙未 大貴　丁巳 乙巳 左丞　壬戌 辛亥 太守

丁亥日乙巳時，時日併衝，憂傷妻子。巳酉丑申子辰金水二局，財官得用，以富貴論。

丁亥 甲辰 乞丐　壬辰 甲辰 王墳侍郎

偏印破財局　早年且淹埋　運得官祿地　富貴自天來

丁日巳時怕虎刑　財官運步始能通　好意人情反惡意　先難後易樂從容

丁日時臨乙巳，破財倒食難通。傷親雁侶且和平，妻子無嗔無隔。君子文學秀氣，常人財藝通明。壬庚辛癸若重逢，中末財名足用。

六丁日丙午時斷

六丁日生逢丙午　日祿喜居時上遇　柱中鼠兔癸無傷　少年騰達青雲路

丁日丙午時，青雲得路。丁火午土建祿，若支無鼠破，干無癸刑，祿元純粹，主貴。如支有子卯，干有癸，破祿，遇而不遇。

丁丑日丙午時，平。寅卯戌未年月貴，酉丑用財最吉，忌亥子官煞。乙亥 丙寅 平常　戊寅 辛酉 舉人　庚寅 乙丑 舉人

丁卯日丙午時，旺中有災。卯字刑破，白丁。巳月西北運貴，東南極品有權，寅亥武職二品。若全子酉，大貴。戊子 辛酉 侍郎　一郎中命同　甲午 丙寅 大參　一平章命同　辛未 丁酉 寺簿　丁卯 壬子 劉一爆 閣老

丁巳日丙午時，丁祿午，丙祿巳，互換祿格。柱無寅亥子字，文章顯貴。丁亥 乙巳 舉人　乙卯 壬午 進士　辛酉 乙未 全達 會元探花　丙子 丁酉 女命無子，繼子之封　癸丑 丁巳 盧後屏 尚書　癸巳 乙丑 進士　庚申 壬午 進士　丙辰 戊戌 舉人

丁未日丙午時，貴，破祖而成。年月忌壬癸字，甲申月財官印三奇，辰月官庫，亥月官印，俱吉。己亥 己巳 呂顯 狀元　辛丑 壬辰 甲部　己丑 戊辰 萬戶　辛酉 壬辰 憲副　乙巳 乙酉 大貴　己亥 丙子 解元　丁亥 庚戌 王孫藩 舉人，僉都，前任濟寧知州，清和，士民至今誦之　庚辰 甲申 譚綸 尚書，丁丑年卒

丁酉日丙午時，平。不利子孫。亥卯未年月貴，巳酉丑平，寅午戌富。癸未 壬戌 陳奇瑜 總督　丁丑 壬子 太守　乙巳 庚午 寺丞　癸酉 壬戌 陳所志 刑垣

丁亥日丙午時，平。子月金水運，即官。未申酉丑年月俱吉。一云先破後富。壬申 丁未 張狀元　辛酉 辛丑 左丞

午時丁日祿元局　不見官星壓眾豐　四柱無刑行運吉　青雲有路步丹霄

馬化麒麟局　遇者必豐盈　不犯刑衝破　聲名近帝廷

丁日時逢丙午，互換祿馬光輝。功名烜赫世應稀，習學文章主貴。年月無癸子卯，時來文福班齊。布衣換得錦衣歸，風送雲程萬里。

六丁日丁未時斷

六丁日生時丁未　火托木局生有氣　文祿安穩且如常　運見水兮方得地

丁日丁未時，火托木局。丁以印為印綬，未為木庫，印綬之鄉。若柱不見剋星，不行財運，月年通亥卯未局，有倚托者，安穩之福。

丁丑日丁未時，丑未刑衝，不得善終。年月辰戌四庫全，貴當極品；申未三品。法可淡泊清閒。一云破祖刑。戊辰 壬戌 明太祖。考國史戊辰年九月十八丙子日己丑時，與傳者不同，當以國史為正。若丙子己丑，明出地上，宜為大明君也。丙申 丙申 大參　戊辰 庚辰 巨富　己卯 庚午 蔡國用 閣老　甲午 壬申 大參　甲戌 戊辰 俞材 侍郎　壬申 丙午 主事

丁卯日丁未時，刑中發。寅卯月印綬，發財敦厚；辰戌申午俱吉。乙酉 壬午 會蕙　癸未 丁未 貲郎 凶死　丁亥 癸卯 陶大臨 榜眼 吏部侍郎

丁巳日丁未時，拱祿格，貴。年有子字，則午為關閂，得拱大貴。忌空亡填實。年月見財官印俱吉，財富官印貴。戊子 乙卯 費宏 狀元 閣老　壬午 戊申 御史　壬子 己酉 進士　丁卯 壬寅 進士　辛丑 丁酉 巨富　癸亥 己未 巨商 晚貴　丁未 丁未 蔭郎

丁未日丁未時，八專太旺，早剋父母妻子。衣祿平常，為僧道吉。柱通金水木，并金水運，衣祿安穩大貴。一云凶中晚發大富。乙卯 甲申 馮岳 尚書　乙亥 己丑 楊一清 閣老，無子，名臣　丁未 丁未 進士　辛亥 辛卯 鄒守益 會元 尚書　一生員，道學名臣　壬午 乙酉 甲部 早卒　己酉 丁卯 唐文獻 狀元 侍郎　丁未 羅大紘 禮郎

丁酉日丁未時，日貴格。若亥卯未寅月生，衣祿敦厚；寅月金水運，金紫風憲。一云凶夭。一云 辛亥 己亥 丁丑　丙寅 甲午 知縣　壬寅 丙午 知縣　壬戌 辛亥 官生　庚申 乙酉 巨富　丁未 癸未 舉人 卒於獄

丁亥日丁未時，卯月三合印局，貴而有壽。申財官旺，亥官旺，俱吉。夏生丁火有氣，儒官，但不免孤貧。庚戌 己卯 耿裕 尚書　己卯 乙亥 諫垣　丁丑 戊申 舉人

時逢庫木局　印綬喜非開　運行官旺地　福祿自天來

二丁相遇未時排　儉路中年發福來　運吉貴人相會合　安閒衣祿不須猜

丁日時逢丁未，其中倉庫沈埋。少年難發等時來，丑未相衝通泰。不罪傷親雁侶，花開收果妻財。時逢壽足福重來，遇榮華堪快。

六丁日戊申時斷

六丁日生時戊申　天元背祿敗其身　月無救助財難發　只是平常衣祿人

丁日戊申時，身敗背祿，丁以壬為官，申上見戊土傷剋；若年月干透壬，見官為福，雖有旺庫為財，自敗，不能制剋，不遇身旺月者，平常。喜甲寅年月，忌壬子。

丁丑日戊申時，秀貴。未申年月，行東南運，大貴；巳月，西北運，六卿之職。乙丑 己卯 光祿卿　庚戌 戊寅 郎中　癸巳 丁巳 舉人　壬辰 辛亥 舉人

丁卯日戊申時，春傷官用印，秋傷官用財，俱吉；夏比肩，冬傷官見官，平常；四季月吉。辛亥 辛丑 歐陽必進 尚書　庚午 戊寅 大參　癸未 丙辰 舉人

丁巳日戊申時，不貴即富，未免刑剋；夏生，行西北運，貴；秋冬勞苦。辛酉 己亥 謝三洲 都憲　己酉 戊辰 提刑　己巳 丁丑 運判　乙未 戊寅 舉人　乙卯 庚辰 富

丁未日戊申時，生巳午未戌，身旺貴顯；若亥卯會未，子辰會申，俱以貴論。乙亥 丙戌 內翰　子 壬子 貴　癸巳 壬辰 貴　丙申 辛卯 黃文煥 翰林　戊午 乙丑 黃汝南 禮部尚書

丁酉日戊申時，寅午戌丑辰未月生，傷官傷盡為奇；又日貴格，主登科第；運行金水，腰金衣紫。辛亥 戊戌 明武宗，地支亥戌酉申相連無間，名透頂連茹格；又辛亥戊申，名天關地轉格，至貴。壬子 丙午 卿律大參　丙午 乙亥 僉憲

丁亥日戊申時，日時相害，憂傷妻子；遇月氣身旺者，貴顯；年月戊戌丁巳，火土太重者，目疾。癸亥 戊午 舉人　辛卯 甲午 士車　癸亥 丙辰 憲副，晚年病目　乙未 辛未 大參　壬申 庚戌 御史　甲子 丁卯 知縣

福祿豐隆局　凶中反化吉　運行金水鄉　方是發財日

丁日戊申時為正　天元氣旺顯文明　為官雖是其淡薄　運吉終須家道成

六丁日己酉時斷

六丁日生時己酉　學堂遇貴格誠稀　妻子有氣食神旺　無破無刑方是奇

丁日己酉時，丁火酉上長生，學堂天乙貴人皆兼得之；丁用己為食，辛為財，酉上明己暗辛，生旺，文章秀麗。如見卯乙衝破者，不貴。

丁丑日己酉時，辰巳午未申戌年月，貴。甲午 戊辰 內翰　庚戌 庚辰 少參　丁酉 癸卯 蔡年環 侍郎　庚子 己丑 岳封翁，三子進士

丁卯日己酉時，日併衝，憂傷妻子；通火氣，吉；忌乙卯字；年月有亥未巳丑，但一字兩合，不以衝論。丁亥 丁未 楊令公，三位天乙貴併三位煞神居於時所，一以武略出入，百戰百勝。

丁巳日己酉時，巳酉丑年月，財旺生官，終身富貴，亥子亦吉。丁巳 乙巳 學士　癸巳 辛酉 知縣　辛巳 戊戌 師宗魯 侍郎　癸未 癸亥 少參　辛亥 辛丑 舉人　乙丑 辛巳 富　丙寅 庚子 劉生 中翰林

丁未日己酉時，通火氣，貴；見卯乙癸字，不貴。甲子 辛未 憲副　乙酉 乙酉 平章　丙戌 庚寅 憲副

丁酉日己酉時，刑害孤寡，通木火月吉。乙巳 丁亥 舉人　辛未 丙戌 光祿少卿　乙酉 壬午 禮部　乙丑 丙戌 府尹

丁亥日己酉時，寒滯，如戊己丙丁年月，居近侍，有權；卯甲乙寅酉北運，貴。戊子 甲子 呂旻 編修　戊寅 丁巳 進士　戊寅 壬戌 孫如游 閣老

秋月當生局　財星朗朗明　若無刑剋破　富貴不離身　庚午 戊寅 葛寅亮 學憲

丁日酉時終見貴　偏財食遇祿元歸　干支生旺凶中吉　衝破財星隱禍機

丁日時臨己酉，食神旺，相生財，清閒福祿自然來，一世為人響快，君子寬洪海量，常人似海情懷，財官雙美，象中排一路滔滔無礙。

六丁日庚戌時斷

六丁日生時庚戌　墓中逢敗難成福　若無救助鬼來傷　財帛不聚傷其目

丁日庚戌時，墓中逢敗，丁以庚辛為財，戌中有丙為敗，不成其福；若無救助，疊見癸水，主傷目。

丁丑日庚戌時，日相刑，憂傷妻子；若寅亥申酉年月，官至三品；午未子辰，行金木運，亦貴。戊寅 辛酉 郎中　丁未 壬子 舉人　甲午 甲戌 一程正誼，戊午辛未科，知縣，丙戌辛一；虞懷忠，丁卯辛未科，癸巳年仕至方伯　己丑 丁丑 內官　丙子 庚寅 憲副　壬申 甲辰 御史

丁卯日庚戌時，生亥未年月，三合會印，貴；子月煞印，吉；年月建祿，僧道主貴；柱無救助，見癸旺，多患目疾；酉月無貴，純酉戌年月，天干透己甲者，貴中帶凶。乙未 庚辰 憲副　乙丑 丁亥 憲副　辛酉 庚子 郎中　戊申 甲子 進士　丁丑 丁未 谷中虛 都憲

六丁日戊申時斷

六丁日己酉時斷

丁日己酉時，丁火酉上長生。

六丁日庚戌時斷

丁巳日。庚戌時。辰巳月金水運。風憲。癸子壬亥南方運極品。純未酉北運三四品。身旺不行財官運。平常。爲僧道清高。
戊戌乙丑主政　甲申辛未解元　戊辰壬戌主事　戊子辛酉進士　乙丑丁卯勞堪閣撫諭戍　戊辰庚申侯水死　癸亥癸亥李學詩翰林

丁未日。庚戌時。主刑。亥卯會申申子辰會。官俱主文貴。年月建祿有子衛尚。若年月用土生財主官。用財生官。富貴雙全。
戊申辛酉張治會元閣老　戊戌甲子丞相　己卯戊辰進士　辛亥辛卯楚書都憲　己巳戊辰富　丁丑甲辰舉人　壬辰壬寅舉人　甲子乙亥指揮七子　戊辰丙辰張電白衣中書官至侍郎廢二子

丁酉日。庚戌時。日貴格。近貴。晚藝業有機謀。酉戌六害。骨肉無情。秋月五六品貴。
丁巳壬寅侍郎　丙辰戊戌太守　癸卯辛酉王應麟蘇掄　丁亥庚戌陰武卿尚書星案傳

丁亥日。庚戌時。日貴格。己酉丑年月。四五品貴。寅卯亥火金運。位至六卿。
癸酉甲寅進士　己丑庚午陳省都憲　戊寅甲寅太守　壬寅乙酉主事　辛丑辛丑主事　己酉乙亥尚書　丁巳癸卯侍郎　己卯庚午大參

殘花值雨局　遇者不能通　運至財官地　方知免困窮
丁日時逢戌刻真　鎖鑰無匙庫閉門　父母兄弟難倚靠　立成家計自殷勤

丁日時逢庚戌金火刑害夭孤。丑辰不遇鑰匙無庫閉財能收貯。就合托妻隨住六親骨肉俏疎晚年發福改門閭此命後甜先苦。

六丁日辛亥時斷

六丁日生時辛亥　財官雙美印長生　若通月氣極高貴　月不通兮名利輕

丁日辛亥時。財官雙美。丁用壬爲官。辛爲財。甲爲印。亥上有明辛爲財。暗壬爲官。生甲爲印。若通火氣有倚托者大貴有全美之名。不通名利乖劣。

丁丑日。辛亥時。秋財旺夏身旺春印旺貴顯。冬官煞太重。恐身弱。不能勝任其福。
丙子丁酉洪朝選侍郎辛於獄星案傳　戊子癸亥何汝健進士子進士孫進士　丁酉丙午裴應章吏部尚書　丁未庚戌進士　壬戌癸丑泊　庚子戊子王杲尚書

丁卯日。辛亥時。時上財官印。三奇再得。年月印取財生。皆主大貴。純子行木火運。官可六品。己酉丑月。辛財得局。方有倚旺。富貴雙全。
辛未戊戌陳以勤閣老　丁卯癸丑趙炳然尚書　己卯癸酉謝東之尚書　乙丑辛巳憲副

丁巳日。辛亥時。時日相衝。喜傷妻子。若通火氣。秋生行東運貴。年月得巳亥者。破祖顯秀。一云濁。
庚辰壬子侍郎　丁丑丁未王好問尚書　丙午甲午進士　壬午甲辰殷塘川閣老

丁未日。辛亥時。亥卯未寅辰午年月。干透正印正官者。聰明貴顯。行西運極品。巳丑月風憲。
己丑丙寅洪子仲尚書馮爾帶劍中年財祿不貴末年破盡　辛亥甲午胡周鼎刑垣

丁酉日。辛亥時。貴人捧印。貴子。月東方運風憲。柱有巳丑會財。卯未會印。天干透財官印者大貴。
丁酉己酉張程翰林　癸巳乙丑張位閣老　庚子庚辰盧象升侍郎以兵敗死　辛未乙未郭朴閣老一云癸巳月九子　丙辰乙未劉元霖尚書　甲申丁丑俞憲　丙子戊戌曹三陽尚書　丁丑壬子饒才大守五子萬來侍郎命同謂戊饒舉人萬進士饒貴州人萬江西州人　丁亥庚戌陰武卿都憲原本傳

丁亥日。辛亥時。日貴格。又三奇全。通月氣身旺者貴。卯未二合印局大貴。又云自刑滯。
癸丑乙丑同知　庚戌甲申祝以幽僉憲終養　丙子戊寅貴　乙卯乙丑甲部　丁丑壬子貴戚或云年月子丑與亥相連官煞重惟丁陰柔最害　戊午庚申解元　丙辰癸巳李宗延少卿　乙亥甲戌御史　戊子甲子舉人

醜化爲鵬局　聲名自此彰　運行官祿地　發達豈尋常
天元丁日亥時當　平步青雲路正長　得志退毛雞化鳳　鵬程萬里任翱翔

丁日時臨辛亥。天元祿馬同鄉。官居進士掛朝裳。必是寒門將相。定主妻賢子孝。威儀權柄難量。縣隍臺省與京堂。因是財官生旺。

六戊日壬子時斷

六戊日生時壬子　月通四季墓中財　若交身化爲真火　木旺運鄉忌目災

戊日壬子時。妻財俱旺。戊以壬爲妻財。子上壬水旺。戊土無氣生辰戌丑未月不化者。擭財。若合癸化。落水旺鄉。火不顯其光。作事無成。虛而無實。當患目災。通月氣旺者貴。

戊子日。壬子時。財星格。寅卯月祿馬朝元顯貴。酉亥丑年月西北運。金紫風憲。忌乙卯年刑。癸巳月旺中刑。丙午月旺中受刑。
丁丑丙午楊巍侍郎　乙亥己丑憲副　丙辰辛卯進士　壬戌癸卯丞相　甲子丙子元戎　庚午乙酉探花　庚子戊寅進士

戊寅日。壬子時。卯月正官格貴。夏乖。秋少順。丑酉年月吉。忌己巳月刑。己亥月凶刑。

癸未青同　壬寅太守　甲午寺丞　戊戌御史　癸未劉昕憲長　庚申少卿
乙卯　癸卯　乙亥　壬戌　甲寅　己卯
丙子洪朝選侍郎　丁酉原本傳　丁未同知　甲寅陞郎　丁巳　丙寅
甲午御史　丙子

戊辰日壬子時。春財官旺貴。夏乖。秋少順。冬財旺。行西南運五六品貴。忌庚辰月自刑凶。辛巳月截路凶刑。乙丑月破敗凶。

壬申劉壽右都　丙子太守　己卯遊戎　乙巳樞密　辛未平章　丁丑進士　庚午進士
壬寅　辛卯　乙亥　庚辰　庚子　乙巳　戊寅
戊辰京卿　丙寅御史
丙辰　庚

戊午日。壬子時。時日併衝憂傷妻子。巳午年月風憲。寅卯亥六卿申月。行木火運侯伯。忌丙午月身不全。癸亥自刑夭。

壬子大參　戊午大參　戊戌大參　壬戌少卿　庚子運同　壬戌布政
癸丑　壬子　癸亥　壬寅　乙酉　辛亥

年月子午不雜丑戌又刑俱主大貴。

戊申日。壬子時。高先滯後。旺子酉年月時上偏財貴。巳午未戌身有制化用財亦專皆以吉論。申酉食傷生財天干透甲乙者富貴雙全。忌己巳月刑害。壬午月夭傷。癸亥月孤貧。

辛未梁諸閣老　乙巳部督　乙酉元戎
丙申　乙酉　乙卯

乙巳太守　戊子太守　丙午進士　庚午僉憲　庚午主政　己酉貢太守　癸亥京堂
甲申　辛酉　丙申　丁亥　丙戌　丁卯　甲子

戊戌日。壬子時。寅巳午年月去財留印。三四品。經云能見義忘利。取印捨財是也。子酉五品。翰林純。酉水木運有玉堂極貴。忌戊午月刺面短夭。辛卯月破敗凶刑。癸丑月受刑。庚午月貧賤。

壬子曾狀元學士
乙酉

癸亥談石山都憲　甲寅大參　己丑常少　癸卯銓部　戊寅退士　己亥進士　丁未舉人
甲子　戊辰　戊辰　辛酉　癸亥　丙子　乙巳

財旺生官局　才能振四方　失時居陋室　得志作侯王

戊日喜逢壬子時　身強官旺正相宜　運行背卻休囚地　榮祿奔波任作爲

戊日時逢壬子。此爲財旺生官。化爲丁火。是漫漫。任子東西走竄。木旺運中顯達。文章秀麗。多端爲人博覽。任追徵富貴財萬貫。

六戊日癸丑時斷 以下六戊日所忌月分俱同上斷時犯亦同

六戊日生時癸丑　卻去從妻成配偶　爲人性巧甚聰明　尤好風流嗜花酒

戊日。癸丑時。戊以癸爲妻財。丑中有癸餘氣。從財癸旺。若通月氣。化爲真火。爲人聰明。若通土氣。主富貴操權。夏月行東方運貴顯。

戊子日。癸丑時。戊月生雜氣印綬。天干透丙丁字。不必格局。主富貴。若年月午酉干透庚乙。乙與庚合。戊與癸合。戊食庚。庚旺於酉。貴於丑。癸爲財。乙爲官。而印根於午。日時干支爲天地合。德貴祿交加。以羅文貴遇者。主極品。

庚午王鏊閣老一云甲寅　癸卯州牧　乙卯同知　甲申憲副　壬戌同知　甲寅僕人　乙亥趙耀御史官至冢宰
乙酉　甲寅　癸未　乙亥　戊申　庚午　丁卯

戊寅日。癸丑時。寅巳午未戌月。化火吉。秋冬平常。

戊辰日。癸丑時。寅巳午未戌月。化火得地。申子辰財局亦吉。年月干支純土。得四庫全者貴。

壬午行人
丙午

戊午日。癸丑時。寅戌未午年月。聰明特達威權。

庚戌舉人　丁未京卿　丙寅林應亮侍郎　戊寅元戎　庚辰元戎　癸未舉人
丙戌　癸卯　乙未　丁巳　乙丑　丙午

戊申日。癸丑時。辰戌丑未午月。生富貴。愛酒色。夏東方運貴。秋冬財旺生官。若身衰不夭即貧。

己丑太守
癸酉

庚午唐佳濟總憲　庚戌富　壬申富　乙卯舉人　癸未解學龍兵部侍郎投江死
癸未　癸丑　辛亥　庚辰　庚申一生多凶

戊戌日。癸亥時。夏生東方運貴。辰戌丑未月。富貴操權。好花酒風流。

戊辰貴妃
乙丑

以上六日喜忌年月通融
活看更參諸命則得矣

化合南離局　財門日日開　杜中無衝破　福祿自然來

丑時戊癸化合櫃　最喜刑衝忌鎖閉　運行忽遇鑰匙開　興旺家門爲活計

戊日時逢癸丑。化爲炎火生光。運行水地不相當。運到東南興旺。祖業根離不定。從妻置買田庄。不然骨肉有刑傷。晚景榮華旺相

六戊日甲寅時斷

六戊日生時甲寅　病中又被鬼傷身　月氣若通身旺吉　日干衰弱夭亡人

戊日。甲寅時。身衰鬼旺。寅中甲建祿。丙生身。如通身旺。月有倚托有救助。化鬼爲官。主富貴。反此貧夭。行身旺運亦吉。

戊日時逢乙卯木衝六合開通金雞玉兔顯光榮合掌光輝權印乙酉年傷雁侶重花結子方成困龍得水喜騰雲運至超羣出衆

六戊日丙辰時斷

六戊日生時丙辰　寶藏財庫利於身　無傷無破何須問　祿馬相扶富貴人

戊日丙辰時官藏財庫戊用壬癸為財乙木為官丙為倒食辰上丙火無氣壬癸入庫乙有餘氣若有倚托通月氣者貴顯

戊子日丙辰時春生近貴夏平若秋權貴壽促冬財通火有倚托者貴

乙亥姜金和探花　甲申壽不永
庚戌吳道南閣老　戊子
壬寅汪以時都院　乙巳
辛酉天師　丙申　丁亥小眘　辛亥
辛酉太守　庚子　癸卯雙瞽　乙丑

戊寅日丙辰時龍吟虎嘯格中年大貴子月北運土厚地方官至三品東運風憲丑辰年月五品貴寅午戌年通土氣月行木火運極品

丁巳主政　丙辰
癸亥大富　丙辰

戊辰日丙辰時魁父大發通身旺月行東方運富水木月行身旺運貴

甲寅林養活副都　癸酉
乙丑布政　乙酉
庚午丞相　甲申
庚戌林材京卿　乙卯
甲子范璁編修　乙亥
己巳進士　戊辰
庚戌汪應較尚書　乙酉
一元戎命同
辛未御史　辛丑
辛未富多子　丙申

戊午日丙辰時亥卯年月行東北運富貴未丑行西南運風憲

庚午州牧　戊寅
庚寅元戎　壬午
戊午陳所學侍郎　癸亥
乙卯富　壬申
乙卯富　甲戌

戊申日丙辰時辰戌丑未月貴不通土氣行土運亦貴

庚子劉元震禮部尚書　丙戌無子
戊午蘇茂相浙撫　癸亥
戊寅貢士　乙卯

戊戌日丙辰時時日併衝憂傷妻子魁罡行東北方運主權重發福酉月近貴無福祿亥卯未月以官印論貴一云破後大富又云大凶刑

庚戌貴　庚辰
丁丑富　壬子
甲戌孫交尚書　辛未
丙申魯王　辛丑
癸亥李仕安侍郎　辛酉
庚午進士　丁亥
癸亥舉人　乙卯
戊辰都司　庚申

水庫藏神局　無衝庫不開　鑰匙如脫鎖　否極泰還來

丙辰時遇日干戊　庫有財官鎖閉門　不遇鑰匙難發達　誅求勞碌度晨昏

戊日丙辰時正火光坐庫無功財官鎖閉主興隆卑等鑰匙收用卯戌開放乙癸富貴名舉高崇運行火土不吉通作

事渾如醉夢

六戊日丁巳時斷

六戊日生時丁巳　印生日祿喜歸時　財官不見刑衝破　早際風雲會遇期

戊日丁巳時印綬遇祿戊祿居巳見丁為印巳上丁火帝旺年月支干不宜見財官見官損祿見財損印不見官煞不行財官行食傷印運高貴忌刑衝破害

戊子日丁巳時貴子月正財土厚地方顯達亥丑年月官居極品內臣中富貴雙全

甲子進士　丙子
乙卯樞密　壬午
辛亥大富　甲午
丙寅銓部　己亥
辛亥楊博少師名臣　辛丑

戊寅日丁巳時寅巳相刑憂傷妻子午年月東北運風憲寅午年月四品貴

癸酉張邦紀學士　辛酉
乙酉徐民式都憲　甲
一舉人知州命同
庚寅舉人　戊寅
壬午侍郎　壬寅
丙申連標都憲　甲午
戊寅僉憲　丁巳

戊辰日丁巳時巳酉丑月性格風流威權重大年月支干不見財官青雲得路亥戌行南運五六品貴甲行北運貴

甲子尚書　丙午
辛卯侍郎　辛丑

戊午日丁巳時桂無甲乙卯寅日祿歸時格又戊祿居時丁祿居日為互換祿高貴行傷食印運吉有甲乙寅卯求字作官印取用亦貴

癸酉郭用賓尚書　乙丑
乙丑少參　丁卯
丙戌大參　癸巳
壬戌貴　乙酉
丙辰兩司　丙申
甲戌凶　己巳

戊申日丁巳時春夏平秋成敗冬富貴行木金運吉

己未子貴受封　戊辰
戊辰子貴巨富　庚申
甲戌中貴　丙寅
辛卯憲副　庚寅
丁酉進士　丁未
己丑舉人　丙寅

戊戌日丁巳時無衝破年月不見財官不行財官運貴寅月作偏官論行未申運貴子月透甲亦貴亥卯未雖見財官俱吉蓋歸祿格不忌官煞與財以身旺得之反為福也

癸未凶死　丁巳
癸卯主政　甲寅
壬戌常少　甲辰
乙酉進士　己巳
丁未林文俊侍郎　癸卯
癸巳曾同亨尚書　乙卯
乙亥主政　丙辰
甲寅進士早卒　癸酉

風雲聚會局　不要見官星　年月無傷敗　功名一路通

日干支祿喜歸時　不見財官貴可期　無破禹門三汲浪　仰看一躍上天池

日戊時臨丁巳祿元印綬相逢早攀丹桂步蟾宮合掌公卿權柄食神傷官運吉財官相遇無功雙親雁侶不扶同有

破別具格用

六戊日戊午時斷

六戊日生時戊午　爲人兇狠性多剛
月中化火居官吉　破害刑衝却是良

戊日戊午時刃神重疊戊以午爲刃性狠多剛如見刑衝破害刃神受制通月氣者爲邊疆武職月中有化氣得天時者大貴年月干見甲僧道命年中火旺戊土被焚多患脾肺疾若月不通寅午戌亥通運氣者亦貴

戊子日戊午時巳寅戌月風憲夏不鎔鑽先刑後發旺處多官災破祖　庚申 丙戌 張果運使　丙午 辛卯 解元

戊寅日戊午時戊月三合火局干透癸化得天時地利者貴年月甲子會水寅午會火有既濟之妙辰月亦得酉傷官未官印俱吉　癸未 辛酉 王子西中丞　戊辰 甲寅 員外　戊午 乙未 進士　壬申 壬子 給諫　一部司命同　甲子 戊辰 舉人　癸酉 戊午 凶死

庚子 乙丑 李同芳會魁

戊辰日戊午時拱祿格年月無寅巳甲乙字貴卯申武職酉丑亥行南運貴一云刑凶　甲辰 癸酉 御史　癸酉 癸亥 御史　癸未 戊午 知縣　己卯 丁丑 舉人　癸卯 癸亥 太守　丙寅 癸巳 太守

戊午日戊午時先刑後發多不善終寅巳午戌年月印綬大貴純午武職威權名重鎮藩亥卯未申富貴雙全。　戊申 戊午 尚書　戊寅 戊午 丞相　乙巳 壬午 張潮侍郎　壬寅 辛未 廉憲　乙亥 癸未 進士　壬午 丁未 大参　辛卯 庚子 卿　壬辰 己酉 知州　辛卯 庚寅 舉人　壬子 壬子 京卿　戊辰 戊午 凶　癸未 戊午 孤貧瞽目

戊申日戊午時拱貴格年月逢寅行南運風憲逢午昔壽戊丈貴有未塡實巳建祿相連一片者大貴。一云主法死不慫戰亡。　丁卯 庚戌 泥鍊經歷爲權相所害凶死　乙巳 甲申 大参　丁未 癸未 貴　乙亥 辛巳 親王　壬午 乙巳 富

戊戌日戊午時大凶卯午年月官運貴顯寅印綬帶煞變凶爲吉。　甲寅 庚午 太守　辛巳 辛卯 進士　己酉 辛未 舉人　癸丑 壬戌 富多子

石中藏玉局　剛斷有施爲
六親妨不足　妻子早多虧

戊逢戊午火離鄉　刃旺身強大顯揚
運蹇時乖名未就　平常衣祿度時光

戊日時逢戊午比肩財祿進遠妻重子晚任施爲發達運臨壬癸父母雁行少利六親氷炭疎離有衝剋破始奇特。甲未之年主貴。

六戊日己未時斷

六戊日生時己未　羊刃偏官不怕衝
但是爲人多性狠　平生衣祿亦無凶

戊日己未時羊刃偏官戊以巳爲羊刃甲爲偏官時上明暗二巳爲刃中水未中合局若見刑衝破害刃煞有制主貴。通月旺者平常衣祿二十年父母俱失若不月通月氣得寅申者　戊子 癸亥 湯道衡都憲

戊子日己未時時日相穿憂傷妻子早苦晚好月通七氣行財官運貴水木月行身旺運貴。　丁丑 辛亥 舉人兩司凶終

戊寅日己未時先難後易貴人提攜不貴即富年月透甲制刃地支午未身旺煞刃雙顯主大貴。　辛未 甲午 郭乾尚書　庚子 丁亥 李多見會魁吏部主事　己未 丙寅 庶吉士改禮部　甲子 辛未 閻璞祭酒性剛招禍氣死　庚寅 辛巳 進士　甲申 丙子 舉人　己卯 壬申 貴　戊辰 乙未 貴

戊辰日己未時春冬行北運富貴

戊午日己未時羊刃偏官主人機謀壽促不然妻子難爲。重五重成午亥年月金土運貴申酉富。　丙寅 乙未 林應亮侍郎　甲申 庚午 貴　乙酉 丁亥 貴　乙卯 甲申 大参

戊申日己未時貴行財官運發福嫌寅衝煞有凶。一辛卯庚寅果衝煞凶。　癸亥 辛酉 劉伯躍侍郎　戊午 丁未 丞相

戊戌日己未時春官旺貴夏印安穩秋平冬孤苦戊月魁罡格五六品貴須年月申子辰會財寅午印綬巳酉傷官亥卯官煞各成局面方貴　壬子 甲辰 王守都憲　丙寅 庚子 憲副　乙酉 己巳 進士　壬寅 丁未 郎中　壬申 戊戌 主政

古鏡重磨局　暗中又見光
若行官印處　顯達不尋常

未中戊己土成堆　刑害衝來事亦諧
刑暗後明凶變吉　貴人提攜出塵埋

戊日時臨己未六親骨肉戍疎喜逢火印暗中扶甲乙寅卯爲主重謝花開結果雙親雁行夭孤自爲自立自圖謀賴有貴人扶助

六戊日庚申時斷

六戊日生時庚申　干上食神喜相親
不見卯寅兼丙甲　何憂玉帶不榮身

戊日庚申時戊以庚爲食壬癸爲財申上庚旺壬生戊土有氣無丙火奪食破財再無寅巳刑衝生秋月大貴。如有丙

火。甲寅併巳。為人反覆。亦有功名。年月子止透甲三奇。地支會局。或止寅辰皆貴。

戊子日。庚申時。若生亥子月亦是合祿貴。己未丞相 壬申　壬申尚書 壬寅　辛未太守 戊戌　癸巳主政 癸亥　庚午舉人 辛巳

戊寅日。庚申時凶刑後發。如生寅月。作食祿制煞論貴。丙辰進士 辛丑　戊子大叅 壬戌　壬申太守 辛亥　甲戌知縣 丙子

乙酉 甲戌 王肯堂翰林纂輯醫書證治準繩等集無子一舉人知縣向德相有子王金壇人向上元人命同

戊辰日。庚申時尊食合祿。純寅年月。二寅不怕一申衝。亦貴。甲戌髙耀尚書 庚午　壬寅太守 乙酉　壬辰太守 丁未

戊戌太守 丙辰　己未進士 戊辰　戊申貴 甲寅　庚寅貴 戊寅　庚午貴 戊子　乙酉進士 癸酉　辛巳進士 丙申　乙酉建王 壬午

戊午日。庚申時。未酉丑年月。柱無丙甲卯寅。入合祿格。行西北運貴。有甲丙。又合神藏煞沒。四柱純陽格。大貴。

甲戌光祿 丙子卿　戊辰員外 甲子　壬午春坊 乙酉　甲子主政 癸酉　丁酉舉人 辛亥　庚申知縣 庚辰　辛未畢懋康侍郎 癸巳

戊申日。庚申時。身祿同窠。言貴兩全。子辰未酉年月。行西運。入合祿格。近上三品。年月丑戌。吉。辰戌。烏魁平常。亥巳年

月行東北運。一二品貴。壬戌胡守中都憲 乙巳凶死　壬申伊王發髙牆 癸卯　乙亥上崇古尚書 辛巳

甲寅呂臻狀元 戊辰　乙未丞相 癸酉　庚申御史 丁亥　乙亥長史 癸未　壬辰解元 甲辰　丁丑進士 壬子　辛巳程美布政二子 丙申進士

戊戌日。庚申時尖癢。丙子月亦合祿格。文貴二品。卯辰年月大貴。己未侍郎 丙子　丁巳廣文 壬寅　戊戌韓四維翰林 庚寅

壬戌部郎 丙午　丁未孝子 癸丑

食神生旺局　　麻衣換錦衣　　任從宜進用　　名利自然奇

戊日時臨喜見庚　　食神合祿主昌英　　旺中若見刑衝字　　活同生馬只平平

戊日庚申時遇。支上生旺奇希。食神生神輝光。為上下流通旺氣。丙字傷枝損葉。申寅摩雁行虧。若時衝破與刑剋。積

玉堆金之貴。

六戊日辛酉時斷

六戊日生時辛酉　　陽官暴敗怕時逢　　根中縱有財星助　　有子不成命早終

戊日辛酉時。身敗傷官。戊以乙為官。辛為傷官。酉上辛金旺。戊土沐浴。為人性傲。行卑。年月透乙。為禍百端。如有乙酉

行官旺運。刑害不吉。若是生氣月行官運。不貴即富。

戊子日辛酉時。巳酉丑年月。傷官傷盡。行財旺運。武職風憲。壬午州牧 癸卯　癸未候郎 戊午

戊寅日辛酉時。通土氣月。行西北運。不貴亦富。壬申王酉石尚書 壬子　甲寅主政 丙寅　戊辰舉人 丁巳　乙卯舉人 戊寅

戊辰日辛酉時。丑未年月。壬透財主貴。若癸巳月。調距學堂居提綱。主文學應科甲。申巳亥年。則時犯狼藉煞。晚無結果。

辛巳錢福狀元或云 癸巳甲寅時　癸未侍郎 乙丑　乙亥貴 辛巳　壬午李侍問總河尚書 壬子　戊戌凶 乙丑

戊午日辛酉時。春夏平常。秋傷官傷盡。權貴壽促。冬難為妻子。乙未丞相 庚辰　丙辰舉人 庚子　戊申周孔教都憲 己未

癸亥祁光宗侍郎 乙卯

戊申日辛酉時。戌亥丑子年月。權貴。丁巳狀元 庚戌　辛亥廣文 辛卯　乙亥舉人太守 辛巳　壬申唐汝楫狀元 己酉

癸巳黨懸凶終 辛酉

戊戌日辛酉時。辰戌丑未月貴。古人以水土敗在酉。所以多無結果。或功名早退。或子息不成。觀上六日無大官命可

見傷官時遇不吉。丙午侍郎 辛丑　丁未進士 乙巳　甲辰進士 甲戌　乙巳州牧 庚辰　己巳吳振纓御史 辛未周然兔

戊子檢校死於庭壽三 壬子十九　丙申舉人 辛卯

時上傷官局　　晚年主困窮　　運行財印地　　方始見亨通

戊日逢辛號剝官　　時上遇之尤堪嫌　　官星若遇生奇禍　　尤恐帶疾子不全

戊日時臨辛酉傷官。不喜官星。財鄉運地始亨通。性格心情不定。無破難招祖業。雁侶各自飛騰。妻重子晚。始安寧。先

難後易之命。

六戊日壬戌時斷

六戊日生時戊戌　　身居正位見天財　　若生秋月通身旺　　萬貫家資不用猜

戊日壬戌時。尊位逢財。戊以壬為財。戌上水冠帶。春夏壬水無氣。財帛不旺。冬財大旺。土虛身弱。不能驅駕。惟秋後戊

土堅厚。財命有氣。富貴。

戊子日壬戌時。酉申戌月。家財滿目。辰丑衝刑。庫開俱吉。甲申憲副 甲戌　辛卯太傅 壬辰　庚辰小貴 乙丑　辛亥蔭郎 壬辰

戊寅日壬戌時。寅午戌辰年月。金水運大貴。戊午尚書 丙辰　戊午進士 乙卯　癸亥府判 甲寅　丁卯大叅 辛亥

甲申 戊辰 趙忠皇操花入閣　辛亥 辛丑 府丞　乙酉 戊子 御史

戊辰日壬戌時。時日併衝。憂傷妻子。如土厚地方。大貴。辰月火金運中貴。寅申戌丑行西南運。極貴。

甲辰 戊辰 進士無子　辛亥 壬辰 御史　壬寅 乙酉 舉人　己巳 癸酉 太守

戊午日壬戌時。寅午戌月生時。歲火多以印綬論。未免孤剋。先難後易。不貴即富。卯月官星制刃吉。

辛亥 辛卯 舉人　丁丑 癸卯 舉人　庚寅 甲申 國公　辛亥 壬辰 太守

戊申日壬戌時。春貴夏平。秋富貴。冬平常。辛卯 庚寅 張珅侍郎

壬辰 甲辰 舉人　庚子 甲申 主政　乙巳 乙巳 岳和聲學憲　甲子 丙子 布政　丙寅 庚子 舉人

戊戌日壬戌時。秋富貴。夏西運春北運。冬南運俱貴。辰丑月尤吉。

癸酉 乙丑 舉人無子貧　戊午 辛酉 王紀尚書　辛丑 辛卯 凶徒磔死

葉舊迎新局　偏財時上逢　比肩如不遇　身旺生亨通

壬戌時財庫內埋　要開軍等鑰匙來　運行財官生旺地　富貴榮華不用猜

戊日時逢壬戌。柱中卯丑爲徽。子辰乙貴顯財官。出柱高人相伴。開庫填房就合。無衝雁侶難完。先貧後富事圓圓。不貴倉箱廣滿。

六戊日癸亥時斷

六戊日生時癸亥　化火無戊戰水鄉　若見乙庚丁丑無　反爲官命不尋常

戊日。癸亥時。戊合癸化火。火絕於亥。戰於水鄉。不成其象。爲人虛秀。多是九流藝術近貴之人。主患目疾。戊以甲爲鬼。壬癸爲財。亥土壬旺市生。戊土氣絕。財帛聚散。若年月干頭見乙丁庚。旺爲三奇之貴。通干氣。月身旺。行火木運吉。

戊辰 己未 李文進都憲

戊子日癸亥時。年月不見戊字破格。貴。申子年月。東南運。亥卯南運俱貴。巳午未旺大貴。

甲申 乙巳 布政　癸亥 甲子 僉憲　己卯 庚午 吳狀元

戊寅日癸亥時。午未月生。化火會局。高命。春官煞混雜。溫飽衣祿。酉丑年月。三品京堂。

甲子 丁丑 憲長　甲子 庚午 光祿卿　戊辰 癸亥 進士　辛丑 壬辰 進士　庚辰 丙戌 進士知縣貪橫法死　乙丑 丁亥 張舜臣尚書

辛未 壬辰 駙馬　壬午 甲辰 御史　乙亥 癸未 貴妃　壬辰 癸卯 封君　辛卯 庚寅 進士

戊辰日癸亥時。秀亥子月財官格。不貴則富。寅卯年月貴顯。夏生教職。

戊寅 戊午 進士　乙亥 丁亥 滄州戴封君世家　癸丑 乙未 劉鋋元戎　甲寅 己巳 員外　甲申 甲戌 舉人　辛丑 乙未 舉人

戊午日癸亥時。貴寅巳年月。土厚水秀地方。六七品貴。卯未辰丑俱吉。

丙戌 乙亥 憲副　壬子 癸卯 進士　癸未 癸亥 舉人　癸亥 乙丑 進士

戊申日癸亥時。子未年月。無祖業。因妻致富。不然移根換葉。貧而日賤。

乙未 丁丑 舉人　戊子 癸亥 尚書　辛巳 庚子 郎中　壬寅 壬寅 金學曾閣撫　戊辰 丙辰 邢尚簡都憲無子　壬寅 壬子 憲副

戊戌日癸亥時。寅卯午巳丑戌亥年月。天干遠乙庚丁字。清要權貴。宜火土運。

丙辰 庚寅 主政　戊戌 癸亥 布政　庚子 甲戌 太丁無子　己巳 辛未 御史　己巳 己巳 郎中　乙酉 己卯 姚謨尚書子來　戊子 乙丑 駙馬　辛丑 辛丑 太師

天干化火象　得局定非常　運行遇吉地　四海姓名香

戊癸化火亥時生　落照江湖暗復明　卯未月生三合吉　移屋換舍必安寧

戊日時臨癸亥。天干化火爲奇。乙庚丁旺喜相宜。定主名聲顯貴。四海春風響快。六親骨肉刑虧。妻賢子孝樂怡怡。無破料名及第。

三命通會卷之九　　　　　　育吾山人著

六己日甲子時斷

六己日生時甲子　明見官星暗有財　倚托若通於土氣　平生衣祿自天來

己日甲子時明官暗財已用甲為官癸為財辛為食子為天乙貴子上有明甲暗癸辛長生身若有倚托通月氣者富
貴若不身旺行土氣運亦好

己丑日甲子時化貴午寅年月夭折通土氣月貴忌甲寅月貴中惡死丁未月受刑丁丑月破祖失鄉惡死
癸酉太守　乙巳進士　乙巳于慎行大學士　甲戌何寬尚書　濮春谷少恭命同　己丑武貴　癸丑刀筆
丁巳　丁亥　丁亥　丙子　甲戌　乙卯
辛亥奔寬
辛壬

己卯日甲子時先破祖後旺或旺中有傷辰戌丑未月貴午身正子聚貴亥官長生俱大貴忌己日月破敗凶死庚申
月血光惡死壬子月刑害重
庚寅明朝弘治十八年　庚子尚書　己酉少保　癸亥銓部　甲辰布政
甲申賢君丙寅年崩　戊　庚午　癸亥　乙亥

己巳日庚子時辰戌丑未月風憲三品要行水木運酉運無成南運財官無氣虛名薄利貴而不顯子寅年月東南運
貴顯神白經云化土主福但不顯忌壬寅月受刑乙未月刑傷癸酉月夭
癸亥州牧　丙寅小貴　甲午巨富　庚申沈坤狀元終於獄　乙亥丞相　甲子樞密　癸亥都憲
乙卯　辛丑　甲戌　戊子星案傳　己卯　己巳　甲寅

己未月甲子時高身坐官庫辰戌丑未月吉寅亥月官旺文章振發貴顯易戊己丑文貴晚成寅卯貧下忌甲申月身
不完死丙子月孤貧丁丑月刑害
庚申舉人　丁丑廉憲
戊寅　己酉

己酉日甲子時寅申午未丑年月文貴風憲午月東北運極品忌庚寅年破敗惡死己巳月凶惡戊戌月孤單血死
丁卯沈坤狀元原本傳　壬寅府尹　辛亥侍郎　戊午朱之蕃狀元尚書
壬子　甲辰　庚寅　乙卯

己亥日甲子時春夏財官生旺吉秋冬二季背祿逐馬凶寅月金火運郎官午月東北運金紫忌壬寅月惡死壬申月
孤貧遭刑癸酉月破敗
壬戌部郎　己卯舉人　癸未張道御史無子　丁亥廢郎
辛亥　丙寅　癸亥巨富　壬寅

氣衝牛斗局　博雅富文章　未遇雖寇客　逢時姓字香

己日喜逢甲子時　財官雙美貴希奇　一朝得遇風雲會　獨步蟾宮折桂枝

己日時臨甲子化生土厚滋基財官既助顯光輝有似青龍戲水不遇庚金卯干為人祿至福齊常人發福有施為君
子登科及第

六己日乙丑時斷 以下六己日所忌月分與上同時犯併論

六己日生時乙丑　煞星受制不為傷　柱中身旺多榮貴　無助生人晝夜忙

己日乙丑時專財逢鬼丑上有明乙為鬼暗癸為財若有倚托通身旺者貴通運亦吉若鬼有助旺不能任者衣祿平
常

己丑日乙丑時時上偏官居武職都閫還看地方斷之卯月金水運六七品貴
庚寅太守　乙巳佛印禪師　戊午公鼐祭酒侍郎　丁巳進士　甲子劉踰侍郎　壬午銓部
己卯　壬午　壬戌　癸卯　乙亥　乙巳
乙巳侍郎　癸卯女命岳元聲和聲金聲　辛丑都憲
乙酉　癸亥丹三子甲科　戊戌
庚辰劉光濟尚書
己卯無子

己卯日乙丑時子申月行金土運侯伯己酉丑戌年月俱吉
丙子貴　乙亥貴　庚戌孫繼臬狀元尚書　甲辰禮科
辛丑　壬午　丙戌星案傳　己巳
癸卯蔣狀元　丙寅楚王　甲辰秦燿巡撫謫戍　戊申武狀元
乙卯　辛卯　丙寅　庚申

己巳日乙丑時寅卯月偏官格無酉戌字文進貴命

己未日乙丑時時日併衝裏生財可也卯午年月金神入火鄉西南運貴辰戌四季全大貴干透丁辛純陰亦貴
丁卯御史　庚午郎中　乙卯進士　辛卯進士　丁未萬世德右都　丙戌御凶
戊申　己卯　丙戌　戊戌　丁未　辛卯
丙午尹臺尚書
壬辰

己酉日乙丑時卯月偏官辰月財煞貴申酉傷官傷盡巳午印綬俱貴丑戌亦貴
戊戌崔銑翰林　己未名將　庚戌孫繼臯狀元原本傳　乙丑通政　戊寅布政　辛卯廢郎
乙丑　辛未　丙戌　庚辰　壬戌　癸巳

己亥日乙丑時卯月大貴申月水木運風憲方面

時上偏官局　身強印旺奇　若還無救助　名利總成虛

時逢乙丑本身衰　庫有財星內伏埋　不遇鑰匙難顯達　方知出外稱心懷

己日時臨乙丑庫中耗鬼與災祖宗產業有盈虧謀望財去財來戊未刑衝發福無匙來往搬移雙親雁序事難依有
救未中取貴

六己日丙寅時斷

三命通會卷之九

育吾山人著

六乙日甲申時斷

三命通會 卷九

六己日生時丙寅　暗官明印旺其身　月通木氣無衝破　貴有三台八位成

己日。丙寅時。官印生旺。己用甲為官。丙為印。寅上甲旺丙生。若無破。通木局月氣者。大貴。喜行木火。不宜金水。歲君同。

己丑日丙寅時。春官旺。夏印旺。秋既濟。冬平。辰戌年月。文貴顯達。純丑壽高。戌月木火運。五六品貴。神白經云。火土家主貴。有血疾。

甲申 壬申 丞相　己亥 甲戌 章極都憲　乙丑 壬午 進士　庚辰 己丑 通判

己卯日丙寅時。午辰年月。文章顯達大貴。寅午官至三品。

戊午 丙辰 尚書　丙子 庚午 布政　甲辰 癸酉 布政　甲寅 丙寅 憲副

甲申 丙寅 劉誉狀元　壬辰 辛亥 主政　戊寅 癸亥 舉人　丙辰 庚子 蕭良譽進士大參　壬寅 壬子 進士　庚寅 辛巳 兵科　申寅 庚午 郎中

己巳日。丙寅時。先刑後旺。寅月正官格。文章顯貴。亥子水木運貴。純戊武職三品。年月申亥四生局全。大貴。或不善終。

己巳 丙子 魏謙吉都憲　壬戌 壬戌 布政　己亥 丙寅 給諫　丁亥 癸亥 舉人

己未日丙寅時。生土厚地方貴。水木年月。行東北運貴。一云多庶出過房。或父不見生。

壬戌 戊申 布政　丁卯 庚戌 布政

甲寅 丙子 權貴　己巳 庚午 舉人　甲子 丁丑 亥狀元

己酉日。丙寅時。月通木火局貴。木火運亦榮達。

甲申 丁丑 布政　甲午 丙寅 廉憲　甲午 癸酉 副使

己亥日。丙寅時。春生官旺貴。夏秋平。冬財旺吉。寅申丑巳午辰戌年月貴。神白經云。火木象貴。

甲申 丁丑 靳貴閣老　戊戌 丁巳 熊浹尚書　辛巳 辛丑 沈廉時侍郎　戊寅 丙辰 丞相　丙子 丁酉 元戎

丙戌 甲午 參將死於陣　丙寅 庚寅 憲副　己卯 乙亥 卿　己丑 乙亥 倪嘉慶進士戶部上元人君子

虎榜標名局　財官內外明　若無衝破者　必定作公卿

己日丙寅時異常　少年未遇富文章　運行卯地生明月　平步青雲到帝鄉

己日。丙寅時。正官星印綬長生學堂三合喜光榮。博覽文章聰俊。年月無衝無破。定應金榜題名。運行官旺。主亨通。上等高人之命。

六己日丁卯時斷

六己日生時丁卯　支干暗鬼梟虛神　柱中有助方為福　無助難為顯達人

己日。丁卯時。己以丁為印。乙為鬼。卯上明丁暗乙。若歲月中無救助倚托者。虛秀不實。有成有敗。月中見辛制伏身旺者貴。運旺亦吉。

己丑日。丁卯時。申子辰武職。亥卯未榮貴。己酉丑行東北運吉。

己酉 乙亥 進士　癸酉 甲寅 舉人　丁巳 乙巳 進士　己酉 壬申 舉人

甲申 甲戌 進士　庚申 戊子 理卿　丁卯 甲辰 舉人

己卯日。丁卯時。己酉年月。制伏得宜。庚申合煞。文進大貴。子月刑煞。遇貴主兵權。或法官。地支純印。或三合木局。運行寅混官。再遇流年衝運。官死。

己巳 乙酉 史道尚書　庚申 庚辰 吳山尚書刪正　癸未 甲子 進士　壬申 甲戌 進士

辛巳 丁酉 袁福徵進士　丙申 辛卯 宋開春戶部郎中平原人余得三命通會原本即此公所惠者　乙卯 戊子 大貴

己巳日。丁卯時。無衝破。富貴。寅午辰年月。刑傷不利。亥月木火運貴。若春生透甲乙者。官煞太旺。有制化亦貴。否則凶夭。

癸卯 辛酉 路通侍郎　丙子 辛卯 呂調陽榜眼閣老純謹　戊子 丙辰 揮使　丙戌 丁酉 舉人

己未日。丁卯時。不貴則富。卯戌亥丑年月吉。

壬子 癸丑 進士　癸丑 乙卯 進士

己酉日。丁卯時。九戌十破。末年旺。年月通身生旺。干頭有辛癸制伏丁乙者吉。

丁丑 己酉 侍郎　己丑 丁卯 憲副

壬戌 丁亥 賈默狀元　丁卯 丙午 僉事　癸丑 乙卯 太守

己亥日。丁卯時。秋生偏官有制。富貴。春壽促。夏身旺吉。冬平常。戌丑未月貴。

辛酉 辛卯 通政　乙丑 甲戌 中丞　己巳 丁丑 郎中

偏官偏印局　生人性剛強　身強為大吉　如弱也平常

己日卯時福自推　求名求利總不宜　身宮但有刑衝字　離鄉別井走東西

己日時逢丁卯。倒食偏官交加。酉庚辛破。受波濤思想。不能通達。父母雁行難望。落花後立根芽。圓虧離祖。孫成家發跡山林澗下。

六己日戊辰時斷

六己日生時戊辰　其身得位遇財神　甲酉壬申變誠辰　甲乙提綱祿貴人

己日戊辰時。申財庫專位。己以壬癸為財。辰土入墓。己土專位。為人誠信富貴。若通月氣或甲乙透出。是生方帶祿大貴。辰月身旺。不得父母力。見甲化土者大富。冬夏財旺生官。富貴。酉運平常。

己丑日。戊辰時。身孤。寅卯月祿旺。辰月透甲。作化氣看。貴午富厚。寅酉風憲。年月子丑透甲。行東南運金紫近侍。怕西

北運退職。

甲午　乙亥　尚寶卿
乙丑　丙辰　進士
庚午　乙酉　舉人
乙未　丙戌　副史
壬辰傅甲子御史諫　癸卯戊午少卿
甲午　庚午　進士

己卯日。戊辰時。卯月風憲。水木年月。行東北運並同。

癸未　乙卯　採花
甲寅　丁卯　貴
乙卯　癸未　富
戊午　甲子　善愛
癸未　壬戌　羅瑶都憲
乙卯　丁亥　舉人
庚寅　乙酉　御史
壬寅　己酉　進士
癸酉　戊午　進士
戊辰　甲寅　舒弘志採花
丁亥　丁未　都憲

己巳日。戊辰時。身孤復發。春官貴。夏平穩。秋凶暴冬財旺。歲運同。

壬寅李廷機解元會元壬午　辛亥大學士不受食
戊寅　乙丑　僉事
壬戌莊仁春人守與　壬寅民爭利遭害
戊子高敞舜兩淮撫院　辛酉壬午親市

己未日。戊辰時。丑月雜氣財官吉。寅辰巳亥午戌年月。文章貴顯。

辛巳丁士美狀元官止　壬辰侍郎丁丑年卒
甲辰　丙寅　副使
壬申　丙午　副使
丁酉　壬子　通判
戊申　己未　貧寒
丙辰　辛丑　僧

己酉日。戊辰時。春官旺。夏平吉。秋暴狠。冬財旺。

乙酉方逢年壬戌進士閣老　壬午丙戌年凶死
癸未　甲子　富納中書
丁丑　癸丑　侍郎
癸巳　丁巳　員外
丁酉　癸卯　御史
庚午　庚辰　進士

己亥日。戊辰時。丑月雜氣財官貴。戌月木水運六七品。寅午子辰年月大貴。

甲午　丙寅　周廣都憲
戊子　甲寅　舉人
癸巳　甲寅　貢士
癸未　乙卯　葉有聲副都
壬寅　辛亥　元戎

翠竹緋桃局　依稀祿間紅　不逢寅赳害　開庫見錢龍
辰時己日不尋常　內有錢龍鎮庫藏　比劫不逢行運吉　定教富貴廣田庄

己日戊辰時遇。身逢旺庫豐盈。果然花謝再重榮。丑戌刑衝財盛。壬申財官雙美。妻重子晚方成。雙親雁侶事中平。獨立自成之命。

六己日己巳時斷

六己日生時己巳　金神與火兩相和　不通月氣平常看　月氣如通榮甲科

己日。己巳時。金火相合。己以丙為印。己中有丙辰旺。己巳又為金神。坐於火位相合。若通只月氣。四柱不見財星破印。不行財運。發福非常。若不通月氣。或在冬生。虛秀不實。不通。行南運亦吉。

己丑日。己巳時。辰月西北運貴。午未火旺大貴。申子戌己亦吉。

壬辰　丁未　丞相
辛丑　乙未　周啟祥舉人
辛卯　丁酉　錦衣凶死

己卯日。己巳時。夾辰財庫。主大富。又卯以己為澤馬。二己通看。謂之坐馬再生。午月祿馬俱有。尤為貴命。亥月財臨旺地。官遇長生。巳月金神遇火。皆主大貴。

己酉　庚午　李植是
壬子　癸丑　翁正春狀元尚書　一湖廣舉貢命同

己巳日。己巳時。午年月。權威赫赫。名譽昭昭。春月子孝妻賢。秋冬平常。貴而不顯。辰戌財印官食。申傷官生財。俱作吉推。

戊午　壬戌　申太和尚書　丁丑年卒
甲戌　戊辰　林廷五都憲
戊戌　庚申　通政
戊辰　甲辰　運使
甲辰　壬申　進士
癸卯　壬戌　進士

己未日。己巳時。拱祿格。若無羊刃七煞午字。甲申不犯空亡。戊辰貴。亥丑辰申年月。行東運文武極品。此格不如丁己
丁未以干正祿。己奇祿故也。

庚午　丁亥　侍郎
庚子　癸未　舉人
乙酉　己丑　富
己巳　丙子　壽

己酉日。己巳時。夏生金神入火鄉貴顯。歲運全前。

甲寅　甲戌　適子品學士
己酉　己巳　學士
戊午　甲子　舉人
乙巳　辛巳　千戶

己亥日。乙巳時。夏生資財滿目。行樂軒昂。冬平常。戌月行東南運。國師金紫。寅月亦貴。

丁丑　甲辰　副使
乙卯　丙戌　進士
己亥　己巳　通判
戊戌　丁巳　錢汝京尚書

火旺金神局　南方運氣佳　若生冬月令　財祿定虛花
己日重逢己巳時　金神化旺要相宜　南方運步財官顯　寅卯東方遇亦奇

己日時逢己巳。夏生丙火金神。不遇戌亥與庚申。無破聲名響應。父母一衰一旺。刑空事業逡巡。要知顯達改名庭。火旺南方之運。

六己日庚午時斷

六己日生時遇午　祿歸時地主昌榮　柱中怕有官星見　若是伏晶另一評

己日。庚午時。日祿歸時。己見庚為傷官。乙為正鬼。午上有明庚合乙。傷官合煞。主人獨立有成。若年月無乙。而傷官臨於敗地。柱有甲丙二字。伏晶格。損格局。無衝破大貴。

己丑日。庚午時。寅月生貴。夏凶。秋暴。冬財旺子少。一云大貴。

庚申　壬申　僉事
庚子　丁亥　通判
丙辰　丁酉　武狀元
丙子　壬辰　林茂達都堂
庚午　丁亥　楊思忠侍郎

己卯日。庚午時。己祿居午。年月有卯丙及寅午者大貴。卯月煞旺。庚合權貴。

甲申　乙亥　主政
乙未　戊子　名將
癸卯　乙卯　太師
丙寅　甲寅　舉人
丁酉　丙午　舉人
戊申　甲寅　舉人
丁丑　乙巳　畢鏘尚書　江南池州石埭人　一浙江生員命同
丁卯　丁未　主政
丁未　庚戌　羅朝國南尚書

癸亥俞大尤都督 丁未校猾　戊申戴時中都憲 乙丑　庚午主人 甲申　癸亥進士 癸亥　庚戌主人 癸未

己亥日壬申時。卯未三合。會官干透印大貴。戊子月財旺生官。酉巳土受生干透甲丙俱吉。

鸞鳳棲梧局　飛騰大不難　如逢刑尅破　勞碌不曾閑

日干是己會申時　無破無衝最合宜　柱中縱然官不現　也交財旺定根基

壬申時逢己日。就中三合為宜。天乙貴人正入提。宜用財官顯貴。戊己辰戌得位。文章廣學須知。妻賢子孝福文齊。刑破中年不利。

六己日癸酉時斷

六己日生時癸酉　沐浴之鄉水土渾　財食支藏多聚散　身衰失地壽難存

己日癸酉時。水土渾濁。己以癸為財。辛為食。酉上癸病辛旺。比肩奪財。財多聚散。更身衰失地。主成敗反覆。不然壽促。若通身旺月。或運吉。

己丑日癸亥時。春平。夏穩。秋傷官傷盡。有威權。冬富。如丙寅己月。金神遇火貴。木土金水運。即官透乙大貴。

庚午遊擊壽五十九 辛巳　乙巳進士 丁亥

己卯日癸酉時。時日相逢卯酉。主遷移刑傷。又傷官帶煞。主性亢暴。作事遲延。生四季月吉。

丁巳明建文君水土敗酉時 壬子犯破碎宜失國遊走　丁卯副使 癸卯

己巳日癸酉時。己酉丑月。傷官傷盡。居武職風憲。寅卯戌月。金神入火鄉。貴而能言。傷貴。收心早退。以水上敗在酉。故也。

癸未副使 甲子　己巳貴夭 壬申　己卯小貴早退 丙寅　庚申富被刼 戊寅　戊子楊兆尚書四千四 丁巳支互換貴全　壬辰富 庚戌

己未日癸酉時。戌亥丑辰年月。西方運貴。己巳大貴。卯辰近侍不大。

己未遷使 甲戌

己酉日癸酉時。偏財遇食。主崢嶸。丑未子午俱吉。酉月內戚。如年月己酉全。犯破碎煞。主一生破日。遊走無結果。

癸亥太守 辛酉　辛未貴 辛丑　壬子舉人 丙午　甲子舉人 丁卯　壬午舉人 癸丑

己亥日癸酉時。通土氣月。行木火運貴。

食神生財局　刑傷更忌衝　若無犯此字　遲早改門風

己逢癸水酉時生　食神生旺自從容　身弱更兼衝尅破　此命依算只中平

己日時逢癸酉。偏財喜遇食神。雁行無倚靠雙親。性格情懷不定。財來財去聚散。眼前廣見難存。花開花謝再重新。此命先逆後順。

六己日甲戌時斷

六己日生時甲虎　妻從夫化為真土　如通月氣時日戌　反此而言平常取

己日甲戌時。妻從夫化。己日甲木化土成局。土神鍾秀。本源深厚。月中無化。取甲為官。丙為印。戊上甲木成形。丙火合局。通月氣貴。不通。有刑衝破害者平常。己身雖吉。父母早失。

壬辰御史 癸卯

己丑日甲戌時。尅父。太旺。辰月生土厚居。巳午未申臨官帝旺吉。亥戌寅卯土病死凶。酉辰三四品貴。申年退閑。亥木火運六七品貴。

甲辰訓導 癸酉　丁巳周繼昌府丞 辛亥　壬戌解元 壬子

己卯日甲戌時。丙丁午戌年月。壬有庚辛制伏官煞。生山明水秀地方。官至二三品。未酉丑月行火土運。四五品。午月虛北運。大貴。子月木火運。風憲。辰巳有倚托者極品。

壬午王正國侍郎 壬子　己巳陳益都憲 戊辰　壬午大富 乙巳　乙酉太守 丙戌　戊辰富二子 乙卯　辛酉大吉 庚寅　辛酉部郎 甲辰　甲子員外 癸酉

己巳日甲戌時。寅午戌月。金神入火鄉。貴顯。亥戌年月。官居守令。極有聲名。子月木火運。極品。

丁丑給事 壬寅　戊申舉人 丙辰　丁亥舉人 己亥　癸未郎中 壬戌　主政俱同 舉人

乙未日甲戌時。尅臨遷刑。寅午年月。三四品貴。戌月東南運五品。純辛卯年月刑。

戊戌進士 乙丑　壬午封官二子 庚戌俱貴　乙丑學士 庚辰　己未御史 丙子

己酉日甲戌時。辰丑刑衝。財源益進。酉戌相害。名利中平。子月己貴。寅月官印。行印運貴。純乙酉年月頑暴。一云孤獨離鄉。

乙丑李克齋尚書 丙戌　庚寅進士 戊子　辛卯舉人 壬辰　甲戌舉人 癸酉　丁酉宗景尚書 辛亥

己亥日甲戌時。通土氣月。要行木運。通水木月。要行身旺運。俱貴。

秋葉經霜局　須臾綠變紅　但逢衝尅字　凋落任西東

甲己化土氣藏收　如逢匙鑰福優游　假若逢財財不聚　深如木葉值秋深

己日時逢甲戌。妻從夫化為佳。庫財專待鑰匙開。壬甲丑神通。奏父母夭孤。刑尅雁行。花果難諧。若逢時運一時。來家業興隆亨快。

六己日乙亥時斷

六己日生時乙亥　官藏煞見未為奇　逢金制煞方為吉　身不旺兮凶可知

己日乙亥時。煞見官藏。己以甲為官。乙為鬼。亥上有明乙暗甲。為官煞混雜。柱中見辛制乙。去煞留官。通月氣者貴顯。亥上水旺土虛。漂流失業。見財不聚。成敗進退。要身鬼兩停方吉。不通月氣。通運氣亦吉。

己丑日乙亥時。己酉丑月。制煞留官貴。午月身旺亦貴。子月火運七八品貴。卯未透辛制乙大貴。

辛未 己亥 嚴訥閣老
癸卯 乙丑 沈應文尚書
丙午 庚子 春尚都憲 一歙縣程監生 命同巨富
壬申 癸丑 侍郎
乙丑 己丑 趙標侍郎
己巳 庚午 司副
己丑 庚午 吳一琴主事夭死

己卯日乙亥時。卯月偏官格。煞重身柔。作棄命看。壬字暗逢。志氣軒昂。柱有制伏。行土金運。官至三四品。丑月雜氣。辰巳酉運金紫。亥月水運夭。

辛巳 癸巳 尚書
癸未 戊午 進士
乙酉 丁亥 貧而濫 凶年不免 多子不才
壬辰 辛亥 貧苦
辛巳 己亥 癈疾
乙卯 己卯 進士

己巳日乙亥時。寅午戌月。金神入火鄉貴。巳月西方運。官至公卿。卯午風憲。純子亥年月。以財黨煞。作棄看。主大兵權。

丁卯 丁未 李西涯閣老
戊申 丁巳 金幼孜尚書名臣
戊子 癸亥 咸繼光都督名將
己亥 壬申 沈懋學狀元

己未日乙亥時。無刑破混雜。清高富貴。文學堪評。

乙亥 丁亥 蔡白石都憲
丙寅 丁酉 李旻狀元
己亥 丁卯 崔東洲侍郎
丙辰 壬辰 進士
癸酉 丁巳 同知
庚戌 己丑 黃佐翰林院
壬辰 壬寅 磨郎

己酉日乙亥時。春夏顯達。秋制伏太過。貧儒。冬財旺。午巳戌年月。六七品貴。寅月行金火運。四五品貴。

庚午 丙戌 董芬侍郎
乙亥 辛巳 參政
乙卯 丙戌 進士
己酉 乙亥 進士
乙亥 丁亥 部郎
甲午 乙亥 兵道
癸酉 乙卯 刑人

己亥日乙亥時。年月透辛。制貴。無制亦主。特逢戌月風憲。巳亦貴。丑土厚之官。官至三品。一云自刑多成敗。晚富。

癸丑 甲寅 應檟總制名臣
癸丑 庚申 太守
庚寅 丙戌 都諫
乙丑 丁亥 黃穆編修
甲辰 戊辰 舒芬狀元
己卯 癸未 進士

以上六日。得此時生者。皆多文學之士。出身高科。官居清要。

魚入深潭局　得志化鯨鰲　無刑空尅破　都省把名標

天元乙亥在時間　驛馬長生不等閒　身旺煞強騈福祿　功名顯達自歡顏

己日時逢乙亥。偏官喜遇正財。若逢身旺亦為佳。混雜天元減半。行藏進退無定。六親雁行興衰。運行祿馬自然。來富貴清閑自在。

六庚日丙子時斷

六庚日生時丙子　身鬼俱衰退神強　有托榮華無托賤　鬼逢生旺壽難長

庚日丙子時。身鬼俱衰弱。庚以癸為傷。丙為鬼。子上庚死。丙火無氣。癸水建旺。若身有倚托。吉。無倚托。又行身衰鬼旺運。飄風夭賤。通火氣月。要行西運貴。身弱不然。

庚子日丙子時貴。年月再子。併衝午中丁為官。己為印。入飛天祿馬格。柱無財官填實。主貴。為僧道。一塵不染。萬法皆空。為常人有名有利。刑傷妻子。一云先貧後富。忌己巳月破刑貧。癸未月孤單。己亥月刑。

丙子 丁酉 喬行簡丞相
丁卯 壬子 少卿
己卯 丙寅 少卿
癸酉 癸亥 郎中
甲辰 丙子 進士
癸卯 甲寅 郭子章尚書
庚辰 癸未 進士
己未 丙子 部郎

庚寅日丙子時。春生帶財帶煞。行金火運。金紫。夏煞旺大貴。秋身旺。須行南運貴。冬身鬼俱弱。平常。純午年月。位至公卿。壬子食前煞後。隨一陽生後。丙火有氣。貴極人臣。忌癸酉月破敗凶。辛亥月血光。甲子月夭。

丁卯 壬子 明成化皇帝
癸亥 壬戌 魏良貴都憲
壬辰 乙丑 諫垣 辛巳四月辛
丁未 乙巳 霍韜會元尚書名臣
辛卯 癸 副使
丁酉 壬子 太傅
庚午 丁亥 御史
庚戌 戊寅 王佐尚書
丙午 甲午 黃冢宰
丁丑 戊申 舉人
壬寅 乙巳 陳狀元
己未 己巳 進士
乙未 戊寅 乙卯鄉試甲戌進士守道鹽道戌運壬運俱不利
壬戌 壬寅 陳堯侍郎
丁卯 癸丑 解元
己酉 辛未 何天衢侍郎
丙戌 丙申 大參
乙巳 辛巳 會元

庚辰日丙子時。月通木火氣。行西運妙。忌乙巳月破敗刑。丁酉月旺中刑凶。己丑月破敗凶。

己巳 甲戌 儀部
己酉 丙子 知縣
甲寅 辛未 二舉人命同 三子一無
辛巳 戊寅 林元美子孫五尚書
戊辰 甲子 袁宏道銓部

庚午日丙子時貴。時日相衝。憂傷妻子。運喜西南。通火未月氣。風憲三四品。秋生丙火無氣。難為子息。忌己巳月破祖凶。己亥月被劫盜凶。癸丑月孤。

壬子 癸丑 何鰲尚書
辛未 庚子 進士
己卯 癸酉 元戎

庚申日。丙子時。甲月生土厚地方貴。辰未年月行酉運。公侯。忌辛巳月凶刑。辛亥月孤夭。

甲子 辛未 李本閣老一云壬午時　乙丑 丁亥 郎中　丙午 庚寅 進士　戊寅 庚申 遊　壬申 壬寅 解元　丙申 丁酉 進士　戊辰 己未 國公

庚戌日。丙子時。春夏生西南運。秋月木火運俱貴。忌乙巳月凶破。乙亥月官災多凶刑。乙丑月破敗凶。戊戌月惡死。

癸亥 乙丑 文彥博丞相　癸丑 己丑 馬西園侍郎　乙卯 丙戌 任中丞　戊辰 戊午 進士　丙戌 辛丑 銓部　乙卯 丁亥 大貴

壬辰 甲辰 蕭大亨尚書　辛丑 甲午 司丞　丙子黃懋官侍郎死於亂軍中份副使命同黃閭 戊戌人申魏人申先死黃後死申無子黃一子

遊魚避網局　跳躍到天津　運至凶成吉　時來不受貧

庚日相逢丙子時　傷官合局不為奇　雙親祖業難成就　燕寢鸞樓別立基

庚日時逢丙子。刑官背祿喪身。雙親剋陷早艱辛。雁侶不能和順。學經商發福。田庄先懶後勤。家居財帛晚纔成。先暗後明之命。

六庚日丁丑時斷 以下六庚日所忌月分與上同時犯併論

六庚日生時丁丑　貴地逢官火太輕　木火運通軒冕客　不通獨立只虛名

庚日。丁丑時。金重火輕。庚以丁為官。以己為印。丑上丁火氣絕己土正位。若通木火氣月。官印逢生。旺貴。不通。虛名而已。通火土生旺月。富。不通運遇。亦主名聲。

庚子日。丁丑時。春夏貴。秋平常。冬孤剋。

庚午 丁亥 兵備　壬午 乙巳 太守　丙申 辛卯 主政　甲寅 甲戌 舉人　甲申 丙寅 賀烺侍郎

壬子 丙午 周文燭司業　辛酉 丙寅 進士　癸丑 癸亥 依寬

庚寅日。丁丑時。魁元。寅卯午未亥月。清秀高命。行午未運貴顯。通火土年月貴。

戊午 乙丑 倫以訓會元榜眼官止侍郎　乙巳 己丑 舉人

壬寅 癸丑 元戎　戊午 壬戌 常少　癸丑 癸亥　申己卯舉人 壬午遇難

庚辰日。丁丑時。丑月富而壽促。巳近侍大貴。通火旺土生月貴。不得運遇。亦富有名譽。

戊辰 戊午 丞相　戊子 癸亥 舉人

甲午 戊辰 胡汝欽給諫　乙酉 乙酉 顧錫疇禮部尚書　己巳 庚午 依寬

庚午日。丁丑時。通土月氣貴。不通亦富有名聲。

乙丑 戊子 嚴嵩丞相　庚子 戊寅 大參　庚寅 丁亥 進士　甲午 辛未 同知

戊戌 丙辰 舉人　己巳 戊辰 舉人　己丑 庚午 富　壬子 己酉 楊道賓榜眼侍郎　甲寅 辛未 張嗣修榜眼諭戌　壬戌 己酉 雷轟三十四歲

庚辰 壬午 進士

庚申日。丁丑時。丑月金火運極品。辰巳午未戌月。官印兩旺貴。申酉身太旺。須行木火。寅卯財太旺。須行金水亥子金寒水冷。須行火土運貴。

乙巳 庚辰 尚書　壬申 己酉 陳虛窓都憲　己巳 己巳 副使　己卯 丙寅 御史　壬午 丙午 通判　丙午 庚子 進士

己巳 庚午 解元　庚子林春澤進士太守壽一百 丁亥四歲侯官人　戊申 辛酉 御史無子

庚戌日。丁丑時。春財旺。夏官旺。秋平淡。冬無力。一云刑。四十後發。

丁巳 丁未 侍郎　庚申 壬午 州牧　乙未 戊子 知縣　己未 戊辰 舉人

戊戌 丁巳 舉人　丁酉 癸丑 解元　丁酉 丁未 兵道　乙酉黃道周詹事假道學庚辰廷杖 丙戌自領兵被殺

氣吐虹蜺局　倉門庫戶開　一朝時運至　福祿自然來

庚丁相合丑時全　好象明蟾耀碧天　不遇刑衝真稀少　財官興旺更長年

庚日時逢丁丑。正官財庫相隨。午未戌月福優餘。庚取時逢金櫃。金逢火而成器。必然蔭子封妻。從來歌酒不相離。定主清閑樂意。

六庚日戊寅時斷

六庚日生時庚寅　火生金絕福虧人　月通從革或秋降　卻作皇家柱石臣

庚日。戊寅時。火生金絕。庚以丙為鬼。戊為倒食。寅上有明戊合癸化火。庚金氣絕。若不通金旺月。無救助者。夭賤貧下。己月庚辰生丙。健旺身鬼俱強。運行西方。勇暴武貴。申酉丑戌月。金火合局。化鬼為官。更得身強運貴。

庚子日。戊寅時。寅午年月。登科顯達。純申三四品貴。丑月金火運公卿。

壬午 壬寅 侍郎　戊午 乙卯 國公　己丑 戊辰 廉使　丙戌 庚寅 福王　甲寅 甲戌 進士　庚寅 丙戌 參將問死　乙巳 己丑 呂震尚書　丙午 癸巳 同知　乙丑 壬午 李騰芳少詹　己未 癸酉 極品　丁卯 辛亥 通參

庚寅日。戊寅時。月通火局。或秋生。行身旺運貴。庚子月自死。年見辛酉。貧夭殘疾。身衰見丙太旺同論。

壬辰 己酉 大參　壬辰 壬寅 廉使　壬子 庚戌 進士　庚寅 己丑 進士　己亥 丙寅 守偏　丙寅 辛卯 尚書　丁卯 丁未 縣尹　壬子 壬寅 進士　乙酉 庚辰 知州　壬戌 壬寅 知州　庚寅 戊寅 極品　戊戌 甲寅 進士　甲申 乙亥 尚書　己亥 丙戌 御史　丁卯 丁丑 舉人

庚辰日。戊寅時。春夏生干透丙丁運。行身旺貴。

壬戌 丁未 府尹　戊辰 甲子 進士

[illegible]

庚午日。戊寅時。寅午戌月。金衰火旺。當帶殘疾。純寅反主極貴。秋金旺多貴。但忌時遇凶刼。尅身則凶。

庚午 戊寅 大叅　庚申 戊寅 進士　丁丑 己酉 僉事　戊戌 庚申 廉使　壬午 丙午 元戎　庚子 己丑 指揮　丙申 庚寅 富壽　辛巳 丙申 凶死　甲寅 丙寅 祭酒

庚申日。戊寅時。時日併衝。憂傷妻子。寅卯辰月。火金運。侯伯。春月西南運大貴。寅月貴顯不久。一云先刑後吉。

庚戌 丙戌 彭韶尚書　己酉 戊辰 余子俊尚書名臣　癸亥 壬戌 陳狀元　丙戌 己亥 舉人巨富　丁丑 癸卯 舉人　壬申 庚戌 運使

庚戌日。戊寅時。貴戌月雜氣財官印綬貴。庚辰年己卯月者侯伯。

丁亥 癸丑 少卿　壬寅 壬寅 劉堂錦衣　丁未 丁未 蔭生　乙巳 癸未 陳禹謨侍郎　辛酉 丙申 傅伯壽樞密　己酉 丙子 進士　己未 丁丑 中書

反工琢玉局　未遇在初時　一朝逢巧匠　選舉貴人提

庚日寅時甚可誇　無刑尅破顯榮華　運來自有高人助　時至如添錦上花

庚日戊寅時秀偏印倒食。難取少年未遇。莫心憂。此命或貧或富。時至發財發福。運來順水行舟。月中全小更相援。無不功名成就。

六庚日己卯時斷

六庚日生時己卯　胎生元命發因妻　柱中有托逢庚旺　財祿豐盈福壽齊

庚日。己卯時。胎生元命。庚金卯上受胎。見己為生氣印綬。庚以乙為財。卯有旺乙。因妻發福。若柱旺丁生月。帶祿者貴。有倚托者富。通生氣財旺者。生財旺運者俱貴。

庚子日。己卯時。子卯相刑。憂傷妻子。子年月貴。丑未官至三品。一云破祖失土大貴。

甲午 乙巳 萬喬尚書　一命同富　辛卯 庚寅 太守

庚寅日。己卯時。亥卯月財星格。早榮早退。午戌三合官局。干透金水。行西北運者吉。

乙亥 丙戌 王錫爵閣老父　癸巳 乙丑 女命子中丞　甲申 甲戌 平章　丁卯 癸卯 運判

庚辰日。己卯時。孤。年月通木氣。及有倚托者貴。

壬子 癸卯 丞相　辛酉 丙申 大叅　丙辰 庚子 解元

庚午日。己卯時。刑破。申子辰巳酉丑俱行東南運貴。寅午戌亥卯未。須得西北運為吉。

戊戌 己酉 富　癸酉 乙卯 武元　乙丑 乙酉 御史　壬寅 己酉 監丞

庚申日。己卯時。卯月財星格。不貴即富。丑巳年月。翰林清貴。官至亞卿。一云少貧。中年有小災。尅妻少子。

己卯 壬寅 平章　甲午 戊辰 都督　戊申 癸亥 南部　壬辰 庚戌 進士　乙丑 癸未 運使　甲戌 丁卯 丞相

庚戌日。己卯時。少孤母賤。中年貴。卯酉辰丑月。官至公卿。

丁酉 乙巳 李戴冢宰無子

胎星元命局　財旺喜身強　時來宜進達　中末姓名香

天元庚己卯時逢　祿見文書富貴全　四柱無刑衝尅破　貴人接引上青天

庚日時逢己卯。財官運氣亨通。若無刑衝定授封。有破中年不順。雖行六親難靠。自成家計無窮。時來發達顯功名。自有高人引用。

六庚日庚辰時斷

六庚日生時庚辰　金水秋生氣象純　若有魁罡包貴賤　財官喜忌六官分

庚日。庚辰時。金水清自六庚之中。庚戌庚辰為魁罡。怕見財官刑衝。不見主為人麄豪暴勇。而貴見則禍患百出。庚子庚寅庚午庚申。喜見財官。生秋月。為人秀麗。不貴則富。若身不化得甲乙壬透出。生火木分野。亦作財官論。喜月氣通運者吉。

庚子日。庚辰時。申月生井欄义格。柱併運不見丙丁巳午寅戌字貴。純卯年月。位至公侯。

甲申 壬申 進士　戊申 乙丑 都督　己巳 丙寅 郭希顏論德庚申年以諫言梟亦痛哉　庚午 己丑 京卿　庚辰 乙酉 解元

一命純庚辰年月強盗分屍。三柱魁罡獨旺。柱無火制。一片頑金。為盗遭凶宜矣　丁丑 乙巳 遊擊　癸巳 甲子 僉事　一命庚子庚辰祖父皆貴申運申年問軍信頑金要火

庚寅日。庚辰時。龍虎拱門。年月通火土者貴。純庚辰。王侯。不然極凶。若年月遇木火運。再行極品。

庚午 辛巳 王道立編修　戊子 甲寅 孫鋌庶吉士　己巳 戊辰 都憲　乙亥 丙戌 項鼎鉉庶吉士　乙丑 丙戌 僉憲　壬戌 壬子 大富凶死　辛丑 丁酉 憲副　己未 壬申 劉廷柱河間太守被奴弒死

庚辰日。庚辰時。魁罡年月。不見財官並戌字貴。衝破者富。申子年月。作井欄义。行西南運吉。純庚辰庚申或乙酉化金。通無火氣。凶徒小人。一云刑。

乙亥 甲戌 庚辰 己未 運衝刃太歲戊辰小運五十四歲凌遲死　壬寅 丁未 進士　戊寅 甲寅 王鼎都憲

庚午日庚辰時。自刑。金神入火鄉。申月行火木運。官可六品。

甲申　乙亥　大尹　戊子　辛酉　舉人　甲戌　乙亥　太守　丁亥　戊申　張佳胤尚書　同　一御史　甲申　庚午　元戎　一部司　辛丑　乙未　太守

甲寅　戊辰　武貴陣亡　丙申　丙午　王麟洲少卿　乙卯　庚辰　統制　丁巳　丁未　王嘉賓文選　丁丑　己酉　御史

丙子　己亥　舉人　己卯　己巳　平章

庚申日庚辰時。子申年月。入井欄义。柱運不逢丙丁己干字。貴。純庚申庚辰。行西北東運。武職極品。

乙巳　甲申　布政　癸亥　乙丑　府尹　己卯　庚寅　都諫　癸亥　庚申　員外　癸未　庚申　尹鳳武狀元　己亥　辛未　中書　甲寅　丙寅　給事　戊申　庚申　郡王

戊寅　乙卯　未清霞道人百一十歲　乙未　庚辰　子黃士俊狀元　閣老　戊寅　甲子　錢龍錫閣老諡戊　戊午　庚申　周應秋尚書　丙辰　辛丑　丞相　乙丑　己丑　胡璉都憲　壬辰　壬寅　縣尹　辛酉　癸巳　進士

庚戌日。庚辰時。魁罡。土厚地方。官高祿重。子月西南運貴。寅辰年月平常。

癸丑　己未　郎中　甲申　丁卯　主政　己酉　丁丑　作縣應朝拿問　癸酉　乙卯　伯

遠霞雷霆局　為人有變機　福星臨到處　身至鳳凰池

六庚時戌仔細推　辰中卯庫鑰匙開　四柱若有衝刑字　安然福祿自天來

庚日庚辰時正。地支三合為魁。就中卯戌庫門開。無破紫袍金帶。己午丙丁減福。謀為財去財來。妻重子晚。命中該富貴清閑自在。

六庚日辛巳時斷

六庚日生時辛巳　偏官合刃自身生　為人剛毅妻財損　運到金鄉貴祿亨

庚日。辛巳時。陽刃偏官。庚以辛為刃。丙為殺。明辛暗丙。合煞為權。通身旺月貴。不通無貴壽考。

己未　丁丑　太守　丁丑　癸卯　主政　己未　己巳　進士

庚子日辛巳時。春富夏秋貴冬貧。辰戌丑未年月印綬。行西南運貴。

己丑　戊辰　副使　甲戌　壬申　運使　戊戌　壬戌　進士　甲寅　戊辰　王庭譔採花　丙寅　癸巳　劉光復御史以諫挺擊被謫光宗登基起陞光祿寺丞　庚子　甲申　侍郎

庚寅日。辛巳時。己酉丑月身旺貴。煞旺身弱月貧。純申年月大貴悠久。亥月東南運。主有權貴。

甲午　癸酉　陳祥都憲　己酉　乙亥　進士　壬辰　辛亥　舉人　庚辰　己丑　舉人　癸丑　癸亥　太守　壬子　壬寅　刺史　壬申　壬寅　汪鏜尚書

庚辰日。辛巳時。終蹇。年月不見財。高。通木氣。行西南運。未申東北運。俱貴。一云先無後有。

庚午日辛巳時。己午丑年月。進士風憲。巳申酉戌行土木運。侯伯。

丙午　丁丑　少卿　庚辰　乙亥　主政　辛巳　丙申　州牧　甲申　丙子　張學顏尚書原本傳　甲子　己巳　主政　甲申　甲戌　舉人　辛未　戊戌　主政

辛酉　丁酉　邵景堯榜眼　戊辰　壬戌　壽有八旬外　丙寅　己亥　陶朱公

庚申日辛巳時。刑。己酉丑月特達。春夏木火旺。財官得地。吉。辰戌丑未印綬。行南運貴。

辛未　戊戌　少卿　癸酉　乙丑　縣尹　丁未　壬寅　方伯

庚戌日。辛巳時。年月遇財吉。午未行東南運。文職操權。恐無好終。寅申翰林宰輔。若行火運。亦難善終。

甲申　丙寅　曹鼐狀元閣老死土木之難　癸巳　乙丑　主政　癸卯　乙未　女余夫劉勃進士子元震元霽俱中進士　壬戌　丁未　翁溥尚書　壬申　辛亥　學士　辛巳　戊戌　狀元　戊辰　庚申　參政　丁丑　丙午　楊且　癸丑　進士　辛酉　溺死

日干生旺局　喜內又藏憂　運行財旺地　富貴不須求

庚日相逢時己生　為人福祿依稀平　刑衝破害柱如有　自苦自成免禍驚

庚日時臨辛巳敗財暗鬼倫尋。財來財去小人侵。祖父家基難靠。外合重行發福。兄弟雁行無靠。妻遲子晚。喜開心。先苦後甘之命。

六庚日壬午時斷

六庚日生時壬午　官印福宮聚食神　金上助身須顯貴　月逢火旺命難通

庚日。壬午時。官印健旺。庚以丁為官。己為印。壬為食。午土壬食無氣。丁己祿旺。通金土月氣扶身者貴。通火氣官貴太重。反化為鬼。庚金柔弱。不能作福。運氣扶身亦貴。

庚子日。壬午時。日併衝。憂傷妻子。通金氣貴。火氣大貴。但多憂勞碌。

庚子　丙戌　周煦都憲　甲寅　戊辰　副使　甲辰　庚午　進士　己未　丙寅　解元　戊子　甲子　余孟麟榜眼　祭酒無子　癸酉　己未　胡謡侍郎

庚寅日。壬午時。辰戌丑未己申酉月。身旺俱貴。寅午火旺。運氣再遇。壽促。不然殘疾。

乙卯　己丑　主政　甲戌　甲戌　進士　戊午　戊午　狀元　己巳　己巳　舉人　丙戌　丙申　羅鳳功舉人都憲　時落空亡少子　庚子　戊寅　劉誠意伯　[illegible]　地支運　丁酉　甲辰　沈一貫大學士　甲申　丙子　張學顏尚書　星案傳　己巳　丁卯　趙時春會元都憲

庚辰日。壬午時。食神旺。善飲食。有操持。發即死。

己亥日壬申時。卯未三合。會官干透印大貴。戊子月財旺生官。酉己土受生干透甲丙俱吉。

癸亥俞大尤都督　丁未校猾　戊申戴時中都憲　乙丑　庚午主人　甲申　癸亥進士　癸亥　庚戌主人　癸未

鸞鳳棲梧局　飛騰大不難　如逢刑尅破　勞碌不曾閑

日干是己會申時　無破無衝最合宜　柱中縱然官不現　也交財旺定根基

壬申時逢己日。就中三合為宜。天乙貴人正入提。宜用財官顯貴。戊己辰戌得位。文章廣學須知。妻賢子孝福文齋。刑破中年不利。

六己日癸酉時斷

六己日生時癸酉　沐浴之鄉水土渾　財食支藏多聚散　身衰失地壽難存

己日癸酉時。水土渾濁。己以癸為財。辛為食。酉上癸病辛旺。比肩奪財。財多聚散。更身衰失地。主成敗反覆。不然壽促。若通身旺月或運吉。

己丑日。癸亥時。春平夏穩秋傷官傷盡有威權冬富。如丙寅己月金神遇火貴。木土金水運即官透乙大貴。

庚午遊擊壽五十九　辛巳　乙巳進士　丁亥

己卯日癸酉時。日相逢卯酉。主遷移刑傷。又傷官帶煞。主性兇暴。作事遲延。生四季月吉。

丁己明建文君水土敗酉時　壬子犯破碎宜失國遊走　丁卯副使　癸卯

己巳日。癸酉時。己酉丑月傷官傷盡。居武職風憲。寅卯戌月，金神入火鄉。貴而能言傷貴。收心早退。以水上敗在酉。故也。

癸未副使　甲子　己巳貴夭　壬申　己卯小貴早退　丙寅　庚申富被刼　戊寅　戊子楊兆尚書四千四　丁己支互換貴全　壬辰富　庚戌

己未日。癸酉時。戌亥丑辰年月。西方運貴。巳巳大貴。卯辰近侍不大。

己未遷使　甲戌

己酉日。癸酉時。偏財遇食主崢嶸。丑未子午俱吉。酉月內戚。如年月己酉全犯破碎煞。主一生破日。遊走無結果。

癸亥太守　辛酉　辛未貴　辛丑　壬子舉人　丙午　甲子舉人　丁卯　壬午舉人　癸丑

己亥日。癸酉時。通土氣月。行木火運貴。

食神生財局　刑傷更忌衝　若無犯此字　遲早改門風

己逢癸水酉時生　食神生旺自從容　身弱更兼衝尅破　此命依算只中平

己日時逢癸酉。偏財喜遇食神。雁行無倚靠雙親。性格情懷不定。財來財去聚散。眼前廣見難存。花開花謝再重新。此命先逆後順。

六己日甲戌時斷

六己日生時甲虎　妻從夫化為真土　如通月氣時日戌　反此而言平常取

己日。甲戌時。妻從夫化。己日甲木化土成局。土神鍾秀本源深厚。月中無化。取甲為官。丙為印。戌上甲木成形。丙火合局。通月氣貴。不通。有刑衝破害者平常。己身雖吉。父母早失。

壬辰御史　癸卯

己丑日甲戌時。尅父太旺。辰月生土厚居。巳午未申臨官帝旺吉。亥戌寅卯土病死凶。酉辰三四品貴。申年退閑。亥木火運。六七品貴。

甲辰訓導　癸酉　丁己周繼昌府丞　辛亥　壬戌解元　壬子

己卯日甲戌時。丙丁午戌年月。壬有庚辛制伏官煞。生山明水秀地方。官至二三品。未酉丑月行火土運。四五品。午月虛北運。大貴。子月木火運風憲。辰巳有倚托者極品。

壬午大富　乙巳　乙酉太守　丙戌　戊辰富二子　乙卯　辛酉大吉　庚寅　壬午王正國侍郎　壬子　辛酉部郎　甲辰　己巳陳益都憲　戊辰　甲子員外　癸酉

己巳日甲戌時。寅午戌月金神入火鄉。貴顯。亥戌年月官居守令。極有聲名。子月木火運極品。

丁丑給事　壬寅　戊申舉人　丙辰　丁亥舉人　己亥　癸未郎中主政俱同　壬戌舉人

乙未日甲戌時。尅陷遭刑。寅午年月三四品貴。戌月東南運五品。純辛卯年月刑。

戊戌進士　乙丑　壬午封官二子　庚戌俱貴

己酉日甲戌時。辰丑刑衝財源益進。酉戌相害名利中平。子月己貴。寅月官印。行印運貴。純乙酉年月頑暴。一云孤獨離鄉。

乙丑李克齋尚書　丙戌　庚寅進士　戊子　辛卯舉人　壬辰　甲戌舉人　癸酉　丁酉宋景尚書　辛亥　乙丑學士　庚辰　己未御史　丙子

己亥日。甲戌時。通土氣月。要行木運。通水木月。要行身旺運俱貴。

己亥日甲戌時 [illegible]

[illegible]

六己日甲戌時斷

[illegible]

庚午日。壬午時。寅午戌月。金柔火任畏縮殘疾。亥子午月。行本火運貴。

丙辰御史 乙未　癸巳指揮 丙辰乙富　壬寅推官 癸丑　己丑太守 丁丑　己卯舉人 丁卯　庚寅進士府同 乙酉　戊子銓部 甲子　癸酉寺丞 丁巳　己巳太守 甲午

庚申日。壬午時。祿馬同鄉最吉。如午未年月。位至臺閣。卯辰巳貴。戌月行火土運。清虛冷職。

丙戌大參 丁酉　辛未孔貞時翰林 丁酉　乙亥州牧 己卯　壬申州牧 甲辰　己酉貧 丙子　甲子呂本閣老浙江人 辛未　庚子去 庚辰　一江宰人 命全平章　庚戌徐兆魁都院 癸未　己酉御史 乙亥　丙午工部　甲子進士 辛未

庚戌日。壬午時。卯月正財吉。未月雜氣財官貴。辰丑月同。

乙未大參 癸未　己未進士 丁卯　癸丑給事 乙卯　庚辰楊日閒老 甲申　辛未祝學士　辛卯　壬申洪承疇丁酉解元 丁未 廷試丙辛　辛卯楊俊民尚書　庚子　癸丑進士未　辛丑兵部 甲午

駿馬離群局　人間將相才　四柱無衝破　富貴命中該

壬庚會合時臨午　無破無衝福自來　從此利名皆有望　貴人舉薦上天階

庚日時臨壬午。支中官印俱藏貴人祿馬更同鄉。禍患潛消福長。怕破刑衝不吉。柱中更忌空亡。將星天乙主榮昌。中暮家門興旺

六庚日癸未時斷

六庚日生時癸未　官星魁制權星退　柱中見己不逢丁　却能顯達得官位

庚日。癸未時。卯財庫。庚以乙為財。未中入庫。用丁為官。己為印。未中己丁。却有明癸制之。柱有己制癸。不透丁字。居官顯達。若無己透丁。為禍百端。通火土運氣貴。

庚子日。癸未時。年月無丁透露。有己土制伏癸水者貴。

己卯鄭王賢誣發高 庚午 墻復正位　丁酉益王三十六子 己酉　壬子富 戊申

庚寅日。癸未時。貴。辰戌丑未月高。夏富。歲運同。巳酉申月身旺大貴。

辛巳曾子拱都憲 辛卯　戊子太守 甲子　乙亥御史 戊子　戊子汪俊尚書 庚申　癸卯憲副 乙丑　壬午舉人 壬子

庚辰日。癸未時。魁罡日。辰中有土制癸。年月無丁。貴。卯月金火運七品貴。

辛酉王士翹都憲 癸巳

庚午日。癸未時。貴。酉申巳亥年月。總鎮兵戎。官至二品。先虛後實。

丁酉汪玄錫都憲 庚戌　戊申張嶋崗尚書 甲子　辛丑部郎 戊戌　戊戌蔣詔侍郎 甲寅　癸酉潘仲驂編修 甲寅 犯法問死

庚申日。癸未時。酉月武貴。初年剝權。年月寅午戌申子辰二局。相參貴。

庚辰韓敬會元狀元 庚辰　甲申參將 丙寅　甲午胡訓尚書 丙子

庚戌日。癸未時。戌月東方運貴。辰月卯年大貴。秋生最吉。夏須西北運方吉。

辛丑劉以修號九一翰林四川人 丙申 寓福州君子　辛卯李承勛尚書 壬辰　辛巳御史 壬辰

鏡裏觀容局　喜中仍帶憂　雲開明月出　作事恐綢繆

庫日未時庫有財　鑰匙開處獨為魁　運至財旺生官地　富貴榮華不用猜

庚日時逢癸未。喜逢丑戌榮財。傷官背祿庫難開。祖業盈全有破。父母夭孤空剋。妻遲子晚和諧。運行吉地免生災。官旺財鄉通泰。

六庚日甲申時斷

六庚日生時甲申　歸祿帶財格最純　己丙與寅柱不見　功名富貴自然臻

庚日。甲申時。日祿居時。庚金申上見祿。甲為偏財。柱中不通丙火。己寅衝刑。主貴。有平常。歲運同。

庚子日。甲申時。時犯日祿。見財星。柱無己酉丙。富貴雙全。辰戌丑未土能生金。吉。寅午戌平常。申酉行火木運貴。寅亥三四品貴。卯刑子多凶。

庚戌孔子此史記述之家語又路 戊子史載己酉年癸酉月　丙戌御史 甲午　己未李默冢宰 己巳　丁未彭黯尚書 辛亥　庚午范懽一方伯 戊子　乙丑洪垣太守 庚辰　戊辰劉存德副使 甲子　庚午楊以誠御史 辛巳　己丑 乙亥張星州牧　壬子徐生敵鎬滄州人 辛亥　己巳雙生弟舉人 丁丑

以上諸公皆有道義。故俱列名。豈亦同孔子之生而然耶。

戊寅

庚寅日。甲申時。寅亥月官至三品。

丙寅通政 己亥　丙戌僉憲 庚　甲子富 丙寅　庚寅 乙酉　丁亥太守 壬子　戊子通判 辛酉

庚辰日。甲申時。日魁罡又歸祿。俱不喜財官。柱無寅午戌丙丁巳字。貴。

乙巳進士 丙戌　癸巳劉堯卿御史 辛酉 官起例

庚午日。甲申時。貴。通身旺。月無丙巳寅午丁傷破。貴。

甲寅舉人 辛未　庚午孟時芳少詹 己卯　壬子賴學士 丙午　己巳大參 戊辰　庚午黃甲狀元 丁亥

庚申日甲申時。貴無卯午未戌丙丁字。貴子丑月。金水運文貴。余見庚申甲申。專祿歸祿。堅金非火不中煅煉。故巳午戌月生者多貴。看歸祿有七法。勿以為嫌。財月最吉。

庚辰　乙酉　憲副
戊子　壬戌　司業
戊辰　庚申　給事
己卯　甲戌　州牧
丁丑　癸卯　舉人
丁酉　癸丑　石星兵部尚書卒於獄中子遣戍東明人一寒儒命同鎮江人
甲戌　己巳　吳嘉會侍郎
壬午　丙午　武金都憲
癸未　甲申　武元
庚寅　甲申　工部侍郎凶死

庚戌日甲申時。寅巳午戌月。妻賢子孝貴。神白經云。金水帶印。主清顯之福。

乙丑　丁亥　張大參
戊午　甲寅　進士
己未　戊辰　舉人
乙卯　丙戌　舉人
乙丑　戊寅　金尚書

庚日甲申時　刑衝亦未奇　運行無破地　平步上天梯

日祿居時喜遇申　柱中嫌巳丙和寅　時來若遇高人薦　柳綠桃紅萬里春

庚日申時為主。功名財祿相扶。生長清閑好詩書。真性無嗔無怒。運拙農商工賈。時來職位遷除。高人見喜小人扶。無破青雲有路。

六庚日乙酉時斷

六庚日生時乙酉　金中相會化真金　柱中無火多剛缺　有火相成貴氣榮

庚日乙酉時。氣化真金。庚以乙為財。辛為刃。酉上財絕刃旺。若化真金。柱中無火。金太剛則缺。行火運造化抑揚。得合中道。庚辰日最好。年月帶馬。三四品貴。但主少子。亦或不肖。

庚子日乙酉時。主富。月通火氣貴。不通平常。運通亦稱意。卯亥年月。師閫。一云破祖刑凶。

壬申　癸丑　京卿
己丑　庚午　監生

庚寅日乙酉時。刑寅午戌吉。甲子凶暴。

癸巳　乙卯　通政
甲寅　丙寅　端遭赦都憲
壬辰　己酉　元戎
丁丑　癸丑　太守無子
甲子　丙寅　孫孟太守
丁未　癸卯　進士
己巳　己巳　舉人
甲申　丙子　林士章探花尚書

庚辰日乙酉時。刑寅卯午未年月。二品權貴。戌亥大貴。神白經云。化金主福厚。

丁丑　辛亥　進士
甲子　丙寅　舉人
乙酉　戊子　張國彥尚書

庚午日乙酉時。刑中貴。寅午戌亥卯未二局貴。巳亦吉。

壬午　丁未　太守
丁亥　癸卯　學憲
丁亥　癸卯　蔡國珍尚書

庚申日乙酉時。真刑。寅午戌大貴。巳酉丑中貴。申子辰富。亥卯未凋零。一云財吉。

丁卯　丁未　趙司業
癸酉　丙辰　郎中
甲辰　壬申　學士
戊辰　乙卯　魏忠賢

庚午日丁亥時。貴。辰戌丑未月。土能生金榮顯。申亥酉月。行木火運。極品。

己丑　癸酉　蔣瑤閣老
己卯　丁丑　陳道基都憲
丁丑　戊申　尚書
戊午　癸亥　布政
乙卯　己卯　太守
辛亥　庚子　太守
丁丑　己酉　明經司道
丁卯　庚戌　御史
壬戌　庚戌　舉人
癸巳　壬戌　李喬中丞
丁未　丁　先貴後貧死
庚子　丁亥　貴
辛未　辛卯　貧
戊辰　戊午　貴
庚申　壬午　貴

庚申日丁亥時。秋生南運貴顯。北運平常。

庚辰　己丑　李讚尚書
丁丑　癸丑　陸完尚書通寧藩謫戍
乙酉　乙酉　佟登元戎
甲申　丙寅　副將
己巳　壬寅　大參
乙未　丙戌　御史
壬午　壬子　貴
癸卯　丙辰　貴
丁未　癸丑　進士
甲戌　己巳　進士

庚戌日丁亥時。辰巳午月。官煞雖混。亦主武貴。丑月酉運。郎官。辰月西北運。方面。

丁未　丙午　梁劍庵侍郎
癸丑　丁巳　布政
癸丑　癸亥　大參
丁丑　戊申　進士
己巳　甲戌　給事
辛未　壬辰　員外
丙申　辛卯　府判
甲申　丁丑　舉人
甲子　丙子　通判

名遂功成局　麻衣換錦衣　若無衝尅破　福祿轉如餘

丁亥時逢庚日排　重重喜色照朱扉　桃紅爛熳日時綻　一陣春風自顯威

庚日時逢丁亥。柱中暗合三奇。要知干旺并三妻。父母雁行可美。癸己戊辛不遇。文章博贊多知。無衝無破貴人提。終未亨通吉利。

六辛日戊子時斷

六辛日生時戊子　印綬學堂并食神　不見丙丁同午破　必是榮華貴顯人

辛日戊子時。六陰朝陽。辛金子上長生學堂。辛以戊為印。癸為食。時上明戊暗癸。柱中不見丙丁午字衝開。通身旺月大貴。犯者不貴。不通月氣。通運亦貴。

辛丑日戊子時。丑月雜氣財官貴。純丑儒職。純辰行酉運都憲。酉月東北運貴。忌庚寅月。刺面凶。癸未月受刑。癸丑月破敗孤凶。

乙亥　丙戌　孫慎都憲
癸酉　乙丑　僕卿
辛丑　戊戌　僉事

辛卯日戊子時。春生寅貧卯貴。夏清貴。秋羊刃無益。冬富。丑月尤吉。辰戌未月。財官印綬俱吉。神白經云。金火化主貴。

丙辰　壬辰　都憲
庚辰　癸未　御史
丁丑　癸丑　御史
辛卯　辛卯　進士

忌辛卯月。父母凶死。辛巳月大破凶。壬申月尸不全死。

乙未　己卯　舉人推官貧
壬子　壬子　舉人
乙亥　乙卯　舉人
丙申　丙申　舉人
辛酉　庚寅　劉一焜巡撫
己丑　辛未　侍郎

庚寅日丙戌時，[illegible]月逢官有制，吉。秋生貴顯，[illegible]冬平，亦[illegible]。寅丑午行西南，公卿之貴。

[illegible]補空大旗[illegible]

庚子日丙戌時，[illegible]

吉[illegible]

庚日丙戌時，金火持尊，庚以丙為鬼，丙火戌土合局，金無氣矣，若[illegible]身旺甲旺日有救，助者貴，[illegible]平常，或夭顛。運逢亦[illegible]

六庚日生時丙戌　金火持尊不祥　身旺月通印綬吉　不通無救辛苦

六庚日丙戌時斷

[illegible]官星失地[illegible]

品職[illegible]

庚日時逢乙酉，就中合化真金，[illegible]官星通[illegible]

天元乙庚合，酉時生[illegible]天然富文章[illegible]

入時[illegible]

庚戌日乙酉時，[illegible]

三命通會　卷八

庚申日乙酉時，[illegible]寅子戌大貴，乙酉丑中貴，[illegible]

庚午日乙酉時，[illegible]中貴，寅午戌亥卯未二局，貴。巳亦吉。

[illegible]

庚辰日乙酉時，[illegible]寅卯午未年月二品[illegible]

庚寅日乙酉時，[illegible]

庚子日乙酉時，[illegible]

中[illegible]

庚日乙酉時，[illegible]

六庚日生時乙酉　金中相合化真金　[illegible]

六庚日乙酉時斷

[illegible]

庚日申時[illegible]

[illegible]

庚申日[illegible]

丁酉 壬寅 黃熙龍現太僕正卿

辛巳日戊子時。寅巳午月正官貴顯。亥子傷官。子少妻多。卯戌五品貴。神白經云金化象主貴。忌丙寅月。刑子。乙巳寅先貧。丁酉月夭。

丙寅 戊戌 尚書　癸丑 辛酉 大參　丙寅 丁酉 同知　戊子 丁巳 進士　壬午 庚戌 錢謙益探花侍郎

丁亥 壬寅 壬及泉御史以訪異術異人理侍講

辛未日戊子時。貴。寅巳午酉年月。火木運貴。亥子翰苑。辰戌丑未雜氣財官印俱吉。忌庚申月。戶不全。死亡子月孤凶。癸丑月凶刑死。

己未 戊辰 彭鳳翰林　壬申 壬子 王國光尚書　甲子 乙亥 羅洪先狀元江右人一說江生 貢一山東宗室[illegible]公

丙申 戊戌 郎中　乙卯 癸未 御史　甲戌 庚午 府尹　癸巳 丙辰 御史　甲戌 丁丑 太守凶死無子　壬寅 辛亥 進士　癸亥 丁巳 學士　癸酉 甲寅 太守

己未 丙子 孟養浩南都院

辛酉日戊子時。子酉月生。無丙丁火不行南運。三四品貴。傷妻子。武職權重。神白經云金火化主貴。破祖方發。忌壬寅月凶死。辛巳月大敗主凶。庚戌月凶死。

甲子 癸酉 進士　丙寅 戊戌 大參　戊子 乙丑 王凝侍郎　甲午 丁卯 侍郎　丙子 辛卯 侍郎　癸巳 甲寅 元戎　丁亥 乙酉 副使　庚子 庚辰 太守

乙亥 丁亥 進士本年四月卒　丁酉 戊申 侍郎　戊戌 乙卯 貧薄　戊子 辛酉 學憲　丙戌 辛丑 中丞　戊寅 戊午 宋師襄府尹

辛亥日戊子時。不貴則富。亥月無官。傷官傷盡發福。子少。春夏亥子丑木火運局金紫風憲。

壬午 辛亥 胡杰祭酒　壬申 癸亥 郎中　乙巳 辛巳 太守　丙戌 庚子 貴　己丑 丙子 凶　壬戌 壬子 使　癸丑 庚申 尚書　甲辰 丙寅 進士

丁未 丙[illegible] 男女命同男遺刑 女為媳

六辛日見戊子時。謂之天庭清顯氣。辛酉辛亥得之最高。忌丙寅月。死不全尸。丙申月失鄉惡死。丁酉月失亡惡死。

寒門生貴局　福祿自然彰　不犯刑衝破　陞遷到省堂

天元六辛子時生　春到花開燦爛明　丙巳午丁如破壞　功名難望晚方成

辛日時逢戊子。六陰會合朝陽。金神印綬顯咸光相助。一身榮旺。巳午逢之減福。丙離雁侶尊堂。妻子勤助旺家。庄無破寒門興望。

六辛日己丑時斷 以下六辛日所忌月分同上時犯併論

六辛日生時己丑　金土持爭勢不安　年月財官相救助　免交貧困受饑寒

辛日己丑時。金土相爭。辛以己為倒食。丑上有明己暗辛。歲月無財官救助者。貧困。得財官運亦吉。

辛丑日己丑時。孤獨過生。申酉月金旺運行火鄉疏通。刑傷妻子。為僧道貴。純丑酉南運大貴。

庚戌 辛巳 院使　丙午 庚寅 僉事　戊辰 辛酉 太守　辛丑 辛丑 趙狀元

戊子 甲子 縣尹　丙申 乙未 大參　甲申 戊申 凶死　壬午 壬寅 布政

辛卯日己丑時。寅卯亥未等月。財星格。南方運貴。辰戌丑未印綬。南方運吉。

壬辰 癸丑 知縣　丙辰 丁酉 舉人　庚寅 丙戌 官貴

辛巳日己丑時。丑巳申酉月生。金多剋木。損傷妻子。僧道貴。寅卯辰月南運貴。

癸酉 甲子 方伯　乙卯 戊子 王邦瑞尚書　壬申 乙巳 舉人　庚辰 戊寅 檢討　丙辰 乙亥 封君　丁卯 己酉 明仁宗皇帝一云戊子時　丙戌 戊戌 代王

辛未日己丑時。寅卯未月。財星格。巳午官顯。

戊寅 乙卯 大參　辛亥 戊戌 舉人　辛酉 甲午 龔用卿狀元　丁卯 乙巳 尚書　癸未 甲寅 王宗英侍郎

辛酉日己丑時。破祖。己酉丑月金多剋木。俊俏有財。難為妻子。寅午月近侍貴。

辛巳 丁酉 知縣　戊戌 乙丑 知縣　庚寅 甲申 進士　癸巳 甲寅 史謹少卿死於獄中

辛亥日己丑時。寅巳午月官星明朗。立計成家。卯未財局富貴。未戌衝吉。申子辰年月金水極秀佳。酉建祿。行木火運吉。純亥金水極秀貴。

己亥 乙亥 王教侍郎　丁未 壬子 進士　己酉 己巳 進士　戊申 辛酉 舉人　甲申 辛未 知縣　辛亥 乙未 同知

辛丑 庚寅 通政

有貪逢時上　財官庫內藏　時乘多險阻　骨肉且參商

己丑時逢辛日險　財官埋沒未為奇　六親骨肉多刑害　年月衝開富貴推

辛日時臨己丑。總由倒食淹留。就中金櫃緊監收。午未戌開成就。甲丙卯寅發福。癸壬亥子漂流。少年謀望事難周。中末前程自有。

六辛日庚寅時斷

六辛日生時庚寅　財旺生官遇貴神　金木局中通月氣　必為榮貴富豪人

辛日庚寅時。貴人財官。辛以寅為天乙貴。丙火為官。甲木為財。寅上丙甲旺。若通金木月氣。或通運者。主富貴顯達。

辛丑日庚寅時。春貴。夏言旺。秋顯達。冬吉。丑月南運風憲。或武貴。一云發郎風。辰年月。酉中全無火氣。貧夭。

庚辰 戊寅 顧清尚書　己亥 辛未 劉天和都堂　壬戌 丁未 御史　辛亥 侍郎　己卯 甲戌 御史　己丑 丙寅 郎中

丙寅乙未沈演方伯　甲申乙亥耿定向南京掌院　乙酉甲申貧夭　癸未己未元戎　乙亥丙戌太守　辛未己亥舉人

辛卯日庚寅時。午未亥子俱貴。寅卯申酉六七品貴。一云父早亡。多患風疾。

丁卯辛亥舉人　乙酉甲申舉人　丙寅乙未進士　壬申丙太師　戊午己未丞相　庚辰己卯舉人

辛巳日庚寅時。春貴夏官。祿行西北運大貴。秋身旺。冬暴狠。一云刑後有財。

辛未日庚寅時。己未丑月名標金櫃。妻賢子孝。晚年風疾。寅卯午戌俱吉。

丁卯丙午富　戊寅乙卯舉人　戊午丙辰孤貧且夭　甲寅甲戌劉狀元　甲戌庚午壽

辛酉日庚寅時。貴春財聚。夏官祿成。秋身旺。亥子丑戌午酉等年月。俱貴。

乙亥己丑吳三樂侍郎　丙申辛卯侍郎

甲辰丙進士　丁酉辛亥進士　辛酉庚寅凶死　壬寅庚戌依覓　丙辰戊戌吏科　己亥辛未溫純尚書　癸未己未舉人

辛亥日庚寅時。貴主有暗疾。干透丙發。午酉寅亥年月。南方運貴。

丙子辛卯李幼致尚書　癸酉壬戌侍郎　庚子己丑都憲

甲子庚午大參　戊寅辛酉郎中　壬辰庚戌主政　壬申己酉舉人　辛未丁酉都司　戊戌乙卯極富　己亥癸酉凶死

背暗向明局　平生志氣高　財官年月上　蘭蕙出蓬蒿

六申之日遇寅時　財旺生官互換推　運拙利名應蹇滯　若行財祿更無虞

辛日庚寅時。過弟兄骨肉生疎。雙親祖業靠難成。鴛侶中年迷鏡。亥癸坎壬減福。丙丁巳午馳名。春生冬產貴人欽。中大榮華之命。

六辛日辛卯時斷

六辛日生時辛卯　妻子難為遇比肩　秋產冬生貧下格　丙臨寅馬却當權

辛日辛卯時。比肩分財。辛以乙為財。卯上乙旺。遇比分奪。損傷妻子。生秋冬。財官無氣平常。寅巳午月。干透丙火丙合辛生官貴顯達。辛卯懸針煞。柱多不吉。

辛丑日辛卯時。春夏生土厚地方。富貴。秋尅妻刑子。冬艱辛。寅巳午月近侍貴。甲戌年月。木火運風憲。

丙申辛丑尚書

壬辰庚戌查布政凶死　甲申丙子刺史　庚申己卯進士　辛丑庚寅耿定力南掌院　乙丑戊子進士

辛卯日辛卯時。寅午戌月財官雙美貴顯。卯酉申辰年月近侍貴。見官印財星妙。一云少苦。中年大發。

戊午乙卯徐閣老

癸酉丙辰嚴世蕃以恩廕至侍郎惡極罪大典刑　戊午乙丑余元立翰林　己亥丙子鄭紳尚書　壬子壬子方伯

丁卯己酉進士　辛巳辛丑御史戊午年卒　甲戌己巳知縣　甲子壬申憲副　己卯丁卯憲副　辛丑辛丑憲副　丁卯己酉御史夭

辛巳日辛卯時。春財旺。夏官旺。秋身強。冬懦弱。己酉年月。行木火運貴顯。申月水火運金紫。巳月西北運風憲。

己亥甲戌廉憲　辛未丙申運使戊午年凶死

辛未日辛卯時。純未丁年月。雖大權貴。不善終。寅巳亥純吉。

癸未丁巳趙鳳尚書　辛酉庚寅傅鎮都憲

乙亥乙酉殷士儋閣老　戊申甲子進士知州　甲子乙亥知州

辛酉日辛卯時。出身孤苦。中年獲福。末年封妻廕子。貴。巳月官印。逢天德。貴當一品。丑月木火運中貴。申酉亥年月東南運風憲。

乙酉辛巳張居正閣老十年專政丙子運至壬午年列歲運如故　戊申戊午布政　辛卯丙申舉人　丁亥辛亥花應期狀元侍郎縊死星案傳　丙子辛丑行人

丙辰癸酉孫嘉績進士一方郎才學俱作明末官至侍郎　辛亥辛丑王國侍郎

辛亥日辛卯時。春夏財官雙美貴顯。秋冬背祿逐馬。勞碌反復。純亥金水極秀。多發高科。辰戌吉。丑未尤吉。

辛巳戊戌吳桂芳尚書一云庚寅時　乙酉己丑汪道崑侍郎文名素有　乙丑丙戌丁四一御史凶死　丁亥辛亥范應期狀元侍郎縊死原本傳　己未壬申御史

辛丑癸巳舉人　戊寅壬戌御史　丙寅丙申御史

羊刃劫財局　明月有盈虧　財祿中年聚　鴛侶恐傷悲

並辛遇卯祿分明　比財逢財事不成　春夏人生財祿旺　秋冬刑害命中平

辛日時逢辛卯。二辛分奪妻財。雁行鴛侶少和諧。獨立自成無礙。年月財星生旺。忻然祿自天來。運行比劫事沉埋。火木運中通泰。

六辛日壬辰時斷

六辛日生時壬辰　傷官傷盡倍精神　四柱火虛防尅害　九流技藝云生意人

辛日壬辰時。暗金沉水底。辛用丙為官。壬為傷官。辰水庫。丙辛無氣。壬水合局。若年月透丙。是傷官見官。刑禍百端。為人氣高誇大。秀而不實。不通月氣。無倚托者。為人反復成敗。為一卜藝術。柱有木火身旺。行東南運貴。

辛丑日壬辰時。春顯達。夏平常。有名利。主暴虐。酉月行東運貴。戌未四庫全最鬧。純未雜氣財印。丑未衝鬧。主有權貴。

辛卯日壬辰時，春財旺，妻賢子孝；夏傷官見官，然亦多富；秋吉；冬孤尅多貴。
癸未 己未 王體津侍郎　癸酉 己未 殷正茂尚書　戊申 癸亥 進士　甲申 戊辰 解元　壬午 己酉 劉堯誨尚書
乙巳 壬午 貧生　壬申 戊申 何棟如進士任逵起至南兵部主政　壬辰 辛亥 翁諫　丁卯 丙午 進士　丁卯 癸丑 進士
辛巳日壬辰時，春傷官生財；夏行藏反復，或凶暴；午未亦奇；秋申酉身旺，得火則吉；冬亥子傷官傷盡，有木土為妙，貴
重清高，未免刑尅。辰戌丑未主武貴。乙酉 戊子 羅欽順狀元名臣　丙午 辛丑 孫應奎尚書剛直　庚午 己卯 進士　丁丑 丙午 進士
癸丑 丙辰 錦衣　戊辰 辛酉 元戎　丁巳 丁未 府尹
辛未日壬辰時，身夭，春生財星格吉；夏勞祿；秋貴；冬傷官傷盡者為奇。庚申 甲申 禮部尚書
壬申 戊申 楊廉侍郎　丙戌 戊戌 王廷聲侍郎　壬午 丙午 舉人　辛未 庚 知縣　戊子 乙丑 張秩翰林早卒無嗣
辛酉日壬辰時，春富貴雙全；夏好；秋身旺貴；冬白丁。子月辛生地，學堂主文學；年月火濟貴；甲戌月，官至三品。
庚子 己巳 壬九庵尚書　丁巳 壬子 王仲山僉憲子進士　丙子 癸巳 太守　乙酉 己 舉人　辛巳 癸巳 舉人　乙酉 乙酉 刑人
乙酉 乙亥 崔恒謙敗於申申年以投賊被刑
辛亥日壬辰時，貴；春財旺扶身；夏吉；秋身旺好；冬傷官傷盡，自立自成；卯未年月貴。丁亥 丁未 許國大學士
戊辰 乙卯 太守　又丁酉舉人　命全俱篤厚君子　己酉 癸酉 郎中　戊辰 進士　壬子 癸丑 進士　丙寅 張居正閣老　壬辰　丁卯 丙午 侍郎　癸巳 壬戌 舉人　戊午 壬戌 舉人　甲戌 庚午 關汝梅刑部主事
細水長流局　六辛總有陰　運行財旺地　官祿自來臨
六辛日干時壬辰　鎖閉財官事未能　不遇鑰匙兼壓伏　自古難發少年人
辛日壬辰時遇傷官傷盡為奇，祖業父母早難，為雁行分飛無意，春夏財官生旺，東南方運，施為自謀自立作家資。不
得親人之力。

六辛日癸巳時斷

六辛日生時癸巳　貴氣無傷官印强　月氣有通兼倚托　早年榮貴姓名香
辛日癸巳時，官印扶身，辛以丙為官，戊為印，癸為食神，巳壬丙戊健旺，癸合化火，赤白文章，若有倚托通月氣者顯達。

若月不通，運通亦吉。
辛丑日癸巳時，凶，剋父母；發福；春夏吉；秋冬凶暴。一云化貴戒酒。戊戌 癸亥 魁元　戊辰 丁巳 進士　丙辰 癸巳 張懋修狀元革
辛卯 乙未 刑人
辛卯日癸巳時，春夏身弱壽促；秋身强勞力辛苦；如月氣火木，三四品貴。丙寅 甲午 郎中　丙午 辛卯 進士　乙亥 甲戌 郎中　丙辰 乙未 進士
辛巳日癸巳時，化貴；子午年寅午戌月貴；亥卯未清貴；申子辰無義之人。辛巳癸巳兩干不雜，寅辰透丙，俱主極貴。丑
酉三合亦吉。丙子 癸巳 呂純陽神仙　丙辰 丙寅 富弼鄭公名臣　辛巳 癸巳 寇準萊公名臣　考遺書自公生天寶
十四年乙未四月十四日巳時老宋史冠公七月十四日生魏野詩云何時生士相明日是中元星聚傳俱誕　壬午 壬子 太守　甲戌 甲戌 胡朝臣通參沈東甲戌己巳二公俱淹獄
戊午 乙丑 元戎　癸亥 庚申 舉人　庚午 己卯 進士
辛未日癸巳時，寅午戌月高命；巳酉丑身旺平穩；申子辰白丁；亥卯未清貴。己卯 辛未 鄉尚書　丙午 丙申 太守
甲子 乙亥 張潤錦衣極富多子壽不六旬　己未 庚午 進士　戊戌 己未 荒近失家
辛酉日癸巳時，貴顯，酒色重；寅卯財旺吉；丑三合全富貴。壬寅 癸卯 太守　辛巳 辛丑 富貴　丙寅 乙未 憲副
辛亥日癸巳時，日併衝，憂傷妻子；春財旺；夏吉；秋平；冬凶暴；酉午年月木火運，風憲都堂。丙戌 己亥 湛若水尚書道學
癸酉 庚申 布政　辛巳 戊戌 僉憲　己未 壬申 郎中
辛干時對局　官印喜相逢　不遇刑衝破　騰身到帝宮
癸巳時逢辛日干　桂中獨喜顯財官　運行祿馬無刑地　金榜題名步御鑾
辛日時臨癸巳，春生財旺，鎡基丙丁午年最為奇。破尅刑衝不利。壬癸庚申無破，功名富貴為的，妻賢子孝兩相宜。刑
破巳時不利。

六辛日甲午時斷

六辛日逢甲午時　暗鬼梟神真可畏　若無倚托反勞生　莫道六辛逢馬貴
辛日甲午時，鬼旺身衰，辛用丁為鬼，己為倒食，甲為財，甲午木死則神無氣，丁己健旺，雖見午為天乙貴，平生反覆，縱
通旺氣亦貴不永。若主火土月，西方運貴。

辛丑日甲午時。未申年月日柱有刑害。雖富壽美逼金。雖貴不永。　丙辰 甲午 布政　壬戌 癸丑 進士　丁酉 丁未 命同 一進士一官生

壬辰 丁未 郎中

辛卯日甲午時。卯月武貴。寅戌破祖。不然殘夭。己午七八品貴運同。　丙午 癸巳 舉人　庚子 甲午 周士

辛巳日甲午時。平寅午戌官旺。吉申子辰平常。卯戌年官印雙全公侯。　癸酉 戊午 叅政　辛亥 丙申 縣尹

辛巳 己亥 楊成尚書　壬辰 乙巳 凶死

辛未日甲午時。申子辰偏官有制吉。丑戌方面。未月貴。　丁未 戊申 歐陽鐸侍郎　甲戌 甲戌 御史　戊午 甲寅 舉人

甲子 丁丑 張居正閣老　壬辰 庚戌 舉人聱

辛酉日甲午時。春財旺。夏官貴俱吉。秋身強雖富不永。冬平常。　甲午 己巳 薛文清公從祀廟廷　乙卯 丙寅 舉人

庚戌 壬午 紀正時以羣飲行封侯令被寺僧首謀反棄市

辛亥日甲午時。亥子年月。金水極秀。文學堪誇。辰戌丑未雜氣財官貴顯。　丁亥 壬子 楊尚書　癸亥 己未 趙文華尚書 嚴嵩黨

四意三心局　謀為事滯疑　雖然財祿聚　擔是又擔非

六辛日干時甲午　財神無氣不相當　春生木旺財官運　一路滔滔姓字香

辛日時臨甲午妻財無氣身衰干強火旺為鬼胎火重金柔煉壞最忌用神傷損金沉海底生災無刑無破趁心懷貴重光明廣大

六辛日乙未時斷

六辛日生時乙未　火木相成金不畏　月通金氣與春榮　財旺生官身自貴

辛日。乙未時。天財入庫。辛以乙為財。未上入庫。己為倒食。丁為正鬼。未上有暗丁。己被明乙制伏。不能為害。若通己酉丑月者貴。通火行西運。通金行南運。俱貴。

辛丑日。乙未時。刑亥卯未寅月。財旺生官。不貴則富。辰戌丑子俱吉。　丁卯 壬子 進士　壬午 己酉 舉人　丁丑 戊申 舉人　丁亥 戊辰 庚申 舉人　乙未 材省吾侍郎　庚寅 癸未 舉人　己丑 甲戌 御史　乙酉 丙戌 諫策

辛酉 學士　壬申 丁未 胡汝霖都憲　一貢生命仝 江右人

戊戌 丙寅 陳紹儒尚書　庚寅 南府人

辛卯日。乙未時。亥卯未月。財盛生官吉。　辛未 辛卯 舉人　己丑 辛未 李國楨元戎以失機死

辛巳日。乙未時。月通金火貴。運通亦貴。　甲寅 癸酉 易學寵　壬寅 癸卯 大叅僉都　癸未 乙卯 蔣冕閣老

辛未日。乙未時。寅卯未年月。財旺生官。名高祿重。通火氣行西。通金氣行南。俱吉。　丙寅 丙申 布政　丁酉 壬寅 主政　甲寅 丁未 沈儆炌巡撫　戊子 乙卯 進士

辛酉日。乙未時。月通火氣。行東運貴。辰戌丑未最吉。亥卯貴顯。不死秋生身太旺。財官無氣凶死。　己巳 戊辰 官生　己未 乙亥 進士　戊辰 甲子 貴　己酉 丁丑 解元

己巳 甲戌 歐陽紳納指揮歷都司陣亡蔭指揮子進士

辛亥日。乙未時。亥卯未月。財星格吉。秋冬孤獨。辰丑近侍三品。

偏財時旺局　乙未庫中藏　丑戌相逢處　功名翰墨香

未時辛日廣門開　卓立家成自發財　金木運中身旺吉　幾經險過福重來

辛日時逢乙未庫中透出偏財運行木金忌身衰丑戌之運通泰經歷初年發福駕幃抵敵無災榮華富貴命中排無破為官清泰。

六辛日丙申時斷

辛日生時遇丙申　月通金火轉精神　化成金水逢金地　聚福能為富貴人

辛日。丙申時。丙辛化水。申上長生。若月通巳酉丑金氣者。精神秀麗。文章聚福。通火氣旺有倚託者貴。辛酉辛未最妙。不成化象。申上官星無氣。平常衣祿。　辛酉 己亥 進士

辛丑日。丙申時。化貴。少年蹇剝。中貴顯。亥月作化氣看。吉。寅午戌巳未月。官星有氣。春財旺俱吉。

辛酉 戊戌 貴　戊辰 庚申 進士　己亥 壬申 貴

辛卯日。丙申時。化貴。寅巳午未戌酉亥月。官星明朗。山明水秀。登科榮貴。通土氣亦貴。一云少蹇中末好。　戊戌 甲子 侍郎　庚子 戊子 大叅　乙酉 甲申 元戎

丙申 乙未 舉人　辛亥 戊戌 太守

辛巳日。丙申時。見血則福。又云貴中失。申未年月。身厚妻重子孝。武職三品。

辛亥 甲午 太守　丁巳 庚戌 周狀元　丁亥 壬寅 巨富　乙巳 辛巳 進士知州

三命通會 卷十

辛巳日丙申時，身旺，官[illegible]

辛卯日丙申時[illegible]

辛丑日丙申時[illegible]

辛巳日丙申時，丙辛化水，申上[illegible]

辛日生時遇丙申[illegible]

六辛日丙申時斷

與前官貴參

辛日時逢乙未[illegible]

六辛日乙未時斷

辛未日丙申時。因貴人門下得富。春清貴。夏平常。秋富。冬夫貴壽促。神白經云金水乖合。又化水主貴。

己巳 丁卯 陸樹聲會元尚書壽九十七歲　壬戌 丙午 太守　己卯 癸酉 進士　甲午 丁丑 舉人　丁酉 己酉 巨富　壬子 癸丑 進士　甲申 乙亥 學憲

辛酉日丙申時。寅巳午未戌月。官旺榮貴。神白經云水化主貴。

己酉 庚午 太守　辛亥 丙申 侍郎　庚戌 丁亥 知州

辛亥日丙申時。發福防孤。尅帶疾。通金氣主人秀麗福厚。通水氣大貴。

癸未 乙丑 太守　乙未 己丑 馮銓閣老　壬午 癸卯 薛國觀由外官入閣賜死

合化天元局　冬生福有餘　時來隨貴顯　金榜把名題

辛日艮時遇丙申　天元化合得其真　冬生若也無刑破　貴顯當登要路真

辛日丙申時遇長生祿馬。希奇。天元化合顯光輝。職重名高威勢。君子文章士立。常人榮旺家基。生時真定。却無虧運喜西南東地。

六辛日丁酉時斷

六辛日生時丁酉　鬼破祿元禍百端　倚托身強方斷吉　月通制伏是偏官

辛日丁酉時。火金持爭。辛金酉上健旺。見丁為正鬼。酉上丁長生。破祿不成其福。反復成敗。身強通月氣。有制伏者。作偏官論。更行身旺運貴。通金氣無丁。身強行南運大貴。

辛丑日丁酉時。高平。行酉月木土運方面。戌亥子巳未年月。大貴。

壬午 乙巳 宗室　乙未 庚辰 以假印論死後脫　壬子 庚戌 張岳侍郎名臣　癸丑 癸亥 進士　辛巳 辛丑 舉人

辛卯日丁酉時。日併衝。月通金氣。不透丙丁。南方運貴。

丙子 己亥 吳宗達探花閣老　甲子 癸酉 王凌侍郎　戊寅 甲子 憲副　庚辰 乙酉 進士

辛巳日丁酉時。平。亥月反復不定。午月偏官帶疾。顯達。壽促。子月貴歲。一云有財有害。壽不過三十一。

辛巳 辛卯 同知　丁亥 壬子 舒化尚書　庚辰 戊子 侍郎謫戍　丙子 戊戌 舉人　甲子 丙寅 僉憲

辛未日丁酉時。不貴則富。月通金氣。無丙丁字。行南運貴。

辛丑 辛丑 主政　己未 丙子 富　丙申 庚子 壽踰百歲　己酉 壬申 戴大賓編修考戴公自云庚戌生附於朱文公己酉恐非惜不祿

辛酉日丁酉時。年月通金氣吉。丑月酉方運風憲。寅午戌貴。

乙卯 戊寅 楊鎬經畧尚書　甲辰 甲戌 衛承芳尚書　壬戌 丙午 方伯　庚申 己卯 進士

辛亥日丁酉時。貴。丑寅卯酉年月。近侍金紫。

己亥 辛未 太守巨富無子　丙午 己亥 癸酉人中浙江舉人名胡正蘊中北場舉人名正道又中南場舉人名王國昌參軍

時干煞生局　天元莫見官　身強財祿運　貴顯步金鑾

酉時辛日等同倫　出戶相迎喜事新　不遇刑衝空尅破　何愁富貴不加身

辛日時臨丁酉。偏官合局相投。丙丁重見主淹留。嗣息女多男少。祖業殘花秋暮。遊人皎月雲收。身強官旺福優游。運至財官大有。

六辛日戊戌時斷

六辛日生時戊戌　印綬生身坐祿堂　有托福人難靠祖　不通月氣是平常

辛日戊戌時。祿同印堂同居。辛以戌為祿堂。戌上有明戊為印綬。以丙丁為官。戌上戊上正位。丙丁火局。若有倚托通月氣者。難為祖業。不通。平常。

辛丑日戊戌時。刑害。辰戌丑未印綬。行南運大貴。寅巳正官貴。子午卯酉。武職風憲。

戊辰 甲寅 太守　辛巳 辛丑 舉人　壬辰 甲辰 閣老　壬午 庚戌 布政

辛卯日戊戌時。刑害饕餮。亥卯月木火運。五六品貴。

庚寅 戊子 通判　辛卯 甲午 襄王　丙子 辛亥 霍冀尚書壽六十　丁未 辛亥 布政　丁酉 丙午 太守

辛巳日戊戌時。辰戌丑未月。印綬文貴。少病。生土厚分野貴。戌月行木火運風憲。

乙丑 己丑 高時給事問死　丁未 乙巳 進士　庚申 甲申 舉人　甲寅 丁卯 周應賓禮部侍郎　乙未 甲申 會胡節探花侍郎　丁丑 丁未 伯　乙亥 壬午 大叅　己亥 丙子 知州

辛未日戊戌時。剋惡狠暴。憂傷妻子。寅巳午戌丑月貴。甲子辰亥金水極秀尤貴。一云尅父母。身旺中年富。

壬申 壬子 王國光尚書　甲寅 丁丑 舉人　丁卯 庚戌 凶死　乙亥 辛巳 少卿　甲子 丁丑 副使　辛未 戊戌 副使兩子不離　甲戌 丙寅 御史　壬午 庚戌 主政　辛未 甲午 舉人

辛酉日。戊戌時。凶刑。己酉丑辰戌未年月。魁元卿尹之命。

戊子太守　己未
丙寅進士　辛丑
戊戌知縣　庚申
辛丑舉人　乙未
癸丑少卿　丙辰
丙子萬士和尚書右子　己亥
己卯中庚戌科進士本年卒　丙寅
己巳侍郎　癸酉
丙辰御史　庚寅

辛亥日。戊戌時。凶狠機謀。奸猾計較。一云凶後發。

己丑御史　丙寅
乙酉進士　戊寅
甲申舉人　壬申
丁亥凶死　乙巳
戊辰御史　辛酉
辛卯白　乙未

官印臨時局　早年事莫諳　命中時運至　倉庫自然開

辛日戊時財庫閉　如開須待丑辰來　年月甲丙天干透　富貴榮華不用猜

辛日時臨戊戌。五行財祿榮昌。柱中辰戌兩相當。名曰鑰匙開藏。火水光輝發達。空亡鎖閉如常。運行財地併官鄉。無破天然福相。

六辛日己亥時斷

六辛日生時己亥　背祿剝官反破傷　如作飛天祿馬貴　失時無合空忙忙

辛日己亥時。飛祿合局。辛以丙為官。亥上有旺壬傷。故官無氣。如再得亥月。或亥日。以亥衝出巳中丙火為官星。若是辛酉辛丑合局貴。其餘辛無合。不通月氣。無倚托。貧下。有倚托吉。

辛丑日。己亥時。辰戌丑未及寅卯月生。作飛天祿馬貴。未月金水運。金紫方面。

辛酉喜東南運尤貴　丙申
乙丑兩司　丙戌
辛酉進士　戊戌
甲辰中庚午科舉人壬午遇難　丁卯
乙亥林廉使合飛天格　丁亥

辛卯日。己亥時。寅卯亥未月財旺生官。終身有憂。己酉丁年月貴。

辛卯給諫　丁酉
壬戌進士　壬寅
癸卯京卿　辛酉
戊申下賤　甲子
丁丑郎中　壬寅
辛丑張學士　己亥
乙卯舉人　戊子

辛巳日。己亥時。填實巳字。不入飛天格。作官印論。主父母竭力扶持而後富貴。

乙丑沈良材侍郎　己丑
癸未諸大受狀元侍郎　甲子癸酉年卒
一孤寒人　命仝
丁亥知州　壬寅
甲子貴夭　丁卯
丁卯明世宗在位四十五年丁卯年　己酉崩

辛未日。己亥時。貴亥卯未寅月。金能尅木為財。盛為官。名利貴顯。巳午年月富貴。秋生者透丙亦吉。

戊寅秦鳴雷狀元　乙卯
丙午解元　丙申
丁酉大參　壬子
癸亥汪道崑父侍郎封　乙丑
癸卯進士　辛酉
甲戌解元　己巳
辛丑田門僉都　戊戌

辛酉日。己亥時。辰戌丑未雜氣財官吉。純亥衝巳中丙火為官貴。

丁丑舉人　辛
辛亥舉人　辛丑
辛酉鄭綱侍郎　己亥

丙子趙錦尚書　辛卯
一高僧命　仝四川人
庚子副使　己丑
庚午宋鳳翔解元　庚辰

辛亥日。己亥時。年月再亥。飛天祿馬。三四品貴。武職極品。侯伯。寅巳填實則減。子辰年月亦吉。

辛亥進士　癸巳
丁亥布政　乙巳
甲子主政　乙亥
甲戌郎中　丁丑
己丑舉人　己巳
甲寅伯　庚午
丙辰學道　庚寅
癸丑御史　乙卯
庚辰司訓壽有七十　丁亥
壬辰進士　戊申

苓芝出草局　親面各支離　守舊難成就　平生自作為

辛日天干己亥時　梟神背祿主災虞　無衝發福亦不重　馬飛天貴自殊

辛日時臨己亥。梟神背祿同宮。好如缺月被雲籠。壬己甲寅無用。父母宗[illegible]睦。殘花結果防風。若無尅破與刑衝。飛天祿馬福重。

六壬日庚子時斷

六壬日生時庚子　子上明庚暗損傷　火土月中仍主吉　不通尅狠只平常

壬日庚子時。刃旺身強。壬以庚為倒食。癸為羊刃。時上明庚癸旺。若通火土月氣。制伏庚癸。大貴。不通。尅狠平常。通運亦貴。

壬子日。庚子時。辰戌丑未月雜氣財官。巳申丑酉印綬。居土厚分野俱貴。寅月金水運。近侍金紫。午月行西運。六品。子運敗凶。若純壬子。羊刃貧凶。一云少年富。三十五後艱辛。未大富。忌辛巳月。凶惡死。辛亥月大凶。甲子月刑。

己卯司冠　癸酉
癸酉侍郎　乙卯
癸酉李邦珍都憲　己未
甲戌銓部　乙亥
甲申嚴清尚書嘉興人　己巳
一平常命　仝北直人
甲子張狀元　乙亥
辛卯葉夢熊尚書世襲　庚寅錦衣
一王孫　命同
庚申袁宗道會元春坊　己卯
戊午舉人　戊午
甲寅舉人　丁卯
辛丑副使　戊戌

壬寅日。庚子時。貴而刑。辰戌丑未月雜氣財官。巳申酉月印綬俱貴。忌乙巳月受刑。丁酉月大破主惡死。乙亥月刑。

乙巳方獻夫閣老　庚辰
癸酉侍郎　甲寅
庚午布政　己丑
壬辰孫丕揚冢宰　甲辰原本傳
庚辰宋德成戊午舉人　辛巳乙亥遇難
乙亥舉人　甲申

壬辰日。庚子時。若寅午月生財星旺。辰戌丑未官旺俱吉。純辰透庚壬作壬騎龍背格。大貴。忌丙辰月。夭死尸不全。丁未月破主孤。辛丑月大破刑。

庚辰趙丞相　庚辰
乙酉大參　甲申
甲戌宋儀望都憲　丙寅
庚戌經魁　戊子
己丑舉人甲子年中　戊辰年死
辛亥富壽　戊戌
壬寅吏目八十九猶健　戊申
癸酉工科　壬戌
癸酉貧凶　乙卯
庚子李積尚書　甲申
辛亥進士　己亥

壬午日。庚子時。時日併衝。女多男少。丑未月行南運。富貴。餘年月觀諸貴命可見。忌甲午月自刑。多是非。癸酉月大破。

[illegible]

六壬日庚子時斷

[illegible]

六辛日己亥時斷

[illegible]

失鄉惡死。辛亥月惡死。

辛酉 甲午 僉憲　丁卯 己酉 僉憲　戊子 己丑 元戎　乙卯 乙酉 主政　癸卯 乙丑 袁封君子宗道會元宏道中道俱進士孫彭年進士

丙寅 乙亥 舉人　癸丑 壬戌 舉人　丙申 庚寅 武榜

壬申日。庚子時。貧刑。未月雜氣財官行財旺運貴顯。先難後易。辰會水太旺。須行火土運吉。丑戌財官印綬。俱吉。春冬平常。秋夏吉慶。忌乙巳月受刑。夭。丁酉夭。乙亥月孤。自刑。

己卯 乙亥 進士　癸未 戊午 陳萬言翰林　甲辰 丁丑 夏邦謨尚書　壬午 丁未 侍郎　己亥 戊辰 進士

壬戌日。庚子時。夭。丑月金火運。辰未財官格。俱貴。寅酉行西北運貴。申子辰行東南運極品。忌己酉月孤單。凶。丁亥月凶刑惡死。辛丑月刑。

壬辰 壬子 曾省吾尚書後削籍　庚午 戊寅 邢一鳳探花　乙丑 丙戌 進士

舟重沙灘局　颼軌待順風　幾番凶險處　遇吉又亨通

天干壬日時庚子　梟目中來遇刼財　運弱妻兒防尅害　運強財祿自天來

壬日時逢庚子。刼財倒食留連。運行比刼事憂煎。財祿不能通顯。雁侶隻親失意。妻兒遲則團圓。財官運步福滔然。祖業從新改變。

六壬日辛丑時斷

六壬日生時辛丑　下有官星上印綬　如通月氣運西南　官印扶身人清秀

壬日。辛丑時。官印得位。壬以己為官。辛為印。丑上金局暗己得位。若通月氣。為人清秀。祿貴安穩。不通主性僻詭譎。

壬子日辛丑時。己酉丑月印綬。多受父母蔭。申月火土運近侍。有權。辰戌。不有官有印。丰姿瞻達。名播天涯。寅午戌月財破祿印。不成局。平常。亥申年月貴。

辛己 甲午 富　丙戌 丙申 陳祖苞大參　丙辰 丙申 布政　丁亥 戊戌 誅　戊子 辛酉 御史　壬子 辛亥 小貴　丁卯 庚戌 舉人

壬寅日辛丑時。丑月雜氣印綬高。辰巳煞強無制伏。財官身弱辛苦。

丙申 辛丑 都閫　壬辰 甲辰 孫不揚冢宰無子無女星棠冑　丁酉 乙巳 董裕尚書　癸未 乙丑 給諫　癸巳 己未 進士　癸酉 乙丑 知縣

壬辰日辛丑時。辰戌丑未雜氣財官印綬俱貴。春平穩。夏有財祿。秋吉。中有凶。冬身旺。須行南運者方顯。

辛丑 辛丑 范文正公　辛丑 丙申 布政　丙申 辛丑 潘旦都憲　戊辰 丙辰 秦鳴夏修撰　庚寅 丁亥 鄭洛尚書

辛未 丁酉 李天寵都憲凶死　戊戌 丙辰 祝大舟御史謫戍一中書命同　甲子 丙寅 進士　辛未 戊戌 朱宗道禮部尚書　辛未 戊戌 進士　戊戌 甲寅 舉人

壬午日辛丑時。祿馬同鄉貴。夏吉秋財官印全亦貴。

丙辰 丁酉 寓長　癸酉 戊午 僉事　己巳 癸酉 太守　戊辰 丁巳 給諫

乙未 戊寅 劉臺御史劾張居正謫戍辛　辛亥 丁酉 鄒元標進士劾張居正官至冢宰　己丑 丁丑 魏時春南刑部尚書江右人一無錫生員一四川吏命同

癸酉 庚申 貴戚　壬寅 辛亥 鄧以讚會元探花侍郎

壬申日。辛丑時。寅卯亥未年月進士。風憲官至二品。終有起倒。辰戌富足。申酉享用自然。行北運亦貴。

己未 丙寅 鄭曉尚書傳雅　庚寅 丁亥 曹熙學士　丁酉 戊申 駙馬　丁未 庚戌 進士　戊申 甲寅 封官　甲戌 壬申 公爵

癸亥 辛酉 黃承玄巡撫　壬午 壬寅 練國事巡撫謫戍　己巳 戊辰 舉人　丙辰 庚寅 刑人　丁酉 辛亥

壬戌日。辛丑時。辰月衝開財官貴。丑戌亦吉。柱有乙癸卯字。平常。

甲子 乙亥 梁封君子夢龍尚書　辛酉 癸己 伯　丙寅 戊戌 何洛樞密　乙酉 己丑 侍郎　己未 辛未 主政

時臨官印局　身弱且如常　欲要功名顯　財官運步昌

六壬日干辛丑時　官印相生事事奇　午月更通金土旺　為官清貴定無移

壬日時臨辛丑。財官印綬其中。要知開庫鑰匙通。戊己相逢火重。癸卯乙字減福。有遇龍虎相衝。只爭遲早敗門風。富貴承恩拜寵。

六壬日壬寅時斷

六壬日生時壬寅　水火相逢既濟論　水木月通財祿貴　不通無救是常人

壬日。壬寅時。水火既濟。壬用丙為財。甲為食。寅上丙生甲旺。壬水無氣。若通水局有倚托。皆貴。不通無救。福薄。壬寅日健旺主大富。如不通月氣。亦貴。

壬子日壬寅時。純子年月無午衝破入飛天格。富貴。寅卯巳申酉戌亥年月俱貴。

辛巳 戊戌 方良永尚書

庚寅 乙酉 都憲　辛酉 辛卯 廉使　壬子 丁未 少卿　己未 丙寅 主政　乙巳 丁亥 進士　丁丑 乙巳 知縣　丙寅 庚子 李太后　丁酉 壬子 貴戚

庚寅 戊寅 貴戚　壬子 壬子 大貴　癸卯 丙辰 孫鑛會元南兵部尚書　辛巳 丙申 納貴　辛丑 戊戌 伯　癸巳 丁巳 進士　庚子 庚辰 舉人

壬寅日。壬寅時。壬趨艮格。土厚地方。山明水秀。腰金衣紫。巳亥年月。武職三品。富厚純篤。寅年午月行北運。金紫。己月

行西北運貴。辰戌丑未亦吉。純寅尤吉。一云中年貴。五十後大厄。

壬寅 壬寅 韓都憲一氣生成 一巨富命同　壬午 戊申 進士　戊辰 丙辰 刺史　丁卯 甲寅 舉人　癸酉 甲子 張志發淄川人由刑部侍郎入閣　戊午 丙辰 銓曹　丙申 丙申 正卿　癸己 甲子 林狀元　丙戌 乙未 大富　壬辰 甲辰 刑人

壬辰日。壬寅時。純辰壬騎龍背格。干頭無丙丁戊己運。行比肩大貴。純寅大富。卯戌月木金運。三五品貴。午月平常。

戊申 癸亥 方純尚書　甲辰 丁丑 劉楚先禮部尚書　甲戌 辛未 僉憲　己卯 癸酉 謝理閣老　乙丑 庚辰 進士　甲子 戊辰 計穀會元侍郎極富　己卯 丁丑 程國祥侍郎高品　辛己 辛丑 舉人　癸未 壬戌 林舒探花閣老　丁未 丁未 舉人　乙卯 癸未 通判

壬午日。壬寅時。少年多疾厄。壬午祿馬同鄉。辰寅年月二品貴。申酉高尚。若通木火才名冠世。貴戌月行東南運方面極品。

庚戌 丙戌 盛端明尚書　壬寅 辛亥 沈思孝廢吉士侍郎無子　庚寅 己丑 丞相　戊辰 辛酉 舉人　壬申 壬子 太守　戊戌 壬戌 舉人　甲辰 丙寅 胡儼祭酒　丁亥 壬子 凶死　辛未 庚子 太守　辛酉 甲午 御史

壬申日。壬寅時。己酉丑月。武職三品。辛卯戌月亦貴。子寅大貴。一云貧而發亦不久。

辛亥 壬寅 郎中　壬辰 壬子 進士　辛卯 戊戌 進士　乙酉 戊寅 舉人　戊午 甲寅 韓邦城進士知州甲辰年廢　丙申 甲午 蔡天祐侍郎

壬戌日。壬寅時。己月偏官格。名標金榜。身坐玉堂。純子三品。寅卯行北運風憲。又六壬日見壬寅時。名白太虛。貴不久盛而禍生。

癸亥 辛酉 閔如霖侍郎　甲子 丙子 京卿　壬寅 戊申 大叅　壬戌 壬子 同知　壬申 壬子 憲副　戊寅 壬戌 易應昌掌院　庚戌 乙酉 御史

壬日壬時局　無官亦有財　寅辰重疊見　富貴自天來

六壬逢虎是浮游　富貴功名莫強求　有印有官為上格　驟然財祿免憂愁

壬日壬寅時遇。比肩相遇食神。弟兄雁侶少同羣。此是生時定分。坐局運行官地。身強祿位超倫。身衰刑害禍相侵。衣祿平常之命。

六壬日癸卯時斷

六壬日生時癸卯　引歸死地勢難安　劫財煞及見傷鬼　倚托若無常命看

壬日癸卯時。身死刃生。壬以癸為刃。卯為暗乙。而傷官鬼。卯上癸生乙旺。壬死不通。身旺月氣。無救助及倚托者。夭賤。己酉丑月印旺。無化者。性僻孤高虛詐。身旺通見金氣。行財運貴。傷官傷盡。行南運亦貴。

壬子日。癸卯時。子卯相刑。憂傷妻子。貴人提攜。財帛盈餘。敦厚之命。

乙丑 癸未 副使　丁卯 壬寅 舉人　丙申 辛丑 盜典刑

壬寅日。癸卯時。背財敗祿。或興或廢。子年月貴。己月財官雖刑亦貴。辰戌丑未官煞制刃。俱吉。

甲子 己己 倪岳尚書名臣　己卯 丙寅 經歷甲子年死　丙子 戊戌 解元　癸己 己未 都督

壬辰日。癸卯時。通身旺。月見土金破刃。行財運貴。

辛酉 庚子 田皮成學憲　壬申 癸丑 給諫　乙卯 己卯 僉事　甲辰 丁卯 太常卿

壬午日。癸卯時。壬居午位。祿馬同鄉。又值卯時。貴顯榮達。己午年月武職風憲。又云旺中破。

己丑 丁卯 平章　丙戌 甲申 教授　乙未 戊寅 辛丑時 劉臺行史易張居正謫戍壬午復官贈少卿 一云壬申日　癸未 甲寅 唐一麐解元後中進士死　己丑 丁丑 吳性侍郎

壬申日。癸卯時。亥卯未寅月。傷官傷盡。妻賢子孝。土厚貴命。純辰醫卜。子月水木貴。

戊戌 壬戌 真德秀名儒　丙午 庚寅 王象乾兵部尚書五十年宦途　甲子 癸酉 周廷侍進士　丙午 庚子 李太后　辛丑 辛丑 舉人

壬戌日。癸卯時。甲癸午酉年月文貴。申平常。金火運貴。

丁亥 丁未 舉人　乙亥 己丑 舉人　丁亥 辛亥 百戶

劫財傷官局　早年事沉埋　生來財不聚　用盡復還來

壬癸相逢見卯貴　刑衝破害不周全　月逢二德兼身旺　改禍為祥樂自然

壬日時臨癸卯。敗財背祿相逢。平生反復事疑遲。水到東方失位。須有貴人救助。自身文福難齊。祖財骨肉有盈虧。命主晚成先廢。

六壬日甲辰時斷

六壬日生時甲辰　壬騎龍背坐食神　柱中有托無刑害　必是榮華富貴人

壬日。甲辰時。亦為壬騎龍背。壬以甲為食神。辰上壬水合局。甲有生氣。食神旺相。通月氣者。富貴福厚。若辰月行卯運。不利。

壬子日。甲辰時。申子年月。飛天祿馬。無破六卿。己酉富貴。亥亦貴。

丁丑 庚戌 進士　丁亥 壬寅 舉人　甲午 辛未 陳大科右都　丙辰 戊戌 趙拱柱南都　壬子 壬子 尚書　壬寅 壬子 尚書　甲午 己己 進士　丙申 辛丑 舉人

壬寅日。甲辰時。己月偏官格。不衝不破者。貴顯。午正官貴。辰卯局全。東方少年登科榮貴。又云尅腦極貧。

丙寅 庚子 馬森尚書　丁酉 丙午 太守　乙卯 丁亥 運使　甲寅 丙子 府丞　癸卯 丁己 元戎　辛丑 戊戌 舉人　壬寅 壬寅 富

庚寅 甲申 袁貞吉南兵部尚書　乙未 甲申 劉若宰狀元　甲辰 丙寅 大壽

壬辰日甲辰時。辰月生壬騎龍背。天貴寅月不貴即富。戌月雜氣財官衝開辰庫。高命。子月斷根損集。成敗不定。未月金水運貴。一云水火災少孤。又云有財自刑失。

戊寅 辛酉 給諫　甲辰 丁卯 運使　庚辰 庚辰 通判　壬寅 壬子 貴　壬子 甲辰 曹一鵬庶吉士　戊辰 丁巳 齊王　庚辰 丙戌 楊簡閣老　辛丑 庚寅 進士

壬午日甲辰時。水火災。寅辰年月翰苑宿儒。或居祭酒。純子風憲。卯寅富厚。辰子儒職。又云自刑凶惡死。

乙丑 庚辰 進士　丁亥 乙丑 盛吉泉少卿多子　己未 癸酉 主政　丙申 壬辰 解元　戊戌 戊午 進士　丙午 己亥 一品夫人無子　丙寅 庚辰 富　戊申 癸亥 凶死

壬申日甲辰時。水火災。丑寅年月文行武權。純子金火運方面。

乙卯 己丑 進士　辛未 庚子 大參　丁酉 戊申 徐學古副使癸卯運辛巳年卒　癸巳 丁巳 周金尚書　丁酉 庚戌 甲部　癸亥 癸亥 舉人　丁巳 辛亥 副使　己巳 壬申 解元　辛亥 戊戌 副使

壬戌日甲辰時。寅申酉月行南運貴。戌亥卯未申子辰巳午年月俱吉。一云有財孤。

辛亥 辛亥 進士　戊辰 甲子 元戎　丙午 己亥 王際亨丁丑進士授南和令辛月內遭失城之變論法得免　丙子 庚子 太守　乙酉 甲辰 太守

壬騎龍背局　祿馬自然逢　辰多官祿重　寅多比石崇

時遇甲辰壬日子　喜神重疊福多端　時來早晚功名就　運至申辰作顯官

壬日甲辰時好。青龍入廟為高。猶如蘭蕙出蓬蒿。水木滋生榮茂。時日衝開庫旺。自然成就富豪。運行吉地逞英豪。貴顯親人難靠。

六壬日乙巳時斷

六壬日生時乙巳　身絕有財不聚財　進神暗鬼來相尅　透己相刑是禍胎

壬日乙巳時。財旺身絕。壬用丙為財。戊為鬼。庚為倒食。巳上有乙木為傷官。丙戊健旺。庚金長生。壬水氣絕。柱有己官。禍患百端。傲物誇高。若不通身旺月無救助者貧。有倚托通旺或行身旺運皆吉。

庚戌 乙酉 知州　戊寅 壬戌 副使　戊寅 甲寅 主簿　乙巳 己丑 楝子陞閣老　甲申 甲戌 布政　甲戌 甲戌 侍郎

壬子日乙巳時。貴但難為妻子。性格剛强。不受羈。戊年月純煞有制。行木金運。官至三品。

癸酉 乙卯 進士　庚午 壬午 中書　庚辰 戊子 劉存業榜眼

壬寅日乙巳時。孤高刑妻尅子。如為僧道富貴。

壬申 丙午 王思善辛丑科進士寬且上馬破卯而亡

壬辰日乙巳時。亦平。夏財。秋穩實。冬無助救。主貧苦。

癸未 辛酉 周孟尚書　甲寅 甲戌 進士　甲申 己巳 舉人　乙巳 戊子 同知有壽

壬午日乙巳時。辰戌月貴。亥月金運位至都帥。

甲辰 戊辰 施鈗祭酒　癸酉 戊午 御史

壬申日乙巳時。身坐長生學堂。財帛進退。名利驅馳。本月行北運貴。辰戌丑俱吉。一云手足折傷。自刑後死。

丙辰 庚寅 元帥　癸未 辛酉 夏漢壽都憲　辛亥 戊戌 尚書　甲戌 癸酉 大參　癸丑 乙丑 副使　庚午 丙戌 進士　己亥 戊辰 舉人　乙酉 庚辰 進士

壬戌日乙巳時。寅年月入日德格貴。辰戌丑未貴。秋印。夏財官俱吉。春傷冬旺。看干透何如。亦可取貴。

丙戌 甲午 知縣　丁未 壬子 舉人　丙申 丁酉 進士　丁酉 癸丑 趙參魯庶吉士謫典史後陞尚書

壬日乙巳局　柱中莫見官　見之防不足　刑害事多端

壬日時逢乙巳臨　謀為未遇且沉吟　貴人舉薦財官旺　子嗣鴛鴦不一心

壬日時臨乙巳。傷官背祿無取。雖然天乙貴人扶。貴顯遇而不遇。謀望云為反覆。生平實事成虛。時來發達改門閭。猶似旱苗得雨。

六壬日丙午時斷

六壬日生時丙午　聚財之地生胞胎　月逢金水須富貴　棄命從來是就財

壬日丙午時。祿馬三奇。壬以己為官。丙丁為財。午上丁己是祿馬。壬水受胎。有倚托通金水月氣。就財棄命。主富貴。通火氣亦貴。

壬子日丙午時。公直撐持。財富而貴。年月子午字重。水火既濟。極品。一云旺中失傷妻子。

戊戌 癸亥 女命夫子進士　己酉 乙亥 舉人　壬辰 乙巳 太守　丙午 壬子 大貴

壬寅日丙午時。寅午戌月財星格。但嫌身弱。宜僧道吉。秋生印綬。冬身旺。行金火運金紫。

辛未 辛丑 何如龍閣老　乙卯 乙酉 同知　辛酉 庚子 侍郎　癸亥 乙卯 解元

壬辰日丙午時。寅午戌月。財旺大貴。

戊辰 乙丑 尚書　己巳 癸酉 舉人　丙申 壬辰 大參

壬午日丙午時。冬月身旺吉。夏財多身弱。丑月近侍貴。寅午金土運。獨弱從强。棄命就財。高命。

戊辰癸亥 袁焯會元探花閣老無子　己巳己巳 郎中　庚辰丁亥 僉憲　丙午庚子 丞相　丁亥壬子 太守　乙亥壬午 巨富

壬申日丙午時。通金水月氣貴不通棄命就財主富不然極貧下

丙午癸巳 富　壬戌丙午 富　乙亥己丑 溫如掌都憲　癸巳庚申 進士　丁亥戊申 中書

壬戌日丙午時。寅月三合財局棄命相從富秋有倚托貴冬亦吉

戊辰庚申 史弘詢刺史富子貴　辛巳庚寅 僉憲　乙亥己卯 舉人　丁酉戊戌 黃初稍眇　己卯戊辰 廖逢時都憲

祿馬同鄉局　身强財祿昌　常人能發福　君子坐朝堂

丙午時生壬日强　時中祿馬不尋常　運行吉地無衝破　早晚陞遷到省堂

壬日時逢丙午。亦名祿馬同鄉。就中既濟見人耳。志氣寬洪海量。不過刑衝破害。自然財祿盈箱。運行財旺及官鄉。定是朝中宰相。

六壬日丁未時斷

六壬日生時丁未　夫化妻從格局奇　若是局中通水木　發財發福兩相宜

壬日。丁未時。夫從妻化壬合丁未。土同木局貴。若月通木局。有倚托者發財。不通但有資助因妻致富

壬子日。丁未時。月通木氣貴通金氣富通火土氣富貴兩全。不通行火土運亦吉

丙申丙申 同知　庚寅壬午 舉人　戊子己丑 貢士　壬辰辛亥 壬狀元　丁酉壬午 節度

壬寅日丁未時丁工佑木亥卯未寅月貴

庚子己卯 進士　戊寅甲寅 知縣　癸巳辛酉 御史

壬辰日丁未時辰月生壬騎龍背局貴顯寅月妻賢子榮。三合水局身旺無倚多貧尅妻。

壬午丁卯 進士　甲午乙亥 刺史

壬午日丁未時。春平夏富。秋貴冬吉。巳午年月位至王侯。未月東運貴。子月正印三奇。俱藏貴。當極品。

甲戌丙子 楊一清閣老名臣無子　乙亥癸未 郎中　壬子壬子 進士　庚午壬午 富　乙卯乙酉 監丞　壬申壬寅 凶　戊戌乙丑 蔭郎

壬申日丁未時。大富。巳午年月或透戊己。富貴雙全

壬戌日丁未時日德。封妻蔭子。中年又損妻子。亥子申酉月貴。巳午不貴。即富。辰月天月德貴。

己卯戊辰 登斯己尚書　丁丑甲辰 大參　丁丑癸卯 舉人　己巳丙子 給諫　丙午丙申 進士　辛卯丙申 貴　丁卯壬子 長史　丙子乙亥 舉人

小往大來局　家門漸漸興　一朝時運至　名利自然成

壬日時逢丁未臨　木化成林忌見金　年月若還無破害　必教富貴福祿深

壬日時臨丁未。就中暗合妻財。好來丑戌鑰匙開。收積錢財廣大。年月衝尅不犯。天然衣祿安排。鴛幃子息早年乖。中未依然亨泰。

六壬日戊申時斷

六壬日生時戊申　長生之地鬼傷身　身强制伏為高命　反此定知貧薄人

壬日。戊申時。水土混濁。壬以戊為鬼。庚為印。申上庚金健旺。壬水長生。戊上偏官。身鬼俱强。為人勇暴。若通旺月行身旺。通有甲木制伏者貴。不通聰明不貴。再行鬼旺之運。難為顯達。

乙卯甲申 史際少卿富甲於江南　丙午戊戌 運使

壬子日。戊申時。年刃帶煞。貴人提攜。巳午年月。近侍有權

甲戌丁亥 副使　己丑乙亥 通判　丁巳戊子 大貴　丙申丁未 京官　丁未丁未 元戎　戊寅甲寅 吳達都憲

壬寅日。戊申時。時日相衝。身孤為僧道吉。如寅午戌或純辰年月亦貴。

丙戌庚子 同知　丙辰甲午 大參　辛亥壬子 中丞　乙未癸未 駙馬　乙卯甲申 御史　乙酉己卯 周憲主事由寒儒四十後中有好子以八字四衝難看　癸丑乙卯 劉文清公墉名臣

壬辰日。戊申時。戊月生。早登科甲。官至方面。寅卯丑申子午等年月。極貴武職一品。

戊寅庚申 曹金侍郎　甲戌壬申 張松總制　戊戌甲子 四十五歲殺死　己酉甲戌 張問達冢宰　辛亥甲午 部郎

壬午日。戊申時。偏官偏印。亥卯未寅月。有威權。子丑月木火運翰林清貴。戌月行東南運高品。

丙寅辛丑 張秉壺侍郎　辛未丙申 戶部　辛未庚子 林大欽壬辰狀元丁酉年卒　一舉人命同　丙子庚子 元戎問死　丁亥癸丑 萱堯封都憲　癸卯壬戌 侍郎

壬申日。戊申時。壬水長生居申。煞旺身强。更坐亥卯未月。偏官有制吉

戊子丁巳 廉使　壬申丙午 舉人　壬申甲辰 貴　甲子己巳 武狀元

壬戌日。戊申時。破滯多蹇。純酉巨富。若不通身旺月。行煞旺鄉。不吉。有甲制亦可。戊己土重。主瞎疾平常。

戊午甲子 御史　庚辰壬午 舉人　庚子庚辰 戚德進士部郎死崇禎之難　癸巳癸亥 宣國柱 當年諱 庚辰進士當年授科　己未丁卯 逆奴

申時壬日干　身旺不貧寒　大名通虎榜　險處發財官

申時壬戌合天元　運去財官福自然　鬼旺身衰無救助　平生勞碌不週全

壬日戊申時，顯支干煞旺雙全，喜逢辰子兩相連，正合衣錦局。面被害刑衝尅戰，就中文福艱難。運行吉地紫泥宣，富貴妻多子健。

六壬日己酉時斷

六壬日生時己酉　明官暗印有扶持　月通身旺人清貴　猶恐戀花貪酒卮

壬日己酉時，敗處逢生，壬水酉上沐浴，辛為生氣印綬，酉上辛金旺，用己為官，酉上有明己，若通月氣，有倚托，行財官運貴，反是平常，但犯桃花坐命，風流人物，戀花貪酒。

壬子日己酉時，春平，夏吉，秋平，冬旺，如卯月生，好花好酒。

壬寅日己酉時，大富貴，喜通水氣，行官運貴，但好花酒，風流人物。

戊子 甲子 吳阿侍侍郎　甲辰 甲戌 孫狀元閣老　丁未 癸亥 舉人　己未 乙亥 趙堂典膳五子俱大富　癸未 乙酉 舉人　己未 丁丑 舉人

壬辰日己酉時，高月同日，壬騎龍背，大貴。己月行東北運貴。

乙未 丙戌 進士　丙申 戊戌 呂坤尚書　戊戌 壬戌 桂蕚舉人閣老

壬午日己酉時，祿馬同鄉，先難後易，丑寅月行金水運，武職二品。一云破祖凶。

丙申 己亥 副使　癸巳 乙未 貴　辛酉 庚寅 程漸侍郎　壬午 丙午 魁元　壬申 己酉 劉狀元

壬申日己酉時，官印臨門，局中無衝破，祿馬雙全，不貴即富，戊月生，東南方運，腰金衣紫。

甲午 己巳 陳恩育祭酒　甲午 丙寅 趙賢尚書　戊子 丁巳 舉人　己卯 丙寅 舉人

壬戌日己酉時，亥寅子月行財官運，貴顯非常，純亥文貴。

官印臨門局　無衝福祿全　東西須稱意　南北自安然

天干壬日酉時真　改禍為祥遇貴人　若不為官封品級　晚年享福旺家門

壬日時逢己酉，正官印綬無偏，榮枯貴賤是因緣，人自生成便見。乙癸卯衝破尅，駁雜財官藏半，迍邅富貴不雙全，差了生時難辯。

六壬日庚戌時斷

六壬日生時庚戌　身臨財庫卻為魔　明庚暗戊相刑尅　財祿生平聚散多

壬日庚戌時，梟臨財庫。壬以丙丁為財，庫於戌，庚為倒食，戊偏官，若通火水月氣，有倚托者貴，不通，財帛聚散。

壬子日庚戌時，名利進退，庚辛年月貴，辰丑刑衝，酉月破害財庫，得用巳午財官旺，俱吉。

甲辰 丙子 指揮　丙申 辛丑 指揮　辛丑 庚寅 志恩貢義　乙巳 庚辰 太守　乙酉 己丑 進士

壬寅日庚戌時，刑妻尅子，若春生平，夏冬吉，辰丑未月貴。

庚戌 己丑 太守　戊戌 甲子 布政　戊子 壬戌 沈幾解元進士知州

壬辰日庚戌時，夏月不富則貴，春平，秋穩，冬辛勤勞苦，或為僧道，有財刑破。

壬午日庚戌時，祿馬同鄉，壬自坐祿，有庚辛制甲乙為貴，辰戌丑未年月吉，申月學堂文貴大顯，亥子水旺透壬主凶。

年戊透戊煞旺亦凶。一云名利進退駁雜。

乙亥 甲申 張守直尚書　丙戌 壬辰 丞相　戊子 戊戌 侍郎　壬辰 辛亥 知縣

戊子 乙丑 都督　丁卯 辛亥 白手成家無子　丙子 丁酉 進士　丁酉 戊申 胡順尚寶丞

壬申日庚戌時，通火木月氣，富貴，不通行通運亦好，丑戌年月大貴。

癸巳 甲子 進士　丙戌 辛丑 黃凌春會元三河縣籍閩縣人一松江生員一江南僧命同　戊申 戊午 元戎

壬戌日庚戌時，不利妻，主被妻妾害，反覆成敗，從戎貴，寅丑武職，甲月長生學堂，修文多貴，亥月建祿，干透財官，卯月傷官干透，財星俱貴，未月雜氣財官，丑戌相刑吉。

戊戌 乙卯 守備　丙午 己亥 進士知縣以大戎棄市　丙戌 庚寅 太守　戊辰 庚申 太守　辛未 丙申 太守　丙戌 己亥 元戎　己未 甲戌 尚寶

清濁難分局　運地等時來　少年若發福　財庫鑰匙開

壬庚相逢戌時生　庫有財官鎖閉門　究竟無頭多反覆　功名到底似浮雲

壬日時逢庚戌，支干倒食難容，財官印綬庫內封，無鑰不能取用。丑酉辰逢作福，更逢丁巳成名，但怕尅害過刑衝，駁雜如常之命。

六壬日辛亥時斷

六壬日逢辛亥時　印祿相隨最是奇　財官不見無衝破　得路青雲報爾知

六壬日辛亥時斷

六壬日庚戌時斷

六壬日己酉時斷

壬日辛亥時。日祿居時。無尅破。有倚托。柱中不見財官。富貴顯達。行東運大貴。若通氣減福。南方運不貴。巨富。

壬子日辛亥時。主父母不得善終。後發。不富。亥卯年月。文章進身大貴。又云本命貴。主命有財。

丙申 辛丑 何洛文禮部侍郎　癸巳 壬戌 御史　庚寅 壬午 太尉　癸丑 壬戌 饒景暉南兵部侍郎　壬子 壬子 進士　丁卯 壬寅 凶　甲辰 丙寅 貧　己未 丙子 李幾尚書

壬寅日辛亥時。艱難中發。未月雜氣。財官敦厚。中年貴。五十後終。亥月行東南運方面。

乙未 庚辰 淩相都憲　己卯 辛未 大叅　己卯 庚戌 御史　丁酉 乙巳 進士　己巳 乙酉 舉人　丙戌 甲午 都司　己卯 乙亥 選郎

壬辰日辛亥時。秀貴。惡死。午月干頭無己土。青雲得路。若有甲合。為去官留煞。三四品貴。酉月富貴。

丁亥 壬寅 蔡魯公 命同十歲溺死　己未 乙亥 趙王縊死　甲申 乙亥 侍郎　己酉 丁亥 長史　丁巳 辛亥 蘇志皋都憲

辛卯 辛卯 太守　己巳 丁卯 解元　癸巳 乙丑 部光先兵部尚書死後破棺被戮　壬寅 戊申 王學夔尚書壽九十三　己卯 丁丑 凶相　甲戌 乙亥 夭　己丑 乙亥 部郎

壬午日辛亥時。平。丑月風憲。寅月祿馬同鄉。行金水運方面。戌月東北運四五品。丑午僧道官命。

癸巳 己未 朱希周狀元尚書　丁丑 丁未 潘晟榜眼尚書入閣　己未 乙亥 尚書　丁亥 己酉 司徒　乙丑 己丑 僉憲　乙卯 己丑 舉人　戊子 丙辰 主事

壬午 庚戌 給諫　戊申 壬戌 進士　己巳 甲戌 進士　辛亥 丁酉 鄒元標冢宰　甲申 丙寅 褚太初檢討以因富貴棄市　庚戌 丙戌 兵部　壬子 辛亥 京官

庚申 戊子 王佐侍郎

壬申日辛亥時。貴。辰戌丑未雜氣財官吉。年月干無己土。入日祿格。酉月申卯年。行東北運顯貴。

壬申 丙午 劉安峯尚書　乙卯 辛巳 御史　乙丑 癸未 御史　丙子 丁酉 陳玠左都掌院江右人 一南京人平常命同　甲子 乙亥 御史　己巳 甲戌 給諫

庚子 壬午 進士　庚辰 己卯 主事　辛丑 丁丑 侍郎　辛未 壬辰 舉人　庚戌 己丑 舉人　丁未 庚戌 楊起元翰林侍郎

壬戌日辛亥時。少年富貴。亥申巳戌年月。一二品貴。純戌水火運金紫。

癸亥 乙丑 黃養蒙侍郎　丙寅 辛丑 大叅　甲寅 乙亥 郎中　壬子 己酉 大理卿　庚午 壬午 御史　辛酉 辛丑 布政　丁巳 丙午 舉人　丙申 戊戌 周用都憲　己卯 丁卯 叅將　丁未 壬辰 魏允中閣老　甲午 丙寅 胡鐘侍郎　壬寅 辛亥 韓雍都憲名臣　甲申 丙子 副使

祿馬交通局　時來名利全　無刑衝尅破　平地可登仙

壬辛會遇亥時推　白玉休嫌出見遲　長生祿馬無刑破　抛却麻衣掛紫衣

壬日時臨祿馬。又為印綬同鄉。水從金木自然强。此命極高為上。癸乙暗合威福。無衝破顯文章。積玉堆金滿屋堂。蔭

子封妻之象。

六癸日壬子時斷

六癸日生時壬子　青雲得路最為奇　若無己土衝尅破　自有功名顯達時

癸日。壬子時。日祿歸時。癸水子土建祿。若年月干支無戊己午未字。刑衝破害。三元有倚托。通月氣者。文章秀麗。官職顯達。若通木氣。月亦貴。如柱透己。有甲合亦貴。否則反覆。

癸丑日壬子時。午寅乙丑己丑年月。文職四五品。通身旺木氣。月無戊己午巳字。顯貴。未風憲。巳午進士。忌壬寅乙未庚戌月。俱刑。乙丑月下賤。

壬戌 戊申 太守　壬子 癸丑 御史　庚辰 辛巳 主事　癸巳 庚申 進士　辛卯 辛丑 進士

癸卯日壬子時。時日相刑。傷妻尅子。近貴。無己。主威權。若亥巳俱全。進士王府。年月純寅。傷官生財。非大貴即大富。忌甲辰月凶。刑孤。丙申月凶惡死。己丑月刑。

壬寅 壬寅 極品 一富人命同　壬寅 庚戌 戴燿尚書　壬午 癸丑 舉人

戊寅 乙酉 南科　癸亥 癸亥 忿　戊午 辛酉 凶

癸巳日壬子時。春夏發財福。辰戌丑未不貴。終富。忌戊寅月遭刑。戊申月受刑。己酉月乞丐。

庚寅 乙酉 副使　戊申 庚申 湯封君子賓尹會元榜眼　癸丑 乙丑 一榜四賢 餘姚人辛卯甲辰科主政 武進人癸酉丙戌科主政 一魯史　丙寅 丙申 御史　己未 丁丑 憲副

癸未日壬子時。申酉月貴。戌亥大富貴。寅卯孤。辰巳凶。忌壬申月。身不全。凶。庚辰月凶刑。乙丑月失土凶死。

癸亥 壬戌 徐階探花閣老　乙酉 戊子 太守　癸未 甲子 巡撫　甲午 丁丑 序班

癸酉日壬子時。行藏進退。少子。難為妻家。忌丙寅月。不全尸死。乙巳月大破。凶死。丁酉月自縊而死。

癸酉 戊午 徐陟大理卿　壬午 戊申 高郵州同以河工棄市　乙酉 丙戌 御史　辛未 庚子 舉人　辛酉 庚辰 三品　庚辰 辛巳 舉人　己巳 甲戌 諫垣　丁酉 壬寅 徐元泰尚書　甲子 乙亥 明神宗皇后天月德全

癸亥月。壬子時。貴。亥月生飛天祿馬。登科甲第大貴。又癸祿居子。壬祿居亥。日時互換。三四品貴。忌戊寅月。死不全尸。戊申月孤貧。己酉月孤苦。

乙酉 庚辰 宋日克都憲　甲戌 丁丑 太守　乙丑 戊子 舉人　癸亥 甲子 老彭身歸冬旺致壽　癸巳 癸亥 青死　丁巳 癸卯 張禎閣老

得祿生財局　沉潛外處通　時來名利順　富貴顯家風

日祿歸時局中得　食神喜遇怕刑衝　傷官莫道傷財運　官不加兮財不豐

癸日時臨壬子。名為歸祿格同。家門白屋也琤嶸。立武當權祿重。水清寶瓶益盛。文章博覽多通。榮遷來歷紫薇封。甲午寅亥破動。

六癸日癸丑時斷　以下六癸日所忌月分同上斷六癸時倂論

六癸日生時癸丑　支中暗鬼有刑傷　月通身旺防妻損　丑己遥合貴異常

癸日癸丑時。支得隱鬼。癸以己為偏官。丑中有暗己得位。癸以丁為妻。丑中丁火無氣。若通身旺比肩之月。防損妻財。柱丑寅多。以寅刑己。丑合己。刑合出己中丙戊為財官。須干頭無戊己字。大貴。忌己未卯破格。

癸丑日癸丑時。丑遥己中丙戊為財官。若生丑寅申子酉三合年月。主妻賢子孝。榮貴特達。火土運凶。金水運吉。一云孤中失主貴

一寒儒閣 人命同　壬戌中丞 癸丑　甲午通政 丙寅　庚申大叅 庚辰　癸己張瓚尚書 壬戌　壬午宋纒都憲 壬寅　庚申于仕廉南太僕卿 乙酉　辛丑孫恩侍郎 辛　辛未大叅 己亥　癸丑尚書 癸亥　丙申王家屏閣老山西山陰人 辛丑　丙戌給諫 辛卯　癸酉郎中 癸亥　戊寅元戎 戊午

癸卯日癸丑時。日貴格。身孤剋主貴。丑寅辰年月干支。無戊己己午卯字。極品。

丁丑翁大立尚書浙人 甲辰　一中州生 員命同　甲寅大貴 丙寅　丙子司訓 庚子　壬辰伯 己酉　癸卯伯 戊午　己丑刑人 丁丑　乙卯大叅 壬午

癸己日癸丑時。福德秀氣格。學問聰明。英才特達。貴。若純丑己年月。大貴。

戊戌王基尚書登州人 甲子　戊子知州 甲寅　一武生員 命仝　戊午大貴 癸亥

癸未日癸丑時。子丑寅年月貴。中年富。卯月行金水運。極品。辰戌四庫全。大貴。一云先賤身。中年方貴。剋父母。

甲戌太傅 辛未　乙丑布政 戊子　壬戌進士 庚戌　戊寅舉人 丙辰　癸亥七子 壬戌　丁未進士 壬寅　己酉甲部無子戊戌卒 丙寅　庚申進士 甲申

癸酉日癸丑時。福德秀氣格。學問淵源。行藏進退。難為妻家。一云刑獄貧賤。若年月子己干透庚辛。是月隱三奇。年得祿印。貴當一品。

癸丑傅石淵都憲 辛酉　甲子吏科 丁丑　癸卯駕部 癸卯　乙未朱賡閣老 甲申　己己錢象坤閣老 壬申　丙子甲部 癸己　丙申大叅 丙申

癸亥日癸丑時。拱祿格。怕衝破填實。貴。無子。己午未字。大貴。寅午戌月。南方運。六七品。

癸卯柯潛狀元 乙丑　庚寅余申狀元 戊子　己卯主事 丙寅　庚午進士 壬午　丁丑樞密 癸丑　乙己太后 戊寅　丁未丞相 癸卯　丁酉進士 乙己　辛未大叅 戊戌　乙丑御史 己丑　乙丑都憲 甲申　己亥成憲檢討 庚午

庫藏金櫃局　未字見匙開　無匙空鎖閉　晚景稱心懷

陰水重重時庫收　少年難發莫强求　算來受過中年後　安坐高堂任白頭

癸日時逢癸丑。水流金局盈衝。庫逢戌未祿財豐。不遇空乏難動。無匙少年不顯。有匙祿馬和同。運來何用苦勞心。發達門庭大慶。

六癸日甲寅時斷

六癸日生時甲寅　刃傷官祿減精神　柱中無有庚申字　刑合財官是貴人

癸日甲寅時。刑合財官。癸以丙為財。戊為官。寅刑出己中丙戊為財官。若柱無官煞。反刑衝破害損格。貴有庚申戊己字。無制伏。不貴。

癸丑日甲寅時。本貴。丑中有辛金。減其分數。純水年月。官至一品。秋生印綬亦貴。辰月行東運。貧下。純甲破寅凶。

壬申高拱閣老無子中 癸丑州人　壬午宋纁冢宰 壬寅　一生員浙 人命同　乙己大貴 己丑　壬午石茂華侍郎 戊申　丙子知縣 辛卯　庚辰舉人 壬午　己未憲長 甲戌

癸卯日甲寅時。亥卯未月。至貴。寅卯年月。刑合格。侯伯。寅亥四品。寅月酉運。金紫。丑戌辰己亦貴。

癸酉蔡清祭酒 己未　癸酉大叅 辛酉　癸丑運使 辛酉　庚戌學士 癸酉　乙亥進士 戊子　乙亥都督 丙戌　庚申貴 戊子　己未曾銑都憲凶死 丁丑　乙亥副使 戊寅　辛卯元戎 庚子　癸丑大叅 甲寅

癸己日甲寅時。平通身旺。月大貴。忌戊己庚申字。歲運同。

戊寅杜拯侍郎 戊午　癸亥給諫 甲子　庚辰御史 丁亥　庚辰舉人 乙酉　甲子吳嶽尚書 壬申　乙卯楊官侍郎 丙戌　癸酉甲部 甲子　癸丑貧贅夭上元人 乙丑　甲辰司道屢 乙亥式

癸未日甲寅時。主秀實。中年貴顯。若生己未己己年月。武貴。

辛亥布政 甲午　甲子廉使 癸酉　癸未富 丁己　壬午銓部 戊申　壬午進士 甲辰

癸酉日甲寅時。金神格。寅午戌月。結火局。貴顯特達。官至二三品。忌丑年不貴。己未亥子年月。富壽。辰丑干透甲丁者。

三命通會 卷九

癸酉日甲寅時，金神格，寅午戌月諸火局貴顯。[illegible]

[illegible]

六癸日甲寅時斷

[illegible]

[illegible]

六癸日甲寅時[illegible]

[illegible]

凶。一云津梁高覽。己丑己巳沈位庶吉士壬申年溺死　辛亥丁酉尚書　甲戌甲戌侍郎　戊申庚申少卿　乙未甲申撫翰　己巳戊辰解元　戊戌甲寅大參　癸亥甲子省魁　甲子丙戌知縣

癸亥日甲寅時。子丑未申月進士。運行金水風憲。卯戌年月地支。六合貴。又云貴中凶死。甲辰丁卯御史　辛未庚子知縣　丙申乙未解元　丙戌丙申進士　癸巳壬戌貴　丁亥癸亥貴　丙子癸巳太監　壬子癸丑學士　乙未癸未節度

日出烟霞局　否極泰來亨　常人添厚福　君子進前程

甲寅癸日戊丙開　少年未遇且沉埋　若還四柱無衝破　平步登雲到省臺

癸日寅時魁應。支干相合光榮。若無壬己戊庚申。必然財祿豐潤。運至皇州顯達。文章虎榜標名。但逢一字稍空衝。魁子傷妻剋倖

六癸日乙卯時斷

六癸日生乙卯時　長生之地遇食神　若無午酉兼辛己　福壽雙全祿位人

癸日。乙卯時。食神干旺。癸以乙為學堂食神。卯上癸水長生。乙坐祿柱中無己破辛奪午酉刑衝。通月氣有倚托主聰明有壽。居官食祿。若有己土不貴。春月生北運顯達。

癸丑日。乙卯時。辰丑月高貴。一云少賤中年貴。乙丑己丑侍郎　甲寅丁卯舉人　壬寅戊申龍宗武少參謫戍　甲辰丙寅縣丞

癸卯日。乙卯時。艱難生寅卯月。傷官格。難言富貴。未戌年月技藝近貴。辰丑吉。己丑丙子凶。戊午庚申林志學士　癸卯丁巳司業　庚午己丑進士　甲寅辛未運使　庚辰庚辰舉人　丁卯甲辰舉人　丙申辛丑一品夫人

癸巳日。乙卯時。財官雙美。春傷官。夏財旺。秋安穩。冬平常。如丑午子亥年月。官至三四品。乙亥乙酉殘疾。丁巳己酉侍讀　辛亥庚寅太尉　己酉庚午黃嘉善尚書即墨人　庚戌壬午下伯呂大參謫戍　丙辰己亥卿　甲戌壬申閣老　壬辰辛亥學憲　己亥甲辰御史

癸未日。乙卯時。寅亥卯未月。傷官傷盡。剛斷平常。辰戌申子月貴。己酉甲戌進士　庚申戊子進士　乙丑己丑趙師尹探花　己卯戊辰太守　癸亥甲申郭應聘尚書

癸酉日。乙卯時。申子辰月貴。寅午戌申亥卯未平。己酉丑富。

癸亥日。乙卯時。辰巳月風憲。庚寅己卯大參　丁亥丁巳學憲　乙未庚辰進士　庚子癸未御史　己丑丙子曹勳會元探花

丁未庚戌侯

文星食祿局　聲名到處聞　壬庚加興旺　君子至公卿

乙癸相逢旺食支　天工造物本無私　運行自有高人薦　手攀丹桂上雲逵

癸日時逢乙卯。貴人食祿之鄉。玉堂乙卯位侯王。便是金門將相。君子文章播發。常人財祿盈箱。甲寅辛酉頗安常。富貴榮華大享。

六癸日丙辰時斷

六癸日生時丙辰　偏官無氣未為貧　若無木氣通其局　定是清高福祿人

癸日丙辰時。身坐官庫。癸用戊己為官。辰土上墓為官庫。見丙為財。辰為水局。丙火無氣。癸水合局。柱無甲。破官損庫主貴。

癸丑日丙辰時。平辰戌丑未月。財官有氣貴。又云財孤。丁丑辛丑舉人　乙巳戊寅少官　丙寅壬辰駙馬

癸卯日丙辰時。孤獨難為椿萱。有財帛貴人欽敬。卯亥年月日貴格。午戌九品至五品。寅月行南運風憲。戊辰庚申呂光洵尚書無子　戊寅甲寅都督無子　甲子戊辰大參　辛巳甲午太守　庚辰丁亥沈同和丙辰會元因假文革戍　甲戌丙寅舉人

癸巳日丙辰時。子月生南方。山明水秀地方。高貴。子未年月富厚。戌卯近侍。未戌申儒官。乙未己丑尚書　癸卯辛酉侯　己丑戊辰布政　辛丑辛丑御史　己巳己巳傅夏器會元官郎中壽高　丙子壬寅舉人　癸亥丙辰咸寧侯仇鸞破棺梟示　丙辰壬辰舉人　癸酉壬戌府尹

癸未日丙辰時。高寅卯未月平常。辰戌丑月吉。己月財官俱旺貴。癸亥壬戌憲長多子　辛未癸巳僉憲　甲辰乙亥舉人　己巳丙寅熊廷弼經略侍郎　丙辰壬辰常卿　辛卯壬辰舉人　丙寅辛丑熊鏡湖都憲

癸酉日丙辰時。孤貴。己酉丑月貴。寅卯不吉。子午富。戌月大貴。丁未壬子一汪道亨尚書己卯癸未科婺源人一林學曾少卿壬辰科晉江人　甲寅戊辰林瀚尚書　甲戌壬申例貢　丁丑癸丑富　丁酉戊申楚王　壬戌戊申大參　戊申庚申韓文公　丁亥庚戌秦鳳山尚書　丁巳庚戌舉人

癸亥日丙辰時。柱無甲木破損官庫。貴運喜南。辛亥己亥饒位進士　丙子辛卯樞密　乙亥丁亥武貴多凶　乙丑乙酉李柄巡撫　丁卯戊申侯　辛亥己亥卿　庚戌壬午發財凶死　丁卯壬子夭

玉出藍田局　休嫌出現遲　鑰匙逢卯戌　財祿自天隨

三命通會 卷九

癸日丙辰官庫閉　財星雖透卻無氣　官要匙開財要興　柱逢卯戌方為貴

癸日丙辰時，遇庫中鎖閉財官，要逢卯戌鑰匙開，守祖六親阻礙，暗有食神相助，空乏虛度資財，先貧後富，命中排改祖重興漸快。

六癸日丁巳時斷

六癸日生時丁巳　貴地逢財遇暗官　有托就看財祿盛　無依必定福偏殘

癸日丁巳時，癸合財官，癸用丙為財，戊為官，庚為印，巳為天乙貴人，巳上庚金長生，丙戊建祿，癸水受胎。若有倚托，通水氣，月貴；不通水氣，平常。時逢三奇，大抵發於晚年。

癸丑日丁巳時，先貧後富，行火水運發達。
庚寅 戊寅 侯恂戶部尚書　癸酉 癸亥 太守　辛巳 甲午 舉人　庚戌 己丑 少卿　庚戌 甲申 乙部

癸卯日丁巳時，若子月，身旺財旺，貴。
辛酉 辛卯 僉憲　庚申 丁亥 中書

癸巳日丁巳時，財官雙美，子月貴，火月富，天干透土，地支午未，主大權貴。純丑極品。一云賤中貴，又云貴中血光死。
庚辰 丁亥 劉章尚書　戊午 己未 翁萬達尚書名臣　辛卯 辛丑 許誥學士　乙丑 己丑 李迨侍郎　戊辰 辛酉 府尹　丙戌 甲午 鴻臚卿

癸未日丁巳時，寅午戌月，身財旺顯，秋冬祿旺，傷殘疾。
丁卯 辛亥 路可由都憲　甲午 丁卯 陳克寶進士　丁酉 戊申 舉人

癸酉日丁巳時，先貧後富，巳酉月官印俱旺，亥卯未食傷生財，貴顯，午戌財旺亦吉。
甲午 己巳 李槃尚書
辛卯 辛卯 少卿　辛巳 乙未 太守　壬子 辛亥 楊維聰狀元　丙子 丁酉 副將　庚子 乙酉 憲副　辛卯 辛卯 劉城榜眼　辛丑 丁酉 大參

癸亥日丁巳時，刑害，春夏月生好，秋印綬吉，冬平常。庚寅年月武貴。
辛未 戊戌 大參　甲子 丁卯 太守　壬子 己酉 御史
丁卯 乙巳 舉人　乙未 壬午 王璇都憲　甲午 丙子 太守

鳳落刑山局　石中隱美玉　得志遇良工　不貴即富足

巳時祿馬同爭先　造化無私產大賢　刑衝減半無空尅　運至聲名揚九天

癸日時臨丁巳，貴人祿馬同鄉，三重蛇馬正朝綱，玉殿金堦來往。壬亥申寅減半，只愁運落空亡，果無衝尅與刑傷，舞拜鳳凰池上。

六癸日戊午時斷

六癸日生時戊午　化火臨時帝旺鄉　運喜東南木火地　為官清正祿榮昌

癸日戊午時，化氣成火局，癸合戊化火，午上帝旺，合局而貴。身旺不化，癸水北方之氣，引到南方，癸水無氣，貴而壽促。東方運吉。

癸丑日戊午時，財厚，南運主貴壽，促東運吉。
丁未 丙午 進士　丁卯 丙午 舉人　乙亥 丁亥 知縣

癸卯日戊午時，申子辰亥月身旺，不化，平常；卯戌月貴。
丙申 乙未 顧東階侍郎　庚申 癸未 進士　甲午 壬申 知縣

癸巳日戊午時，中年大富，若行東運貴顯，申未月亦貴。
甲戌 丙寅 富貴

癸未日戊午時，寅午戌化火合局，貴顯。
壬午 辛亥 御史　癸亥 甲寅 給諫　壬戌 戊申 進士　甲午 己巳 大參　癸酉 癸亥 官生
壬申 丙午 周起元御史　丁亥 壬寅 大參　己酉 庚辰 進士助教

癸酉日戊午時，主傷妻，家財有始無終，子年子貴而無祿，行南運好，又云破祖凶敗。
丁亥 庚戌 金澤尚書
庚申 戊寅 林云同左都御史　乙卯 辛巳 左都　丁巳 壬子 府生　己亥 丙子 知縣　乙酉 壬申 舉人　壬寅 甲辰 進士　己未 甲戌 御史　丁卯 戊申 部　乙巳 甲申 舉革

癸亥日戊午時，貴，未月東方運金紫，一云有財貴。
戊申 庚申 大貴　癸亥 癸亥 雙瞽　癸亥 乙卯 以子封一品
甲寅 甲戌 進士　戊寅 戊午 舉人

將星扶祿局　財旺生官祿　衝破合平常　奔走財不足

將星扶祿命高低　見愛於人是與非　得志退毛雞化鳳　先卧平坡被鬼欺

癸日時逢戊午，天元既濟之方，化為真火顯威光，沉潛消除福長，壬會甲寅減字，是非成敗難防，六親雖睦暗刑傷，難得資財富旺。

六癸日癸未時斷

六癸日生時癸未　鬼旺身衰福不齊　月氣不通無救助　平常衣祿有相虧

癸日己未時，鬼旺身衰，癸以己為鬼，未上明暗二己，得坐專位，癸水無氣，混濁不清，反復成敗。若通月制，又不通水氣者平常。癸屬腎與膀胱為腑，患腰膝下部之疾，或腎經所循，暗路生癰瘤。

癸丑日。己未時。高年月俱丑。貧薄。辰戌丑未土旺。主目疾。貧賤。通金木水氣。貴。午月東北運。六七品貴。又云刑破。

甲辰元帥 甲戌　丙辰舉人 丙戌　丙子徐閣老命婦 己未

癸卯日。己未時。子己未年月。二品。己寅字刑六親。

壬子張經尚書凶終 丁未

癸巳日。己未時。財官雙美。柱無戊土。有卯木合局。作時上偏官。有制者貴。

癸未推官 己未　癸亥徐可求川撫 戊午　丁己大叅 壬子　戊寅布政 庚申　壬戌進士 戊戌　戊辰御史 乙卯　庚午通判 癸未

癸未日。己未時。高春偏官有制吉。夏平常。秋冬身旺。申月行木運。顯貴。己辰年六卿。又云刑傷。

壬戌葉鏜侍郎 戊申　己卯進士 丁卯

癸酉日。己未時。寅己申酉丑戌年月貴。

壬寅毛伯温尚書 丁未　戊寅舉人 甲寅

癸亥日。己未時。貴未月生。忠孝雙全。官至風憲。如煞官混雜。恐終在外。亥年月貴。

丙子進士 乙未　庚辰通判 丁亥　癸丑大叅 庚申　丁卯李東陽閣老 丁未

苦盡甘來局　未遇受奔波　少年難得遂　離祖可成家

偏官暗鬼庫中埋　險難驚憂不聚財　丑戌相逢鑰匙吉　旺中發福定無災

癸日時臨己未。庫中耗鬼身衰。不逢卯戌鑰匙開。鎖閉不能通泰。花落重榮結子。雙親雁侶難諧。縱然先貧後富來。棄舊迎新無礙。

六癸日庚申時斷

六癸日生時庚申　官星印旺在其支　柱中無己丙寅巳　自有榮華富貴時

癸日。庚申時。作專印合祿。癸以戊為正官。庚為正印。申上庚旺戊生。以申合己中戊丙。癸日得財官。若有倚托。柱中無財。及破害刑衝官印。主貴。柱中有財。行財運。反復進退。少貴。

癸丑日。庚申時。辰戌丑未年月。文章冠世。官至三品。子月坐祿亦吉。

戊子侍郎 甲寅　丙申元戎 乙未　庚戌大叅 己卯　己未大叅 甲戌　戊戌副 乙丑　壬午員外 庚戌　乙酉丞相 癸未　癸酉同知 乙丑　庚子韓淮侍郎 戊子

癸卯日。庚申時。卯月作合祿格。西北運貴。金紫。申月東北運。風憲。庚辰庚戌年月。正官格貴。辰月金水運。七品貴。

癸丑韓尚書 庚申　甲午盛應期都憲 甲戌　乙卯指揮 甲申

癸巳日。庚申時。貧。亦是合祿格。未月生。學問有成。西北運貴。行東北運亦貴。

甲午舉人 辛未　丁酉都司 丙午　辛酉侍郎 丙申　戊子受封 丙子　一主簿 命同

癸未日。庚申時。柱有甲寅乙卯。己與申合。乙與庚合。妻賢子孝。榮華在後。酉申年月。三四品。秋生。行木火運。二三品。亥卯文進貴。

乙酉丞相 癸未　乙丑少卿 丙戌　乙未進士 乙酉　庚午丞相 乙酉　庚戌元戎 戊子　庚戌元戎 壬午　壬申舉人 壬子

癸酉日。庚申時。卯酉戌寅年月貴。申酉火木運大貴。

癸亥日。庚申時。性平。身孤。卯未月飽學。貴命。申月亦貴。子申近侍有權。一云少貧好學有才幹。

癸卯貴 庚申　乙酉貴 乙酉　甲戌評事 丙子　癸未通判 乙丑　丁丑侍郎 壬子

金烏太陽局　騰空向九霄　若中無剋破　名舉鎮皇朝

癸日庚申仔細推　禹門深處見龍飛　文章得助雄威力　柱合財官世所希

癸日庚申時正印綬。齊合官星。亥寅申丙己刑衝。立命立身不定。無破黃甲顯姓。常人財祿安寧。果無刑害與災星。可使錦雞化鳳。

六癸日辛酉時斷

六癸日生時辛酉　自身失地更何有　支中明暗被辛傷　無助利名終不就

癸日。辛酉時。明暗梟神。癸見辛為倒食。酉上辛建旺。癸失地。若無倚托救助者。遇貴生涯有倚托則吉。

癸丑日。辛酉時。秋月印綬格。行官煞運吉。冬福祿雙全。子寅年月干頭無戊己字貴。

辛酉馮京狀元 辛卯　甲子監丞 丙寅　己亥唐九經進士知縣 壬申　丁己進士 丙午　甲申乙部 乙己　乙丑侍郎 己丑

癸卯日。辛酉時。日貴格。辰戌丑未月貴。子卯年月大貴。己午亦貴。又云不利妻子。

辛卯元戎 庚子　庚子嚴嵩閣老此老無子世蕃其妻侄也晚被大禍者皆此兒所致惜哉以 己卯余論之殊不足惜　丁酉明穆宗一云丙辰時在位七年 癸卯三十七歲　壬午任卯劉封君二子 癸丑元震元霖　辛己馮保太監水敗酉 己亥時主結果　甲申主政 乙亥　甲寅都司壽三十五歲 癸酉　壬辰主政 己酉

癸巳日。辛酉時。孤寅卯年。辰戌丑未月貴。子午卯酉中貴。寅申己亥最貴。

己亥郎中 丙子　甲子學士 己己

癸未日。辛酉時。春貧。夏先難後易。秋吉。冬貴。

癸酉日。辛酉時。申酉月印綬多能。守祖。破妻家。子巳年月。干透庚辛。祿貴印綬俱全。貴不可言。寅戌腰金。午亥大貴。丑月煞重凶夭。

庚子 辛巳 明成祖　戊午 庚申 樞密　壬子 辛亥 布政　甲子 乙亥 郎中　己卯 辛未 御史

癸亥日。辛酉時。戊月行東南運。金紫。東北風憲。子月建祿。年遇財官大貴。

癸亥 辛酉 明神宗享國四十八年

戊寅 甲子 倪啟祚翰林院　壬午 壬子 副使

鴻雁失羣局　親族各西東　六親亦少靠　守祖不成宗

天元是癸時辛酉　用盡心機度日忙　官印相生逢印合　胸中便富且如常

癸日辛酉時。遇倒食偏印。難禁。柱中無依。且安貧。財官月遇亦稱。只怕癸水失地。不能驅駕。奚勝。人親骨肉各西東。一生勞苦之命。

六癸日壬戌時斷

六癸日生時壬戌　支內正官生財庫　月兼有殺貴多成　倚托若無終不富

癸日。壬戌時。水火既濟。癸用丙丁為財。戊土為官。戊與癸合旺。為人智謀。通月氣。有倚托者貴。不遇平常。遇火土月氣。富貴雙全。運氣通亦吉。

癸丑日。壬戌時。刑。亥月土厚地方。上貴。辰申年月。南方建狀元。正月南運風憲。若春秋生南方運亦貴。

庚午 戊寅 平章

辛巳 戊戌 僉憲　庚子 戊子 魚竑狀元

癸卯日。壬戌時。日貴格。寅巳年月。干透戊丁。財官兩旺。大貴有權。卯辰丑午子等年月文貴。酉戌金土運。五六品

戊寅 丁巳 于肅愍公謙　壬午 癸丑 僉憲　壬辰 壬寅 縣尹　丁巳 丙午 舉人　乙卯 壬申 舉人

癸巳日。壬戌時。財官雙美。春平。夏秋冬貴。辰丑未寅酉年月都憲。

癸酉 甲寅 都憲　己未 丁丑 陸士賢都憲　辛酉 庚子 進士

庚午 丁亥 楊太傅公夫人侍郎公母壬午年終　壬申 庚戌 甲部　戊辰 乙卯 張以誠狀元丙辰年卒

癸未日。壬戌時。刑。巳月生。三四品。子庚年月。近倚貴。

丙寅 癸巳 林廷機尚書　甲寅 庚午 舉人　丙辰 辛丑 大富

癸酉日。壬戌時。亥子月才智高貴。妻賢子孝。春平常。夏財官。秋印綬俱吉。辰丑刑衝戌庫。富貴兩全。戌月東南運武貴。

癸巳 壬戌 洪承疇閣老　辛卯 丙申 石方伯　壬申 戊申 進士　壬申 丙午 舉人

癸亥日。壬戌時。春生傷官見官。夏財旺。秋冬吉。名利有成。戊辰月行亥子運貴。子月行西南運。金紫。

辛未 庚子 何維柏尚書　乙亥 丁亥 金立敬學憲　甲子 丁丑 御史　癸卯 甲子 進士　己卯 丁卯 都閫　甲辰 丙子 御史　癸未 癸亥 甲部

田鼠船倉局　運拙且奔波　鑰匙逢辰丑　晚景福財多

天乙壬癸戌時排　庫內藏官等鑰開　不遇刑衝空鎖閉　少年難發更生災

癸日時逢壬戌。就中倉庫盈餘。將星天德兩相扶。辰戌鑰匙開助。土旺長流水局。六親恩處成疎。不遇空亡有增餘。中末榮華享福。

六癸日癸亥時斷

六癸日生時癸亥　祿馬飛天臨旺神　不見官星兼惹絆　必為貴格異常人

癸日。癸亥時。祿馬飛天格。癸水亥健旺。癸用戊為官。丙為財。亥中丙戊俱絕。癸無財官。卻亥去衝出巳中丙戊飛來就癸為財官。柱無戊己惹絆。及官星破祿。若見庚辛清白而秀。為人智慧。貴為方面。

癸丑日。癸亥時。作拱祿格。巳酉丑生福德秀氣。午月平常。卯酉月行南運金紫風憲。但難為壽。

壬子 癸丑 尚書

癸卯 癸亥 許成名侍郎　癸未 辛酉 進士　癸亥 癸亥 一給諫一都憲命同　癸巳 甲寅 張位大學士　辛未 辛丑 舉人

癸卯日。癸亥時。平日貴格。寅卯月傷官論。行金水運風憲。辰戌丑未月官旺。純卯三品貴。辰戌與卯刑。主孤貧。

壬申 戊申 唐汝楫狀元　己丑 乙亥 副使　甲申 丁卯 進士　丁未 壬寅 元戎　庚午 乙酉 給諫　乙卯 壬辰 太守　丙申 庚寅 遊戎

癸巳日。癸亥時。丑月雜氣印綬貴。亥子年月行南運貴。又祿馬同鄉格。巳申年月大貴

癸巳 庚申 許讚閣老

癸卯 甲寅 進士　壬寅 壬寅 舉人　甲寅 辛丑 寺丞　癸卯 癸亥 進士　庚寅 癸未 貧俗　己亥 乙亥 乙部　甲子 丙寅 侯爵

癸未日。癸亥時。身下坐財官。辰戌丑未月。行東北運貴。秋月行東運。七八品貴。干透正印正官。金紫。

己巳 庚午 翰林

庚寅 庚午 給諫　癸丑 庚申 通判　丁丑 丁未 解元　丙申 戊戌 李汶尚書任邱人　一孤貧蘇州人命全　己巳 甲戌 李雲巡撫

癸酉日。癸亥時。辰戌丑未月。生涯遂意。酉月行東北運。八九品貴。申月行東方運。五品。

癸丑 己未 張嗣修翰林

庚子 丁亥 尚書　壬辰 壬子 萬戶　丙戌 丁酉 學士　辛未 戊戌 進士　丙子 丙申 舉人　癸未 甲寅 舉人　甲子 辛未 舉人　癸卯 甲子 少參　甲辰 壬申 舉人

戊午 丙辰 南道

癸亥日。癸亥時。性聰飄逸。中年大富。冬月生。飛天祿馬。無戊己子字。填實羈絆。貴顯。不然。孤尅。為僧道。亦主清高。年月辰亥。干透辛壬。無填實已字。有智量。大貴。卯月金紫。己丑亦貴。壬辰王守仁尚書封新 乙酉宗臣學憲覇才子 辛亥建伯 己卯壽三十六無子 丁己侍郎 癸酉僕射 辛丑鄢尹 辛亥 甲寅 辛丑

癸丑少參 己卯參議 丙午太守 癸丑陳狀 丙戌劉時秋僉憲壽不 丁己 己巳 庚子 癸亥元 乙未永生九子 己丑周延儒癸丑科會元狀元兩次入闈於癸未年賜死 丙子

鶯遷喬木局　背暗向明歸　鑰匙逢尅破　等待羽毛飛

陰水重重透海波　少年未遇日蹉跎　困龍得志方能化　不遇時來虎卧坡

癸日時逢癸亥。敗財滯祿亨通。喜遇秋夏忌春冬。戊丙庚木富盛。已亥甲丙反復。六親大不和同。一身不定好翻騰。先敗後成之命。

以上諸命。原本十之六。增十之四。間有一命而兩載者。傳聞之誤。豈曰無之。要在知命者。以意消息之可也。

三命通會卷之九終